职业技能等级认定培训教材
职业培训包教材资源

互联网营销师

（直播销售员）（初级 中级 高级）

互联网营销师职业技能等级认定培训教材编委会 组织编写

中国劳动社会保障出版社

图书在版编目（CIP）数据

互联网营销师：直播销售员：初级　中级　高级 / 互联网营销师职业技能等级认定培训教材编委会组织编写 . -- 北京：中国劳动社会保障出版社，2023

职业技能等级认定培训教材

ISBN 978-7-5167-6045-1

Ⅰ.①互…　Ⅱ.①互…　Ⅲ.①网络营销 - 职业技能 - 鉴定 - 教材　Ⅳ.①F713.365.2

中国国家版本馆 CIP 数据核字（2023）第 197498 号

中国劳动社会保障出版社出版发行

（北京市惠新东街 1 号　邮政编码：100029）

*

北京市艺辉印刷有限公司印刷装订　新华书店经销

787 毫米 ×1092 毫米　16 开本　20 印张　329 千字

2023 年 10 月第 1 版　2024 年 4 月第 2 次印刷

定价：65.00 元

营销中心电话：400-606-6496

出版社网址：http://www.class.com.cn

本书编审人员

总主编　董红祥

主　编　赵　明

副主编　汪丽红

编　者　徐　叶　方晶晶　王　蛟　赵立阳　王新亮　刘亚男　姚　艳

主　审　张之峰

审　稿　唐莉莉　侯彦明　张晓静　文婧羽　张颂源　张之峰　徐骏骅　李建群　吴建国　梁艳春

前　言

为加快建立劳动者终身职业技能培训制度，全面推行职业技能等级制度，推进技能人才评价制度改革，促进职业培训包制度与职业技能等级认定制度的有效衔接，进一步规范培训管理，提高培训质量，互联网营销师职业技能等级认定培训教材编委会组织有关专家依据《互联网营销师国家职业技能标准（2021年版）》（以下简称《标准》）和职业培训包（以下简称培训包），编写了互联网营销师职业技能等级认定培训教材（以下简称等级教材）。

互联网营销师等级教材紧贴《标准》和培训包要求编写，内容上突出职业能力优先的编写原则，结构上按照职业功能模块分级别编写。该等级教材共包括《互联网营销师（基础知识）》《互联网营销师（选品员）（初级 中级 高级）》《互联网营销师（选品员）（技师 高级技师）》《互联网营销师（直播销售员）（初级 中级 高级）》《互联网营销师（直播销售员）（技师 高级技师）》《互联网营销师（视频创推员）（初级 中级 高级）》《互联网营销师（视频创推员）（技师 高级技师）》《互联网营销师（平台管理员）（初级 中级 高级）》8本。《互联网营销师（基础知识）》是各级别互联网营销师均需掌握的基础知识，其他各级别教材内容分别包括各级别互联网营销师应掌握的理论知识和操作技能。

本书是职业技能等级认定推荐教材，也是职业技能等级认定题库开发的重要依据，已纳入职业培训包教材资源，适用于职业技能等级认定培训和中短期职业技能培训。

本书在编写过程中得到安徽省竞争力企业管理咨询有限公司、福建大娱号信息科技股份有限公司、安徽职业技术学院、福建商学院、连云港职业技术学院、安徽竞争力信息科技有限公司、吉林省中工技师学院、合肥工业学校等单位的大力支持与协助，在此一并表示衷心感谢。

互联网营销师职业技能等级认定培训教材

编委会

目　录 CONTENTS

初　级

中　级

高　级

初　级

职业模块 一 工作准备

培训项目 1 宣传准备

培训单元 1 搜集产品图文素材

培训重点

1. 产品图文素材分类。
2. 产品图文素材的搜集渠道及方法。

知识要求

产品图文素材是指关于产品描述、价格、生产厂家等信息的图片、视频和文字等。通过产品图文素材，直播销售员不仅可以详细掌握准备销售产品的特征、价格、生产厂家等信息，而且还能利用这些素材进行二次创作和加工，形成属于自己的产品宣传素材，并借助各类宣传渠道开展直播前的宣传工作。

一、产品图文素材分类

产品图文素材可分为图片、视频、文字三大类。图片是产品宣传的主要载体，一般是从不同角度对产品整体和局部进行展示，使消费者能够从形态上对产品有全面的认知。视频是从动态角度并配以一定的语言讲解，让消费者对产品有一个立体化的了解。文字是指宣传文章或特定词汇，其作用是详细描述产品的各种属性。很多情况下，图片与文字是同时出现的，因为图文并茂更容易让消费者理解直播销售员宣传的目的。

1. 图片素材

图片素材是直播销售员在搜索产品素材时，获取数量最多的一类素材，原因是图片素材的制作过程简单，而且能够从不同角度展示产品的形态特征，多配有文字。以某山梨为例，图 1–1 对某山梨进行了全景展示，图 1–2 和图 1–3 分别对某山梨的生长方式和生长环境进行了说明。

图 1–1　某山梨全景示意

图 1–2　某山梨生长方式示意

图 1–3　某山梨生长环境示意

2. 视频素材

视频素材能给人以真实感，而且还具有图片和文字无法描述的动态性优点。以某山梨为例，图 1–4 中的视频内容展示了某山梨成熟后，农户进行分拣的劳动场景，使得产品的信息更加真实可靠。产品的视频类新闻报道、自媒体制作的视频等都是产品视频素材的重要来源。

图 1–4　某山梨的分拣劳动场景示意

3. 文字素材

文字素材是描述产品信息必不可少的要素之一，是直播销售员对目标产品进行全方位宣传的重要途径。

如图 1–5 所示，百度百科对某山梨进行了详细描述。直播销售员可以从中选取有价值的文字，作为产品宣传的素材。

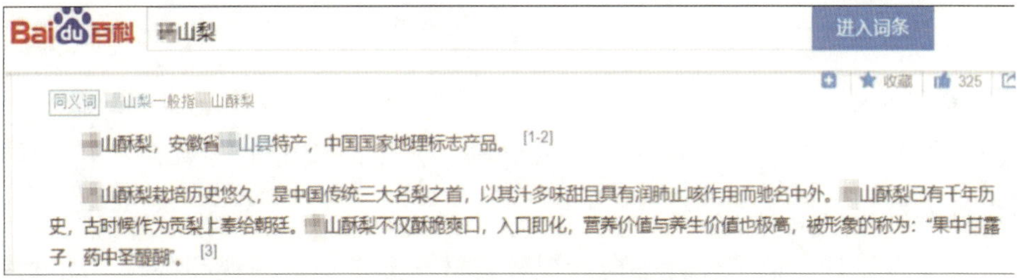

图 1–5　百度百科介绍某山梨

另外，文字素材也包括一些新闻网站、社交平台等渠道撰写的文章。直播销售员可以选择一些真实、正面的文章，宣传自己销售的产品。

二、产品图文素材的搜集渠道及方法

搜集产品图文素材是直播销售员了解销售产品的第一步，也是直播销售员是否销售该产品的重要依据。因此，通过什么渠道搜集和怎么搜集就显得尤为重要。对于搜集渠道，直播销售员可以通过搜索引擎、素材网站、社交平台、视频网站等渠道搜集产品图文信息。而不同的搜集渠道，搜集方法也会有所不同。另外，直播销售员也可以自制产品图文素材。

1. 搜索引擎

目前常见的搜索引擎（如百度、360 搜索、搜狗搜索等），都提供了很多产品图文信息，内容丰富，形式多样。例如，通过百度搜索某山梨，如图 1–6 所示。从内容上看，搜索结果既有关于某山梨的科普知识（百度百科），也有关于某山梨功效与作用简介。从展现形式上看，包括了网页、图片、贴吧、采购、视频、咨讯等。从百度搜索的数据统计上看，百度共搜索相关结果两百多万个。可见，搜索引擎搜索产品图文素材的功能非常强大。

图 1–6　百度搜索某山梨

2. 素材网站

（1）站酷。站酷聚集了中国部分设计师、艺术院校师生、潮流艺术家等年轻创意设计人群。

（2）稿定设计。稿定设计平台的视频素材网提供海量的视频特效、动画素材、影视音效、背景视频等正版视频多媒体素材。

（3）图虫创意。图虫创意现有素材总数超 4.6 亿条，包括大量的创意图片、矢量设计素材等，具有 EPS、JPG、PSD 等多格式素材可供下载。

3. 社交平台

社交平台是目前非常广泛的一种互联网应用。人们在社交平台上分享自己的工作和生活、结识朋友、获取自己感兴趣的各类信息。常见的社交平台有微信、

QQ、微博、抖音等。

如图 1–7 所示，以微信为例，在搜索栏输入“某山梨”后，点击“搜索”按钮，页面显示多条某山梨的相关文章。

图 1–7 微信搜索某山梨示意

4. 视频网站

视频网站是让互联网用户在线发布、浏览和分享视频作品的网络媒体。目前，比较知名的视频网站包括爱奇艺、腾讯视频、搜狐视频、优酷、哔哩哔哩、西瓜视频等，直播销售员可以通过这些视频网站搜集视频素材。以西瓜视频为例，在搜索框输入“某山梨”，点击“搜索”按钮，页面将显示与某山梨相关的视频，直播销售员可以通过这些视频了解某山梨，如图 1–8 所示。

5. 自制产品图文素材

（1）利用电脑制作

在电脑上利用微软 Power Point（以下简称 PPT）制作产品图文素材。在 PPT 文档插入一张图片后，再插入一个文本框，输入文字，制作好产品图文素材，操作方法如下。

1）打开 PPT 文档，点击菜单栏上“插入”→“图片”→“此设备”。

2）弹出窗口，选择图片，在演示文稿中插入图片。

3）点击菜单栏上“插入”→“文本框”→“绘制横排文本框”。

4）在图片的下方画上文本框，输入文字内容，制作完成产品图文素材。

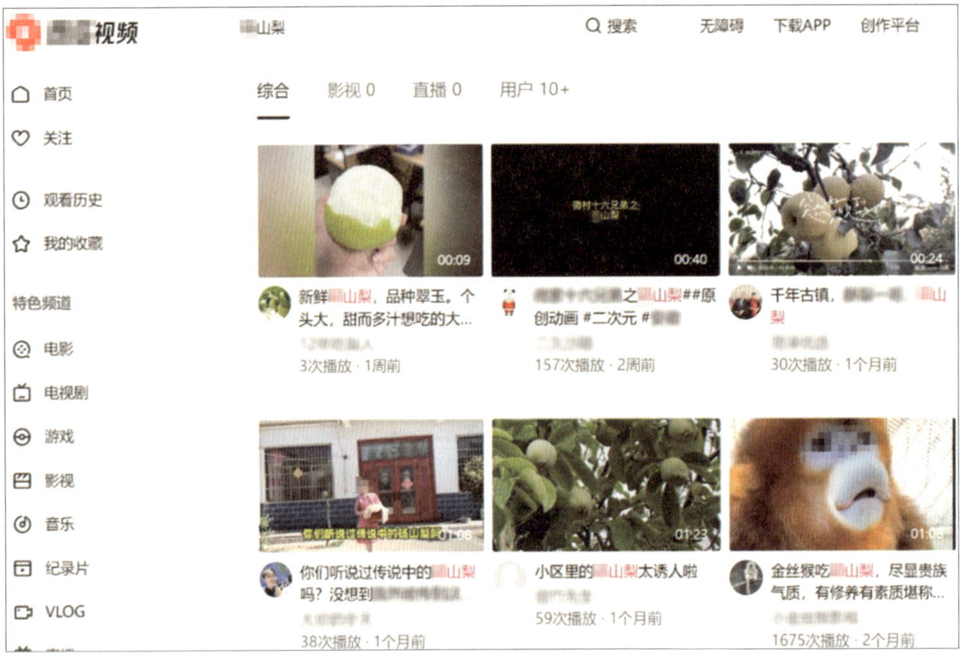

图 1–8　西瓜视频搜索某山梨示意

（2）利用手机制作

1）打开微信，打开“收藏”。

2）在“收藏”右上角点击“+”号。

3）在“笔记”就可以编辑文字和图片。

技能操作

技能　搜集产品图文素材

以某山毛峰为例，在百度搜集产品图文素材。

一、操作准备

1. 选取素材网站。

2. 列出产品所需资料。

二、操作要求

1. 通过百度搜索某山毛峰的图文素材。

2. 搜集不同类型的图片 3 张。

3. 搜集介绍产品特征的文章 1 篇。

4. 搜集产品介绍视频 1 个。

三、操作程序

1. 基本程序

登录百度→输入“某山毛峰”→搜集图片→搜集文章→搜集视频。

2. 具体步骤

步骤 1　打开浏览器，在导航栏输入 www.baidu.com 进入百度页面，如图 1–9 所示。

步骤 2　进入百度页面，把光标移到搜索栏，点击搜索栏输入“黄山毛峰”进行搜索，如图 1–10 所示。

图 1–9　进入百度页面

图 1–10　百度搜索某山毛峰

步骤 3　在百度页面点击“图片”，把光标移到搜索栏，点击搜索栏输入“某山毛峰”进行图片搜索，选择需要的图片，点开图片右击选择“图片另存为”，把图片保存到文件夹中，如图 1–11 所示。

步骤 4　在百度页面搜索栏输入“某山毛峰”进行文章搜索，选择需要的文章，如图 1–12 所示。

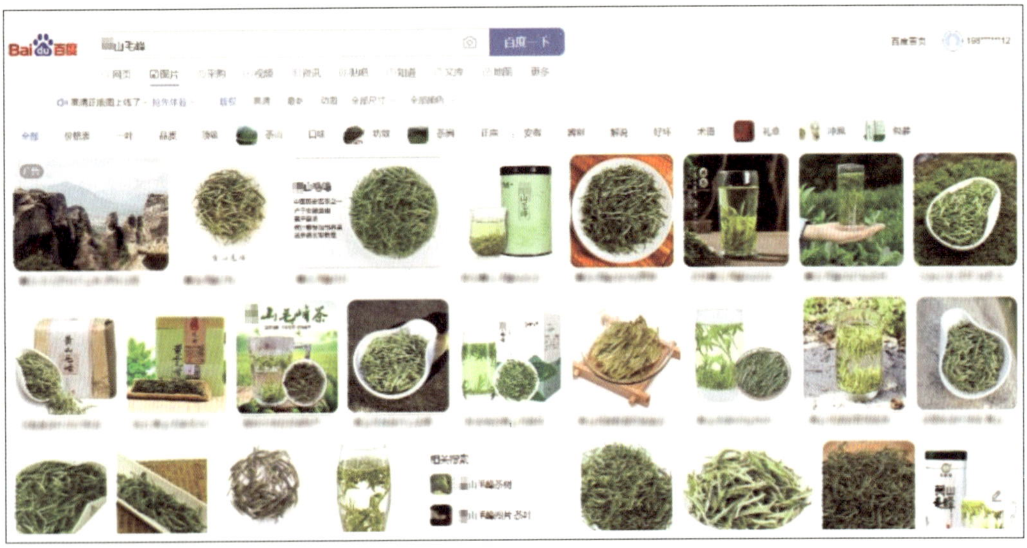

图 1–11　百度搜索某山毛峰图片

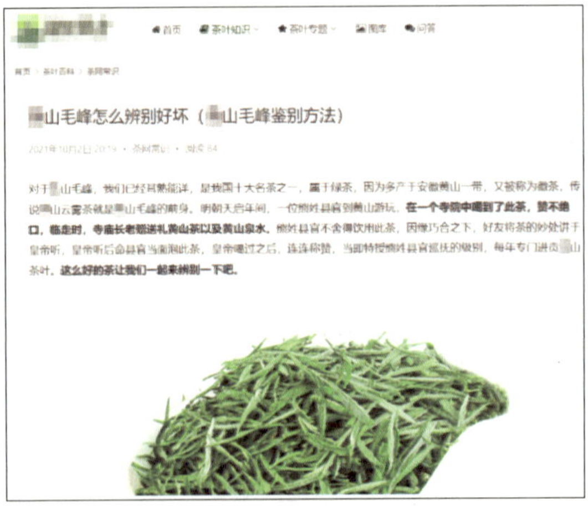

图 1–12　百度搜索某山毛峰文章

步骤 5　在百度页面点击“视频”，把光标移到搜索栏，点击搜索栏输入“某山毛峰”进行视频搜索，在页面点击需要的视频，进行视频收集，如图 1–13 所示。

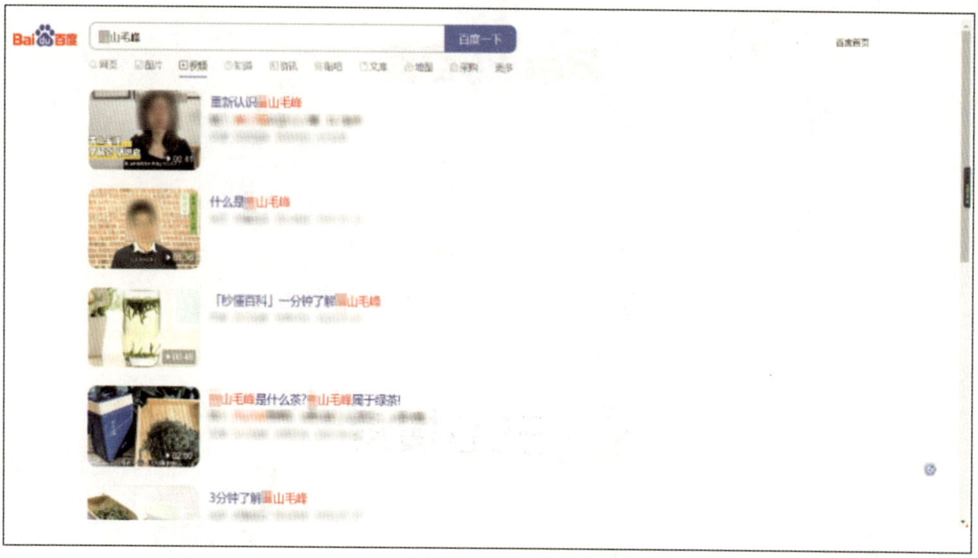

图 1-13　百度搜索某山毛峰视频

培训单元 2　核实、整理产品素材信息

培训重点

1. 利用网络搜索工具核实产品素材信息。
2. 利用网络搜索工具整理产品素材信息。

知识要求

一、常用的网络搜索工具介绍

网络搜索工具是指在互联网上提供信息搜索服务的系统，其搜索的对象是存在于互联网信息空间中各种类型的网络信息资源。

1. 百度

百度公司成立于 2000 年，是目前使用人数最多的中文搜索引擎，如图 1-14 所示。

图 1–14　百度主页

2. 360 搜索

360 搜索是奇虎 360 公司开发的基于机器学习技术的中文搜索引擎，如图 1–15 所示。

图 1–15　360 搜索主页

3. 搜狗搜索

搜狗搜索是搜狐公司于 2004 年推出的中文搜索引擎，如图 1–16 所示。

图 1–16　搜狗搜索主页

4. 中国搜索

中国搜索是新华社主管主办的国家搜索引擎，于 2014 年 2 月由中央七大主要新闻单位联合设立，如图 1–17 所示。作为中央新闻网站、国家高新技术企业，中国搜索坚持“国家站位、搜索定位、科学品位、市场地位”，致力于以中国观点、中国算法，重组服务于中国式现代化的数据和信息。

图 1–17　中国搜索主页

除了以上搜索引擎，目前使用比较广泛的还有今日头条、必应等。

二、利用网络搜索工具核实产品素材信息

网络搜索工具可以用来核实产品信息的真实性。互联网搜索经常会遇到一种情况：当用户在搜索引擎中输入一个词或一个短语时，会搜索出很多不相关的信息。因此，需要通过优化输入的关键词，得到想要的内容。

1. 使用特定的关键词

关键词是在互联网上搜索内容的术语，详细的关键词描述更有助于搜索引擎为用户提供想要的信息。例如，用户可以通过搜索“地区＋关键词”，更快捷地找到目标信息。

2. 简化关键词

除了特定标题和名称，关键词通常不使用介词、连词和冠词。

3. 使用引号

将关键词括在引号内会使搜索引擎匹配到包含特定单词或短语的信息。

4. 使用快照

当网站出现故障或临时打不开页面无法访问时，用户可以使用页面的快照功能，查看网站在正常状态时留下的信息。如果页面长时间无法打开，那么快照功能可能被关闭。

三、利用网络搜索工具整理产品素材信息

1. 使用高级搜索指令

每个搜索引擎都有自己的高级搜索指令（会有略微不同），下面以百度为例。

（1）filetype 指令。filetype 指令适用于搜索一些格式文件。例如，在百度搜索框内输入“filetype:ppt 农产品”，搜索结果会显示与农产品相关的所有 PPT 文档，如图 1–18 所示。

（2）site 指令。site 指令可以限定用户的搜索范围。例如，要搜索抖音里关于农产品的网页，可在百度搜索框内输入“site:www.douyin.com 农产品”，搜索结果会显示来自抖音有关农产品的所有网页，如图 1–19 所示。

（3）intitle 指令。intitle 指令搜索的是标题中包含关键词的页面。例如，在百度搜索框内输入“直播 intitle: 农产品”，搜索结果会显示标题包含“农产品”的文章里含有关键词“直播”的所有页面，如图 1–20 所示。

图 1–18　filetype 指令搜索示意图

图 1–19　site 指令搜索示意图

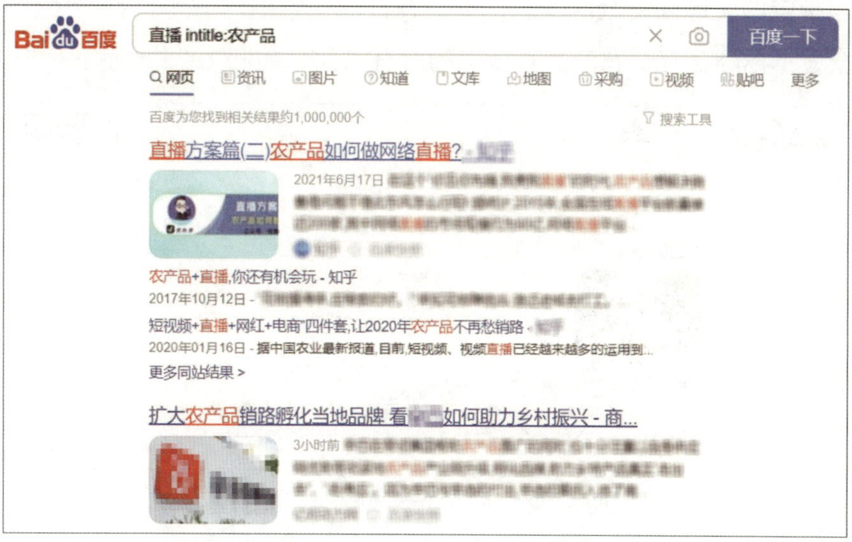

图 1–20 intitle 指令搜索示意图

（4）inurl 指令。inurl 指令就是限定在 url 中搜索。例如，在百度搜索框内输入“inurl:sina.com.cn”，搜索结果会显示所有新浪网页，如图 1–21 所示。

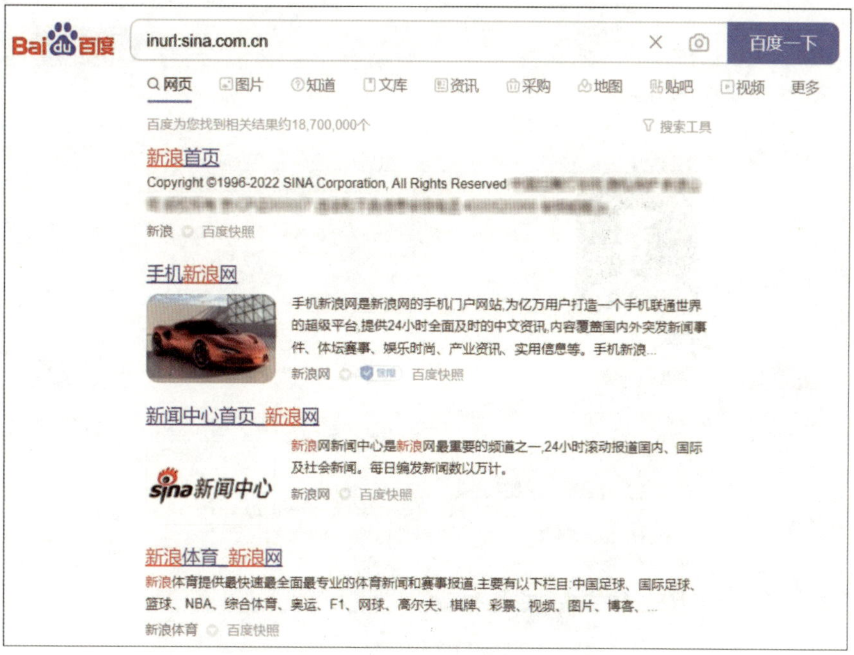

图 1–21 inurl 指令搜索示意图

2. 使用特殊搜索方式（以百度为例）

（1）完全匹配搜索。当用户为输入的关键词加上英文双引号时，百度显示的结果就与指定的关键词完全匹配。例如，在百度搜索框内输入“农产品直播”，搜索结果会显示标题含有“农产品直播”的所有页面，如图 1–22 所示。

图 1–22　完全匹配方式搜索示意图

（2）排除搜索。如果用户不希望看见某一类包含特定关键词的网页，那么可以用排除搜索方式，其格式是“前一个关键词 + 空格 + 减号 + 后一个关键词”。例如，在百度搜索框内分别输入“鲁迅”和“鲁迅 – 文学家”，显示的结果将有所不同，如图 1–23 所示。

图 1–23　排除搜索方式搜索示意图

注意：前一个关键词和减号之间必须有空格，否则减号会被当成连字符处理，而失去减号的语法功能；减号和后一个关键词之间，有无空格均可。

技能操作

技能 核实、整理产品素材信息

使用百度核实、整理某山毛峰产品素材信息。

一、操作准备

1. 准备好手机、电脑等硬件设备。
2. 检查网络信息。

二、操作要求

1. 关键词定义清晰。
2. 正确使用搜索符号。
3. 正确判断信息的真实性。
4. 整理汇总信息。

三、操作程序

1. 基本程序

打开百度→输入关键词→搜索信息→寻找需要的信息→汇总信息。

2. 具体步骤

步骤 1 打开百度

打开浏览器，在导航栏中输入 www.baidu.com，点击回车键后显示百度页面，如图 1–24 所示。

图 1–24 百度

步骤 2 输入关键词

在搜索栏中输入关键词，注意用词精准和使用搜索符号恰当，如图 1–25 所示。

图 1–25 搜索某山毛峰示意图

步骤 3 搜索信息

点击回车键，等待出现搜索结果。如果对搜索结果不满意，就更换关键词，再次搜索，如图 1–26 所示。

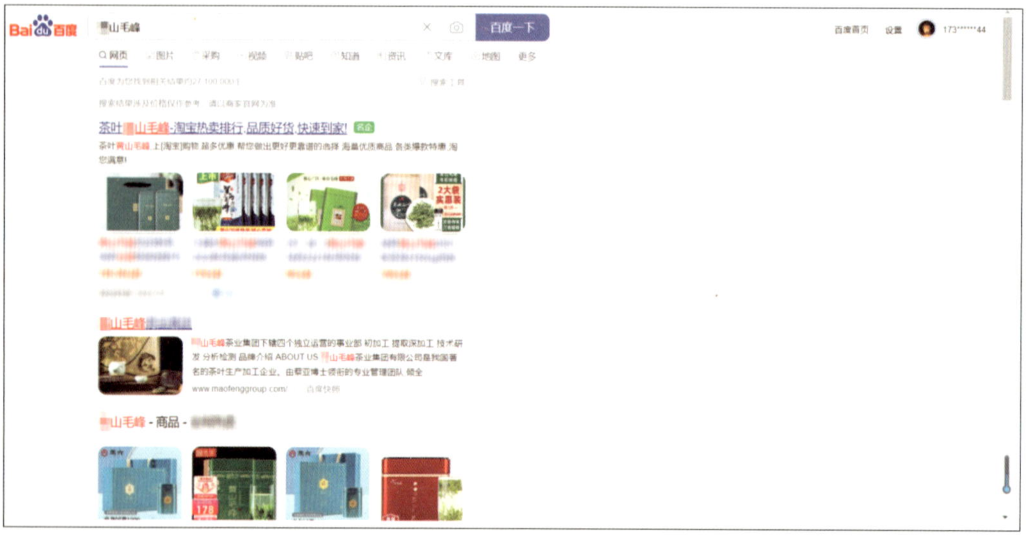

图 1–26 搜索结果网页示意图

步骤 4 寻找需要的信息

根据搜索结果，寻找需要的信息，点击链接进行详细浏览，可退出重复浏览，也可退出重新寻找网页浏览，如图 1–27 所示。

步骤 5 汇总信息

从多个网页信息中提取所需要的信息进行汇总，可插入网页图片，但需注意甄别信息的真实性，如图 1–28 所示。

图 1–27　目标搜索结果网页示意图

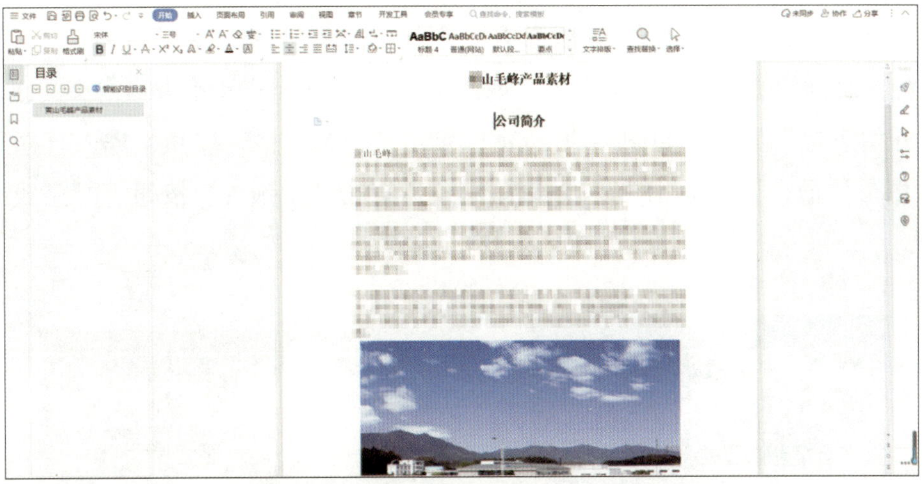

图 1–28　产品图文素材示意图

培训单元 3　发布直播信息预告

培训重点

1. 直播预告及时间规划。
2. 直播预告标题撰写。
3. 直播预告的发布流程。

知识要求

一、直播预告及时间规划

直播预告是直播之前不容忽视的环节，通过直播预告既可以让用户提前了解直播，也便于平台将直播销售员的直播内容传递给相匹配的用户观看，获得精准用户并积蓄流量。直播时间包含两类：一个是直播开始的时间，是指直播销售员正式开始进行直播的时间；另一个是直播预告的时间，要早于直播开始的时间。

1. 移动端发布直播预告

以淘宝直播为例，直播预告发布方法如下。

登录直播销售员淘宝 App 账号，如图 1–29 所示；点击正下方摄像头按钮，进入“开始直播”界面，如图 1–30 所示；点击“开始直播”按钮，进入直播预告信息填写界面，如图 1–31 所示；填写完整后点击“发预告”按钮，即完成预告发布。

图 1–29　手机淘宝直播首页

图 1–30　“开始直播”界面

图 1-31 直播预告信息填写界面

2. 电脑端发布直播预告

最新版电脑端淘宝直播没有“发布直播预告”按钮，而是直接在淘宝直播首页点击“创建直播”，同时完成直播预告发布，如图 1-32 所示。在“创建直播”界面填写直播信息后，点击下方的“创建直播”按钮，即完成直播预告发布操作，如图 1-33 所示。

二、直播预告封面选择

1. 直播预告封面类型

（1）人像型直播预告封面。使用这种直播预告封面的直播间一般都是通过人物照片的方式来吸引用户进入直播间。这种直播预告封面需要确保人像图片清晰，一般建议选择腰部以上或者膝盖以上的近景和中近景照片，背景建议选择纯色或者物品摆放整齐。除此之外，对于人物的着装也有一定的要求，要根据实际情况选择正装或者其他服饰。

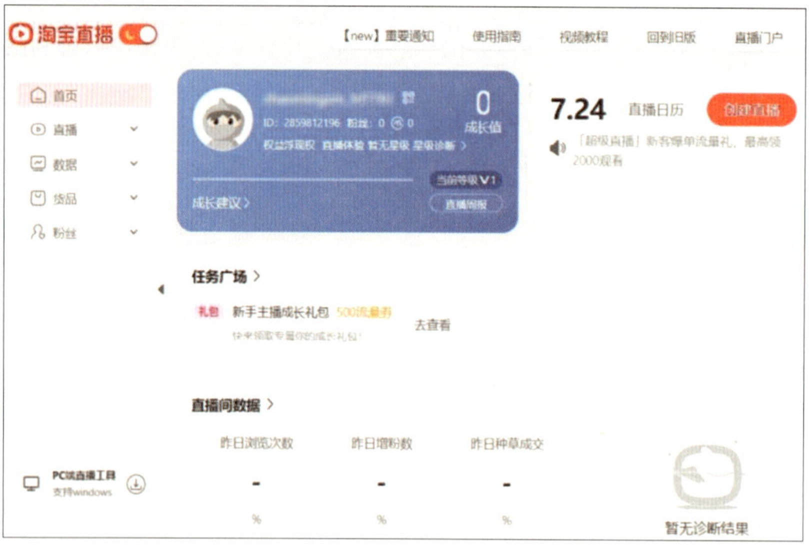

图 1–32　淘宝直播首页

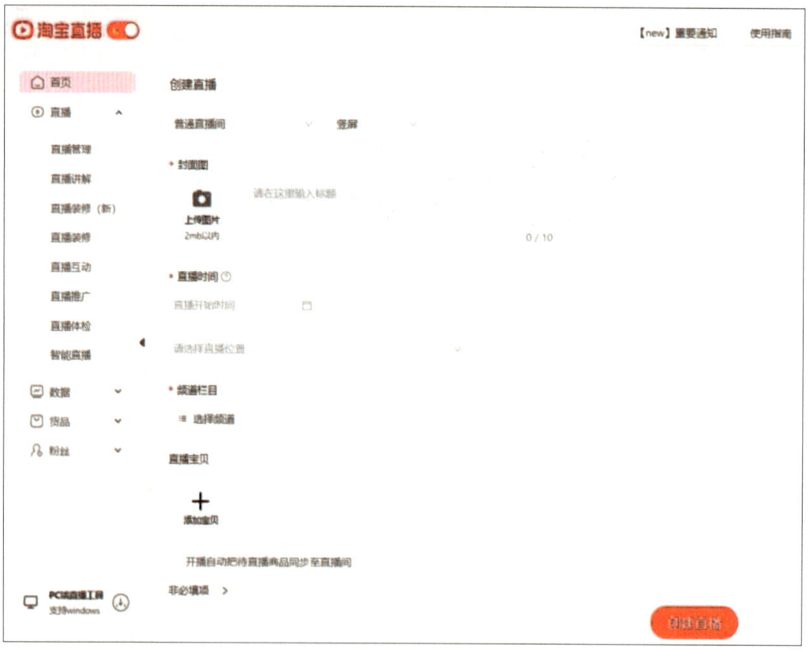

图 1–33　“创建直播”界面

（2）产品型直播预告封面。如果使用直播的相关产品作为直播预告封面，那么就需要做好相应的产品图片设计，并且在设计的过程中，需要尽量突出直播产品的优势和特性。此外，在设计产品型直播预告封面时，需要注意图片的色调同产品的搭配，确保直播预告封面图片上产品的真实性，防止图片与实物不符而导致直播间跳出率增加。

总之，无论哪种直播预告封面都需要确保同直播主图搭配，并且确保直播预告封面的整体要求符合用户喜好，以便能通过直播预告封面吸引更多的用户关注直播间，获得更多点击和转化。

2. 直播预告封面注意点

（1）符合直播主题。用准确的设计语言表达直播主题，让用户在看到直播预告封面时就能大概知道直播的内容是什么，并且决定要不要进入直播间。

（2）整体干净、整洁。一个小小的直播预告封面承载不了太多的信息，所以简洁的图案可使设计意图更加明确，更加突出想要表达的内容。

（3）色彩构成合理。色彩应用原则应该是“总体协调，局部对比”，也就是主页的整体色彩效果应该是和谐的，只有局部、小范围的地方可以有一些强烈的色彩对比。

（4）杜绝雷同，禁用合成图。为了不影响直播整体的浏览体验，直播预告封面要放置一张自然、简洁的图片，不能使用和其他直播预告封面一样的图片。如果放合成图，一旦拼接得不好，就会非常影响视觉效果。

（5）拒绝低俗。低俗的图片被官方检测到后，直播预告封面就会被重置，从而降低吸引力，严重者还会被封禁账号。

三、直播预告标题撰写

除了直播预告封面的设计之外，直播预告标题的撰写也非常重要。直播预告标题和直播预告封面决定了直播的点击率和人气。为了吸引更多的用户和流量，就必须撰写一个符合用户需求且能引起用户好奇心的直播预告标题。

1. 直播预告标题撰写的方法

（1）引发共鸣。直播预告标题的撰写需要结合品牌特性，基于用户画像，明确了解用户的核心需求，才能让用户在看到直播预告标题时引发共鸣，激发需求，直播间的点击率才会增加。

（2）抓热点。在互联网发展无比迅速的时代，热点就代表了流量，因此，及时抓住热点能够提高直播的曝光度。

（3）满足好奇心。在做直播预告标题策划时，为了满足用户猎奇的心理，可以给用户带来一点刺激的新鲜感，前提是不能触碰社会道德底线。

（4）聚焦利益点。聚焦利益点更有利于吸引用户关注。

（5）运用逆向思维。逆向思维是指从事物的反面去思考问题的思维方法。当创作思路受限的时候，常常可以创造性地解决问题。

（6）制造紧迫感。撰写直播预告标题需要激发用户的紧迫感，进而引起用户的点击。

（7）增加娱乐性。直播预告标题需要充分发扬趣味性、新奇性的特点，用词和语气都尽量风趣幽默。

（8）借用数字。恰当地使用具体数字，使对比更明显。

（9）巧用修辞。恰当地运用修辞能使直播预告标题新颖含蓄、精练生动。

2. 直播预告标题的类型

（1）借势型。借势型直播预告标题一般常见于品牌、达人的直播预告，知名的直播销售员经常邀请明星进入直播间，所以可以直接借明星的势头宣传。当然，并非所有的直播销售员都能邀请到明星。如果直播产品是明星同款，可以在直播预告标题中涉及人气话题，内容的曝光度会更高。

直播预告标题宣传是直播引流的方法之一，直播销售员为了在直播间增加人气，需要结合其他引流方式，撰写有吸引力的直播预告标题，提高直播间的人气。

（2）抽奖型。抽奖型直播预告标题适用于大部分直播间，更容易吸引用户。抽奖的奖品一定要有足够的吸引力，或是可以满足某些用户群的需求，激励目标用户群转发评论，提高直播预告标题的曝光度。对于有一定粉丝基础的直播销售员，可以在直播预告标题中直接分享直播产品清单，预告一些产品优惠措施，吸引精准用户进入直播间，提高产品转化率。如果直播销售员的粉丝不多，可以在列清单的同时，结合转发抽奖的方式，用福利做二次宣传，吸引新用户进入直播间。

（3）价值包装型。对直播预告标题做价值包装，用户从直播预告标题中看到了价值，就会进入直播间。例如，想要变美的宝宝们一定要来看我的这次直播，有惊喜哦！总之，一定要让用户知道可以在直播间获得一定的价值，这样就可以吸引用户进入直播间。

（4）激发好奇心型。激发好奇心型直播预告标题在某知名直播销售员第一次直播的宣传海报中就用得很好。例如，倒计时 5 天时，直播预告标题是：如果不是全网最____怎么会让上千万人挤在一个屋子里买东西！倒计时 1 天时，直播预告标题又变成：如果不是全程都____怎么会让不买东西的人也舍不得离开！用这种直播预告标题引起用户的好奇心，产生进入直播间的意愿。

（5）福利吸引型。如果直播预告标题能以福利作为吸引点，就能吸引用户进入直播间。例如，进入直播间的用户可以抽奖且奖品丰富，或者直播间有多次抽奖，福利多多。

四、直播预告标签选择

直播预告标签类似于淘宝SEO（search engine optimization，搜索引擎优化）的关键词，只不过这个关键词是系统提供的。直播预告标签一般来说有两种概念，一种是频道标签，如直播间要做穿搭直播，就要选择穿搭频道，选别的频道就会造成用户定位不精准；另一种是用户标签，即系统将相应的用户匹配到直播间。

1. 直播预告标签的作用

每个直播预告标签有对应的总流量，同直播预告标签的直播销售员去直播，数据越好，分配给直播销售员的流量就越多。如果用大的关键词，竞争就大，如果用长尾关键词，竞争就小。通常知名直播销售员用大标签，普通直播销售员用长尾标签。

早期，直播销售员可以自己选择直播间的直播预告标签，现在主要通过系统打标，直播预告标签几乎取决于直播预告的产品或直播主题。上架的是什么样的产品，就会给什么样的直播预告标签，所以产品选择非常重要。对于直播销售员来说，只要在直播的时候打上了直播预告标签，那么就能够更方便地找到精准用户，也就等于为商家们增加了几个重要的引流渠道，这对于转化来说，非常有用。

2. 直播预告标签的定位

直播销售员要选择符合自己栏目的直播预告标签，避开同类知名直播销售员的直播预告标签。

（1）统计直播销售员的直播预告标签和时段排名，通过表格数据在最大限度内避开对手，因为知名的直播销售员一开播就能获得排名前几位的权重。另外，凌晨直播也是避开这些直播销售员的好方式。

（2）获取用户需要满足的条件

1）直播预告封面点击效果要好。

2）性价比更高。

3）选择在知名直播销售员直播中后期时段进行直播。

（3）找冷门时间直播。选择没有知名直播销售员的时段开始直播，直播访客量会上升得比较快，尽量不要跟竞争力太强的直播销售员直接对抗，尤其是处于起步阶段的直播销售员。

五、直播预告的发布流程

第一步：根据需要，在平台设置直播预告时间，吸引用户关注。

第二步：制作直播海报，提前 1 ~ 3 天，通过朋友圈、各类群组、私信等渠道宣传发布。

第三步：确定直播人员。直播岗位有运营、场控、直播销售员等。运营主要负责策划直播内容，协调直播团队和其他部门工作。场控主要执行运营的策划方案，在运营和直播销售员之间进行协调。直播销售员是直播的终端执行方，工作内容是展示产品和用户进行互动。

第四步：确定直播产品。直播终究还是在“货”的比拼上，而选对一个爆品会让直播事半功倍，所以直播选品一定要把握四个关键点：价格、品牌、季节性、产品品类。选品后，再选择一个好的供应链提高选品质量。直播产品的性价比一定要高，因为物美价廉是用户选择在直播间下单购买的直接因素之一。

第五步：确定直播场地。在确定“人”和“货”之后，要确定直播场地。直播场地的设计要符合产品的特点。

第六步：确定直播的主题和目的。确定直播主题的目的是吸引用户的关注、实现转化，提高销量或者提高品牌的知名度。

第七步：精确定位用户和市场，并结合自己的产品圈出目标用户群，不仅能给直播带来最大的流量提升，同时也可以避免团队在后续实施中出现偏差。

第八步：确定直播时间和时长。几点开播、直播多长时间等事项要考虑直播销售员能在直播间控场多长时间，直播多久不至于让用户感到疲惫等因素。

第九步：制定直播内容。把直播时间分段，制定每个时段直播销售员说什么，做什么。例如，开播前直播销售员的自我介绍、什么时段上产品、什么时段进行抽奖活动等。对每个阶段会用多久的时间做好规划，以免出现时间错乱、用户流失的情况。

第十步：设定直播间人员。直播间人员一般为 3 ~ 8 名。

第十一步：直播期间，设置促销活动。

开场福利：为了聚集人气，刚开播时便进行抽奖活动。

整点抽奖：为了留住用户，在整点或者关键节点进行抽奖活动。

问答抽奖：设置问题，答中抽奖。

限量秒杀：限量秒杀（秒杀泛指在极短的时间内就结束活动）爆款单品，在直播间氛围较冷清时瞬间拉高人气。

第十二步：产品推荐。直播销售员介绍产品的功能、设计、规格等，重点介绍产品的卖点，可以选择 1 ~ 2 个最突出的产品进行深度讲解，或者结合直播间用户的喜好和反馈进行重点讲解。

第十三步：预告下次直播时间。为下次直播设置悬念，吸引用户观看下次直播。直播结束后，进行复盘，总结这次直播的经验与问题，下次还需要优化哪些流程。

技能操作

技能　发布直播预告（以抖音为例）

在移动端发布抖音直播预告。

一、操作准备

1. 检查移动端网络。

2. 打开抖音。

二、操作要求

1. 在移动端发布抖音直播预告。

2. 直播预告信息填写完整准确。

三、操作程序

1. 基本程序

进入抖音直播主界面→进入“直播预告”设置界面→填写直播预告信息。

2. 具体步骤

步骤 1　进入抖音直播主界面

如图 1–34 所示，点击手机抖音主界面正下方“+”按钮，进入抖音直播主界面，如图 1–35 所示。

步骤 2　进入“直播预告”设置界面

如图 1–36 所示，在抖音直播主界面点击“设置”按钮，进入“直播预告”设置界面。

步骤 3　填写直播预告信息

点击“启用直播预告”，填写开播时间和公告内容后，点击下方的“保存”按钮，完成“直播预告”设置，如图 1–37 所示。

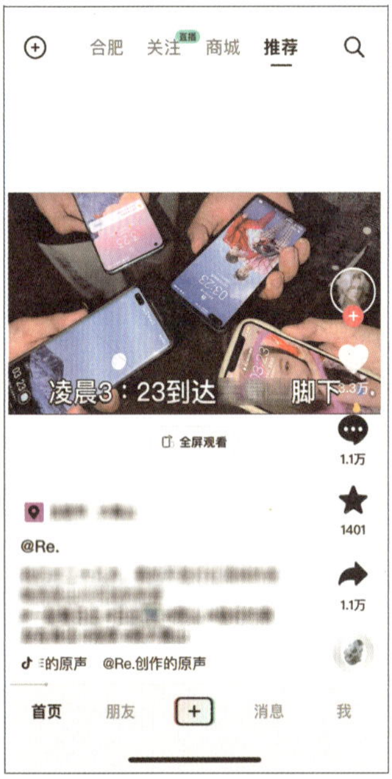

图 1-34　抖音主界面

图 1-35　抖音直播主界面

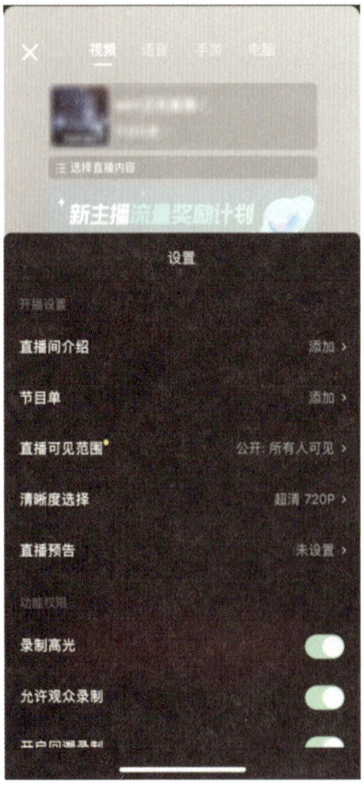

图 1-36　直播预告设置界面

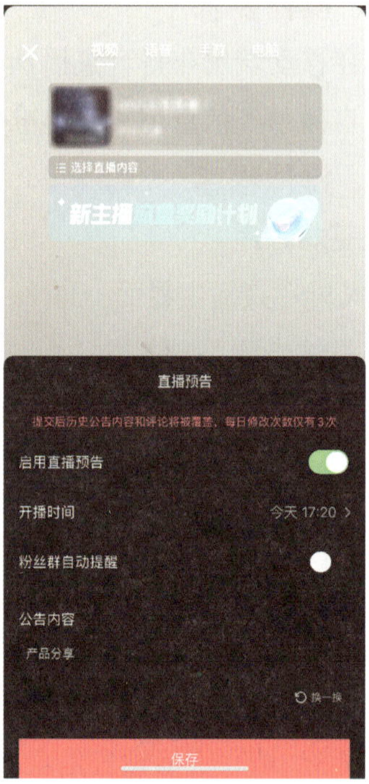

图 1-37　直播预告信息填写界面

培训单元 4　收集网络舆情风险信息

培训重点

1. 网络舆情风险的类别。
2. 网络舆情风险信息的收集渠道。

知识要求

一、网络舆情风险概述

1. 网络舆情风险的定义

网络舆情风险是一种社会性的风险，风险由网络舆论产生，舆论的不稳定会导致发生安全问题或者危害社会安全的事件。从原理上讲，网络舆情风险是从网络延伸到现实社会的，使网络危机转化成现实危机。如果企业受到了网络舆情风险的影响，会直接影响到企业的社会效益，企业可能在网络上被加上一些对企业不利的属性，也会间接导致企业的经济效益受到严重破坏。

2. 网络舆情风险的主要表现形式

（1）生产经营风险。当企业在产品生产、销售和使用环节出现的负面舆情与社会民生议题直接关联时，往往最易引发公众的恐慌和焦虑，通常是网络舆情风险的初始引爆点。媒体、消费者、员工、利益相关方、受害人、网络公众人物（常称为网络大 V）等都可能成为点燃企业负面舆情的“火星子”。

（2）黑公关风险。在新型传播环境下，存在多重力量联结和博弈延长企业身陷网络舆情风险时间的情况。规模化、专业化、产业化的“网络黑公关”现象值得关注。该群体专门为一些利益集团或个人争夺话语权，诋毁竞争对手，推动网络舆情持续发酵，达到损害竞争对手商业信誉的目的。

二、网络舆情风险的类别及规避

1. 引发网络舆情风险的因素

（1）外部因素引发的网络舆情风险点。例如，网络媒体报道的不实信息、竞争对手的诽谤、政策改革引起的不满等都有可能引发网络舆情风险。

（2）内部因素引发的网络舆情风险点。例如，内部员工因加班或者其他突发事件激发的矛盾、企业裁员、领导层管理不当、员工与领导内部矛盾等都可能诱发网络舆情风险。

2. 网络舆情风险的规避

（1）增强员工网络舆情风险防范意识。从各级管理人员做起，自上而下逐级树立网络舆情风险意识。教育全员注意纠正可能引发网络舆情风险的一言一行、一举一动。通过培训、讲座等方式，普及防范网络舆情风险的方法和知识，促使全员自觉维护企业声誉。

（2）将网络舆情风险管理纳入合规管理体系。实现业务拓展和网络舆情风险管理有机结合，做到主动防范、主动监测、有效处置。同时，制定防范预案和奖惩制度，严格执行。

（3）制定网络舆情风险处置对策。企业需要成立网络舆情监测部门，引进网络舆情监测系统，做好企业日常网络舆情的监测和分析，强化网络舆情监测、识别、预警和引导的全过程管理。通过深入剖析已发生的案例，制定网络舆情风险的处置对策，形成网络舆情风险防控长效机制。

（4）加强与监管部门及媒体的沟通。加强与政府主管部门、宣传部门、新闻媒体的联系，了解媒体内部运行规律和相关管理政策，及时沟通、澄清事实，尽可能确保媒体对企业网络舆情事件进行客观的报道。

三、网络舆情风险信息收集的原则、方式和渠道

1. 网络舆情风险信息收集的原则

（1）全面。舆情工作者在收集网络舆情风险信息时，要尽可能关注更多的渠道，拓宽信息收集的广度。

（2）兼顾。兼顾不同渠道、不同群体、不同立场的内容，保证信息收集的多维度。

2. 网络舆情风险信息收集的方式

（1）通过传统方法收集网络舆情风险信息。新闻媒体平台、社交平台都有很大的影响力，也更容易爆发负面舆情。大部分网站都有热点事件列表，可安排专人在这些平台上收集网络舆情风险信息。

（2）通过现代化收集技术收集网络舆情风险信息。可以采用一些现代化收集

技术，如大数据抓取、爬虫等技术收集所需的网络舆情风险信息，只需设定所需监测的目标便能及时获取有价值的网络舆情风险信息。

（3）通过相关系统收集网络舆情风险信息。可运用网络舆情监测系统（如人民在线舆情监测平台、上海蜜度信息－新浪舆情通等）自动、实时收集网络舆情风险信息，能够对信息进行挖掘、聚类和分析，提供直观、全面的网络舆情风险信息。

3. 网络舆情风险信息收集的渠道

（1）舆论话题榜单。目前，有很多社交平台都提供网络热点话题排行榜，可以通过榜单的舆论话题专页，查看与其热点相关的网络舆情风险信息，从中筛选、整理所需的信息。

（2）网络舆情网站。除了话题榜单外，还有一些网络舆情网站可提供网络舆情风险信息监测服务，能够实时获得所需的网络舆情风险信息。

四、网络舆情风险信息核查的要求

网络舆情风险信息核查能够为风险研判和应对、处置打下坚实基础，做好网络舆情风险信息核查应注意如下 3 点。

1. 全面

全面即核实目前获取到的信息是否为全貌。

2. 真实

真实即核实网络舆情所反映的内容是否存在。

3. 准确

准确即网络舆情所反映的内容虽然是存在的，但还需核实所描述的内容是否都是准确的，有无“水分”。

五、网络舆情风险信息监测的要求

1. 有效性

现有的网络舆情监测系统收集到的信息 90% 以上与用户无关，大量重复冗余。现有的网络舆情监测系统往往缺乏有效机制快速筛选并保存有价值的信息，因此，需要网络舆情监测系统将有潜在价值的信息从海量信息库中挖掘过滤出来，从而提高解读的效率。

2. 完整性

完整性主要包括信息来源的完整性与内容的完整性。

3. 即时性

网络舆情监测与传统搜索引擎最大的区别就在于时效性强。即时性包括两个方面：采集即时性与信息情报解读即时性。采集即时性要求信息从发布到被舆情监测系统收集间隔的时间越短越好。传统搜索引擎的延迟时间往往是一周，最快的新闻资讯搜索也有几小时的延迟。

4. 精确性

网络舆情风险信息往往鱼龙混杂、是非难辨，因此要求能精确地抽取网络舆情的各类要素，如文章的正文、摘要、作者、发表时间及用户的点击浏览量、回帖数、评论数等。通过精确地进行倾向性的识别，从而发现发帖人的真正态度。

培训项目 2 设备、软件和材料准备

培训单元 1 连接直播硬件设备

培训重点

1. 直播硬件设备的安装方法。
2. 直播硬件设备的调试方法。

知识要求

一、直播硬件设备分类

直播硬件设备分为低端、中端、高端 3 类。低端的直播硬件设备主要是指手机；中端目前比较主流的是摄像头 + 电脑；高端需要专业的 4K 高清直播间，配有专业摄像机、电容麦克风、调音台、导播台等设备。

1. 室内直播硬件设备

（1）摄像头。视频摄像头分为软管式摄像头、可拆卸式摄像头、带有固定支架的摄像头，如图 1–38、图 1–39、图 1–40 所示。

（2）耳机。耳机分为头戴式耳机和入耳式耳机，如图 1–41、图 1–42 所示。

图 1–38 软管式摄像头

图 1-39　可拆卸式摄像头

图 1-40　带有固定支架的摄像头

图 1-41　头戴式耳机

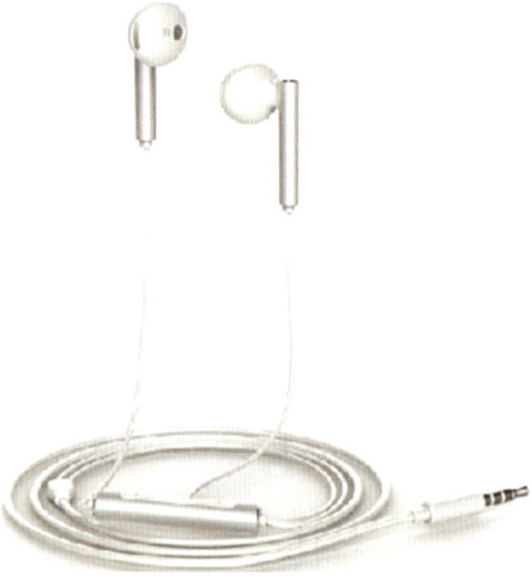

图 1-42　入耳式耳机

（3）话筒。话筒分为电容话筒和动圈话筒，如图 1-43、图 1-44 所示。

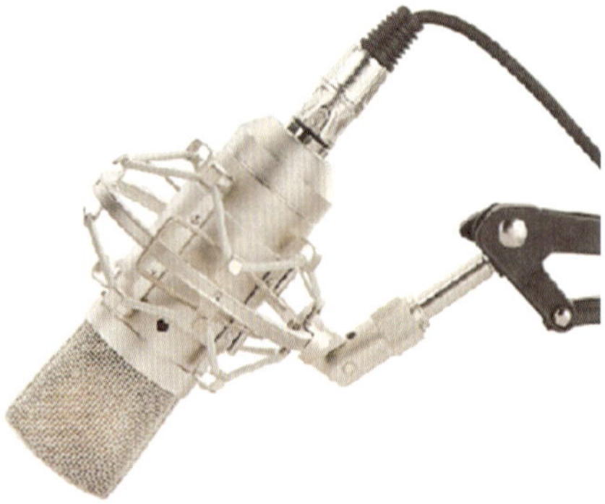

图 1-43　电容话筒

图 1-44　动圈话筒

（4）声卡。声卡能够增强直播现场的声音效果，营造热烈的购物氛围，如图 1-45 所示。

图 1–45 声卡

（5）灯光设备。灯光设备分为环形补光灯和八角补光灯。环形补光灯主要用于微距拍摄，而多数微距镜头只有在非常靠近物体时才有微距效果，若使用普通机顶闪光灯，则物体会因镜头本体遮挡而得不到均匀光照，如图 1–46 所示。八角补光灯可以增加光源面积并且使光线有一定的方向性，如图 1–47 所示。

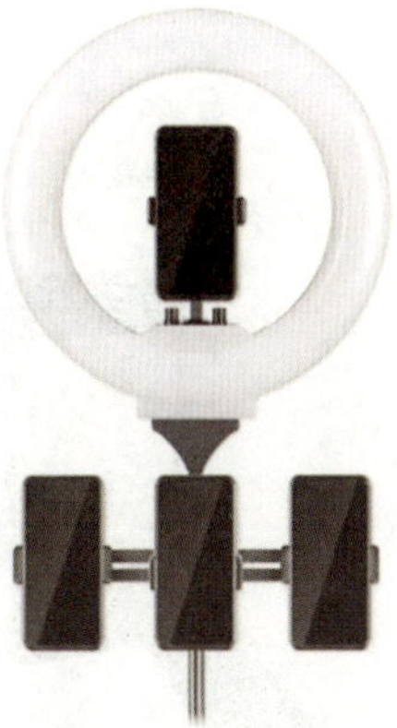

图 1–46 环形补光灯

图 1–47 八角补光灯

（6）手机和电脑。手机直播一般要求手机摄像头有较高的色彩还原度，处理器有较快的运行速度，因此建议选用市面上的主流（中端及以上价位）机型。电脑直播要求配置市面上的主流（中端及以上价位）处理器，操作系统以 Windows 系统为主流，并尽量选用台式电脑。另外，电脑直播还需配备高清摄像头，使画质更好。

（7）支架。支架分为话筒支架、手机支架、摄像头三脚支架，如图 1–48、图 1–49、图 1–50 所示。

2. 户外直播

（1）手机。户外直播相对于室内直播，更加注重手机的抗摔和防水性能，同时也要兼顾内存充足、摄像头像素高、拍摄稳定等性能要求。

（2）手持稳定器。手持稳定器顾名思义就是可以手持的稳定器产品。它的作用是用来辅助增强拍摄时的稳定性，让使用者在站立、走动甚至跑动时都能够拍摄出稳定顺畅的画面。手持稳定器如图 1–51 所示。

图 1–48　话筒支架

图 1–49　手机支架

图 1–50　摄像头三脚支架

图 1–51　手持稳定器

（3）运动相机。运动相机是专门为运动拍摄而设计的，如图 1–52 所示。在现有的拍摄条件下，手机、数码相机之类的拍摄设备在许多运动环境中无法稳定工作，如高空或者深水环境，因此就要用到运动相机进行拍摄。

（4）自拍杆。自拍杆是风靡世界的自拍神器，能够在 20 ～ 120 cm 长度间任意伸缩，使用者只需将手机或者相机固定在伸缩杆上，通过遥控器就能实现多角度自拍，如图 1–53 所示。

（5）移动电源。移动电源是一种可随身携带，自身能储备电能，主要为手持式移动设备等电子产品充电的便携充电器，一般应用在没有外部电源供应的场合。

图 1-52 运动相机

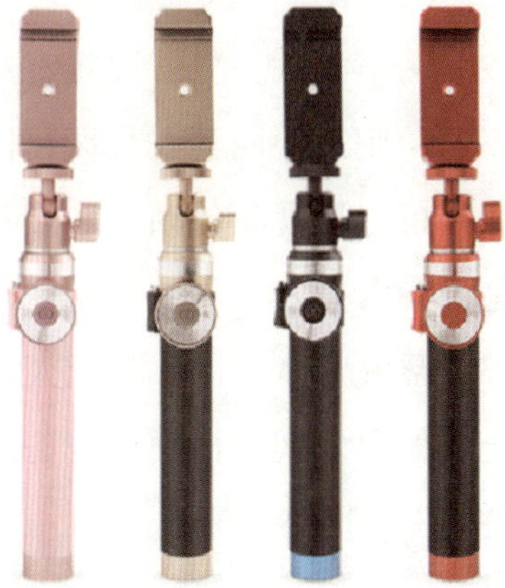

图 1-53 自拍杆

二、直播硬件设备的安装和调试

1. 常见直播硬件设备的安装

（1）摄像头的安装。手机直播用手机自带的前置摄像头即可；电脑直播需要另外配置单独的摄像头。现在使用的主流摄像头都是免安装驱动的，如果需要安装驱动，包装里通常会有安装光盘，或者说明书里有相应的网络驱动下载地址，按步骤操作即可。

（2）话筒支架的安装。先将支架底座固定好，有的可以夹在桌面边缘，有的可以直接水平放置在桌面上，一定要注意固定牢固；然后调节话筒的固定装置，将高度调节到坐姿刚好与嘴平齐的位置后，接好连接线，将话筒的连接线另一端 R 插在话筒电源连接线的 input（输入）口；最后将大头转小头的连接线一端插在话筒电源的 output（输出）口。

（3）外置声卡的安装。找到话筒电源 output（输出）口，将此端口连线的另一端插在外置声卡的电容话筒端口。外置声卡的另一端通常是 T 形 USB 接口，找到相应的连接线插入，连接线的另一端连接到电脑上。

（4）音箱或监听耳机的安装。将音箱独立安装在电脑机箱上即可，有的音箱需要单独的电源，有的音箱可通过机箱的 USB 接口供电。耳机插在电脑机箱上标有耳麦图示的插口即可，通常音频输出端口是绿色的。准备好后开机，调试设备的连通性、高度、角度、距离等。

2. 直播硬件设备的调试

（1）音频调式。调试音频设备，确定音频设备能够收集到声音，可以通过麦克风音量的变化，判断麦克风是否正常接收声音。

（2）网络调试。测试视频直播终端是否和服务器已经连接好，如果服务器的网络不通，则需要网管人员调试网络；若是连通的，则测试网络带宽是否适合直播，如果可以把视频的帧数和质量设置为较高，测试是否正常，以此来判断网络带宽是否够用。

（3）系统整体调试。测试人员连接全部直播硬件设备，按照实际环境测试直播系统。如果发现直播硬件设备或者网络不足以支持直播，需要及时更换直播硬件设备或提高网络传输率。

三、直播硬件设备使用注意事项

1. 维护保养

定期检查、维护保养直播设备，特别是在直播前要做全方位检查，避免出现直播事故。

2. 防潮

保持周围环境干燥，避免设备短路和腐蚀。

3. 通风

对直播间定时通风，有利于直播设备散热，延长设备使用寿命。

4. 防尘和除尘

定期对直播设备进行清洁，防止灰尘引发短路和降低散热效率。

5. 电源电压稳定

定期检查直播间内电源是否稳定，防止直播设备出现过压损坏或低压故障。

培训单元 2　下载安装直播软件

培训重点

1. 直播软件的下载安装方法。
2. 直播开通方法。

知识要求

一、抖音直播软件的下载安装及直播开通

抖音是一款短视频社交软件，用户可以通过抖音拍摄自己的作品并在平台上分享。抖音已成为当前人们分享个人生活、结识新朋友和了解奇闻异事的主要平台之一。

1. 抖音直播软件下载安装

（1）抖音网页版。2021 年，抖音上线了网页版，如图 1–54 所示。

图 1–54 抖音网页版

抖音网页版的主要功能模块包括首页、推荐、关注、朋友、我的、直播、放映厅、知识、热点、游戏、娱乐、二次元、音乐、美食、体育、时尚等。

（2）抖音电脑客户端版。抖音电脑客户端版于 2022 年正式上线，方便用户直接点击桌面图标进入抖音，而不再需要输入抖音网址。用户可以点击抖音网页版首页右上角的“客户端”→“下载电脑客户端”按钮，完成“抖音电脑客户端”下载，下载后在电脑桌面生成一个“抖音”快捷方式图标，点击“抖音”快捷方式图标后，可以直接进入抖音主页。以上两种版本只是进入主页的方式不同，在界面、功能和内容上差别很小。

（3）抖音移动端版。抖音 App 是在移动端（主要指手机）上运行的直播软件。直播销售员可在软件应用商城下载安装抖音 App，安装后进入抖音移动端版，如图 1–55 所示。

图 1–55　移动端抖音

2. 抖音直播开通

（1）电脑端抖音直播开通。在电脑端登录抖音后，直播销售员还需要下载、安装辅助直播软件直播伴侣才可以开通直播。下载、安装并启动后，点击界面右下角的“申请开播权限”按钮，如图 1–56 所示。

（2）移动端抖音直播开通。进入抖音界面后，点击正下方的“+”按钮，进入开通直播的设置。

如图 1–57 所示，在界面下方选择“开直播”。

如图 1–58 所示，点击“开始视频直播”按钮。

如图 1–59 所示，填写“真实姓名”和“身份证号”，进行实名认证。

实名认证完成后便可以直播，如图 1–60 所示。

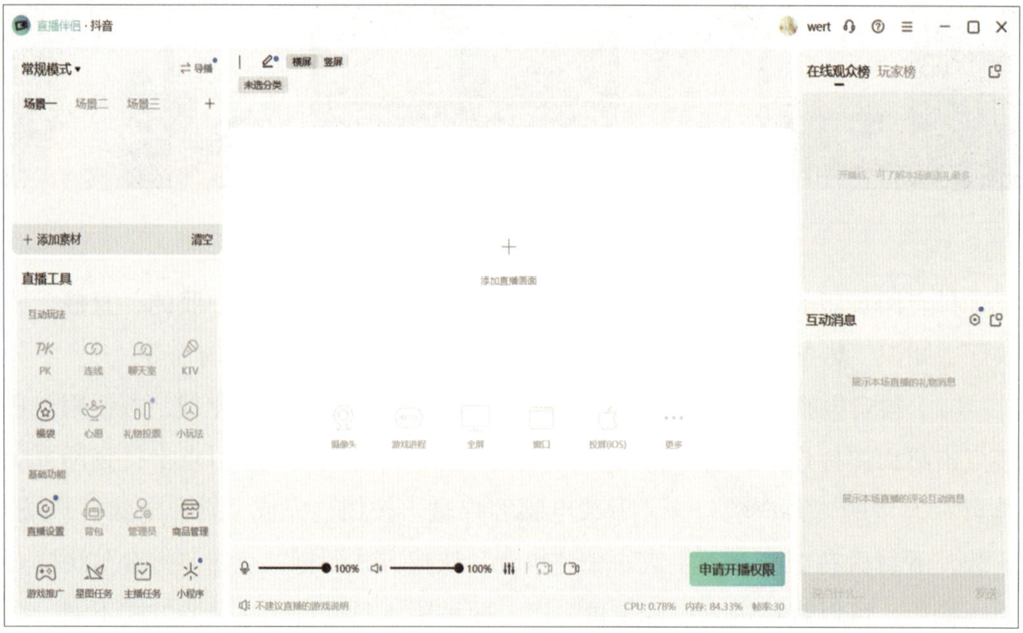

图 1–56　直播伴侣界面

图 1–57　选择“开直播”

图 1–58　点击“开始视频直播”

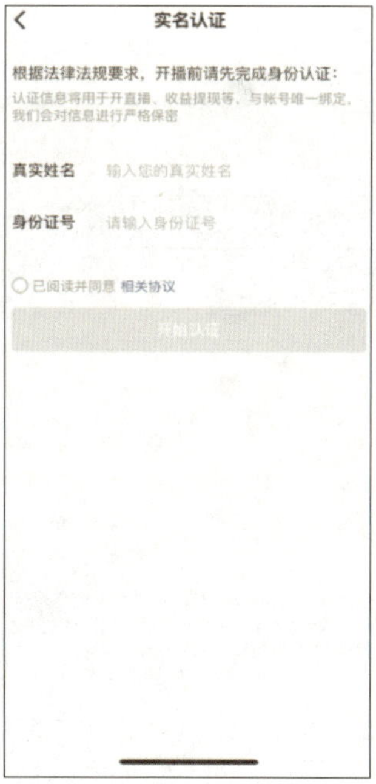

图 1–59　进行实名认证

图 1–60　抖音直播开通完成

二、快手直播软件的下载安装及直播开通

快手是北京快手科技有限公司旗下产品，其前身叫“GIF 快手”，是一款制作和分享 GIF 图片的手机应用软件。2012 年 11 月，快手正式从纯粹的工具应用转型为短视频社区。用户可以用自制的照片和短视频在快手平台上与网友分享自己的生活经历，并且可以通过直播与网友进行实时互动。快手平台也是当前直播的重要平台之一。

1. 快手直播软件下载安装

（1）快手网页版（见图 1–61）。

图 1–61　网页版快手

（2）快手移动端版。快手 App 是快手在移动端（主要指手机）运行的直播软件，如图 1–62 所示。用户可在软件应用商城下载安装快手 App。

图 1–62　移动端快手

2. 快手直播开通

（1）电脑端快手直播开通。在电脑端快手直播之前，用户需要下载安装快手直播伴侣，安装成功后的直播主界面如图 1–63 所示，点击“开始直播”按钮即开通直播。

（2）移动端快手直播开通。进入快手后，点击正下方的“+”按钮，进入开通直播的设置。

如图 1–67 所示，点击“开始视频直播”。

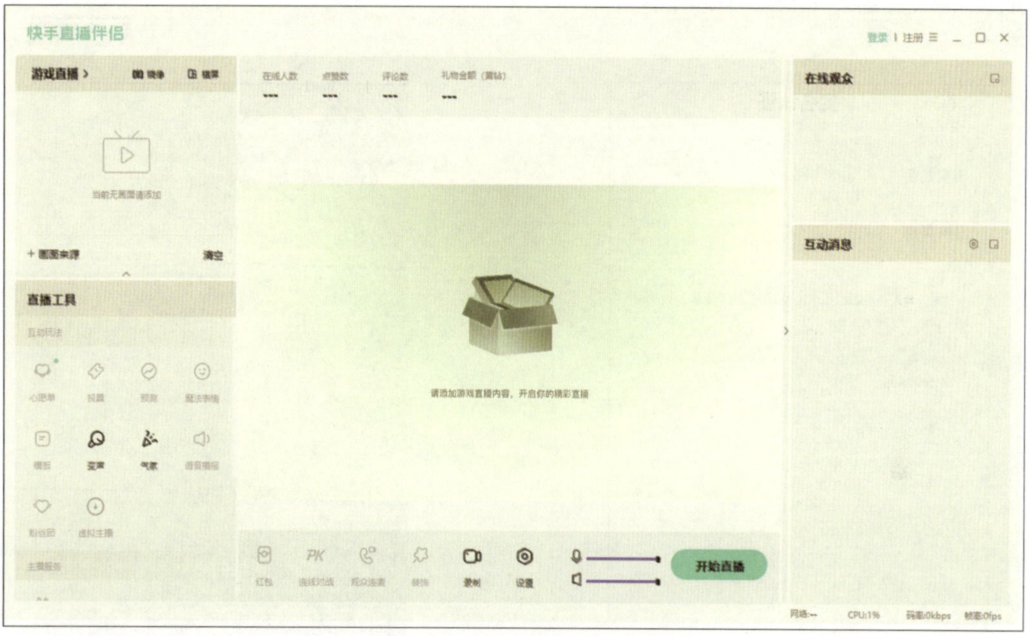

图 1–63　快手直播伴侣主界面

图 1–64　点击“开始视频直播”

如图 1–65 所示，填写“真实姓名”和“证件号码”进行实名认证。认证完成后便可以直播，如图 1–66 所示。

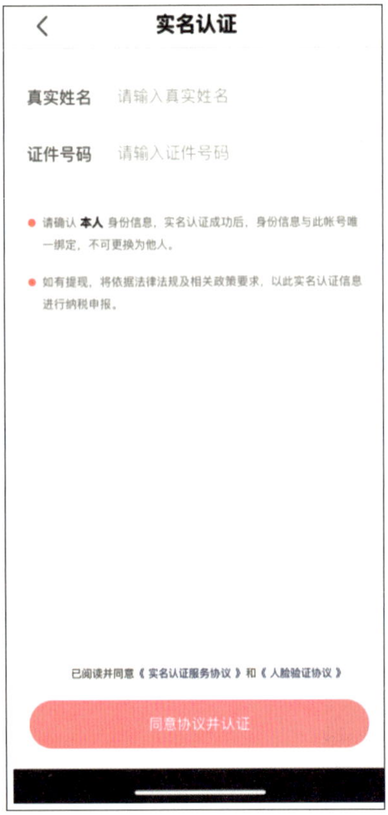

图 1–65　进行实名认证

图 1–66　快手直播开通完成

三、淘宝直播软件的下载安装及直播开通

淘宝直播是阿里巴巴集团推出的直播平台，定位于消费类直播，用户可边看边买。

1. 电脑端淘宝直播

如图 1–67 所示，进入淘宝直播官网后，选择“一键入驻”或者“下载客户端”完成电脑端淘宝直播的开通。

2. 移动端淘宝直播

用户在软件应用商城下载安装淘宝主播 App，然后在直播主页完成入驻设置，即可开通移动端（主要指手机）淘宝直播，如图 1–68 所示。

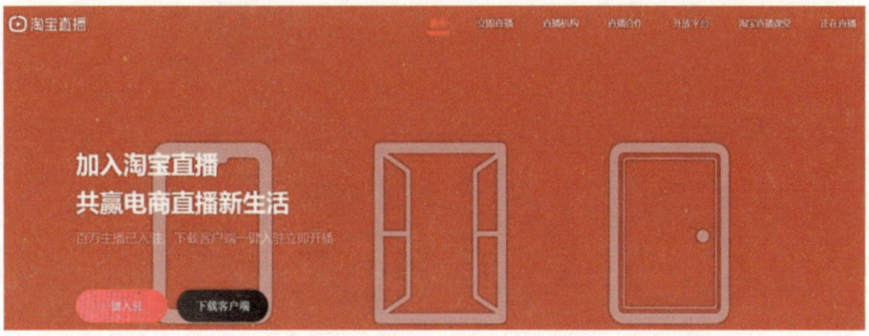

图 1–67　电脑端淘宝直播首页

图 1–68　移动端淘宝直播（淘宝主播）

四、B 站软件的下载安装及直播开通

哔哩哔哩的英文名称为 bilibili，简称 B 站，是目前年轻人高度聚集的文化社区和视频平台，创建于 2009 年 6 月。2022 年 2 月，哔哩哔哩直播正式上线，其电脑端的直播网址为：live.bilibili.com。

用户进入 bilibili 直播后，将鼠标指向“我要开播”，此时界面会显示“电脑开播”和“手机开播”两种方式，选择其中一种，按照提示操作即可开通直播，如图 1–69 所示。

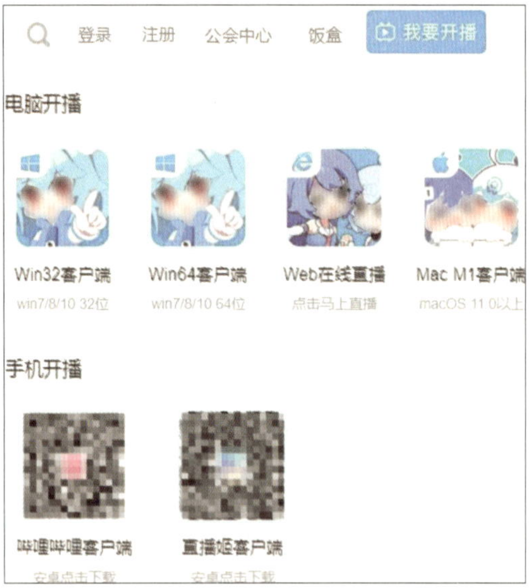

图 1–69　B 站直播开通

五、小红书软件下载安装及直播开通

小红书是一个生活方式平台和消费决策入口，其电脑端官网地址为 www.xiaohongshu.com。

进入小红书官网后，鼠标指向“创作中心”，选择“电脑直播助手”，如图 1–70 所示；进入“电脑直播助手”客户端下载界面，如图 1–71 所示。下载安装成功后便可使用“电脑直播助手”开始直播。

图 1–70　选择“电脑直播助手”

图 1–71 “电脑直播助手”下载界面

小红书手机直播开通流程为：打开小红书 APP，点击主界面右下角的“我”功能，找到“创作中心”模块，如图 1–72 所示；在“创作中心”界面，选择“主播中心”，如图 1–73 所示；在“主播中心”界面选择“去开播”，如图 1–74 所示；点击“去开播”后便可开始直播，如图 1–75 所示。

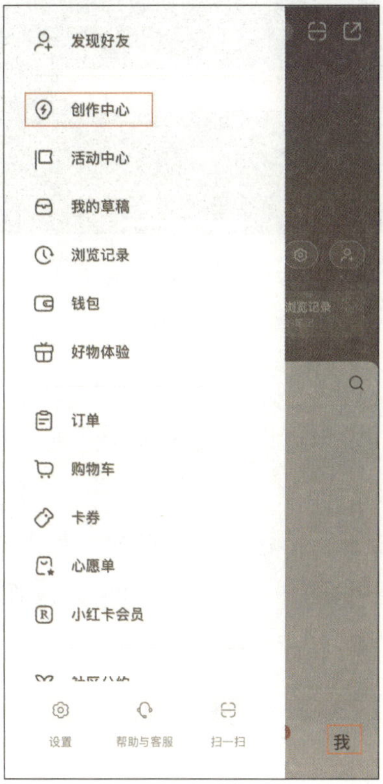

图 1–72 “我”界面

图 1–73 “创作中心”界面

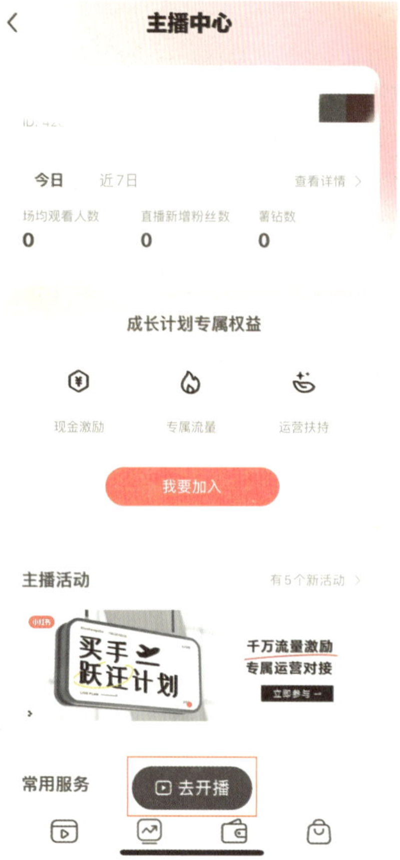

图 1-74 “主播中心”界面

图 1-75 “开始直播”界面

六、微信视频号直播开通

微信视频号的内容以图片和视频为主，微信用户可以通过视频号开通直播功能。

在微信“发现”选择“视频号”，如图 1-76 所示；进入“视频号”后，选择右上角的用户图标“  ”，进入“发起直播”界面，如图 1-77、图 1-78 所示；点击“发起直播”按钮，用户便进入“开始”直播界面，如图 1-79 所示。另外，直播用户在微信视频号第一次发起直播时，需要先进行直播授权。

图 1–76　微信“发现”界面

图 1–77　“视频号”主界面

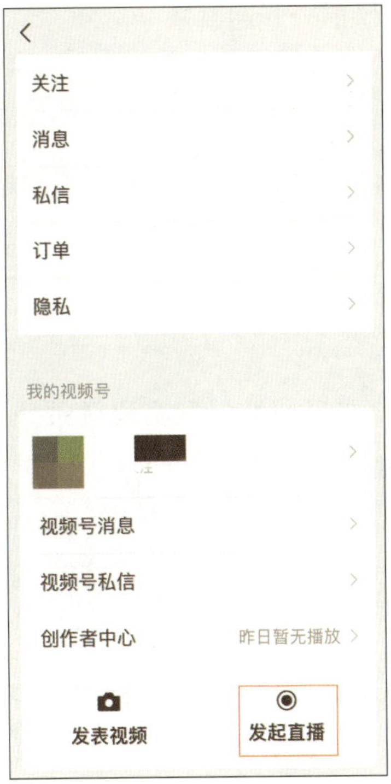

图 1–78　“发起直播”界面

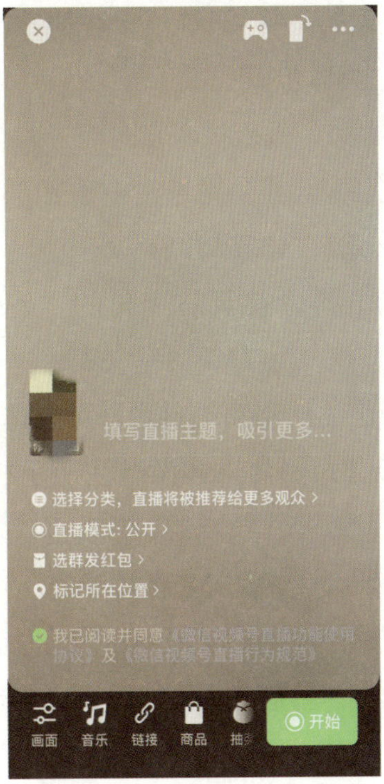

图 1–79　“开始”直播界面

技能操作

技能 1　下载安装抖音及开通直播

在电脑端下载安装抖音直播软件并开通直播。

一、操作准备

1. 检查电脑网络处于连接状态。
2. 打开任意浏览器。

二、操作要求

1. 从电脑端登录抖音官网。
2. 下载安装抖音直播伴侣。
3. 开通直播。

三、操作程序

1. 基本程序

进入抖音官网→登录 / 注册→下载安装直播伴侣→开通直播。

2. 具体步骤

步骤 1　进入抖音官网

在任意浏览器地址栏中输入“www.douyin.com”，进入抖音主页。

步骤 2　登录 / 注册

点击抖音首页右上角的“登录”按钮，出现登录方式界面，如图 1–80 所示。

若已注册移动端抖音，可以选择扫码登录、验证码登录和密码登录任一种方式进行登录。如果还没有注册手机版抖音，那么选择验证码登录，先注册后再登录。

步骤 3　下载安装直播伴侣

鼠标停在用户名图标处，此时会出现如图 1–81 所示界面。

点击“直播伴侣”按钮后会出现直播伴侣下载界面，如图 1–82 所示。

点击“立即下载”按钮，下载“直播伴侣”。安装成功后启动直播伴侣，界面如图 1–83 所示。

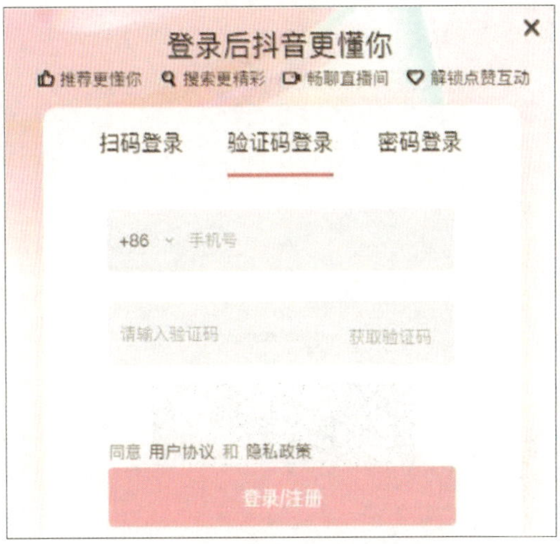

图 1–80　抖音“登录 / 注册”界面

图 1–81　直播伴侣下载位置

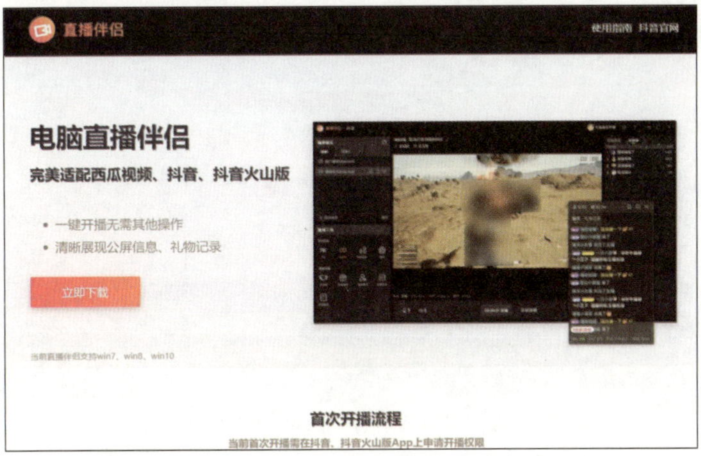

图 1–82　直播伴侣下载界面

直播销售员可以根据需求选择“抖音”“抖音火山版”“西瓜视频”3 个直播平台之一开展直播。

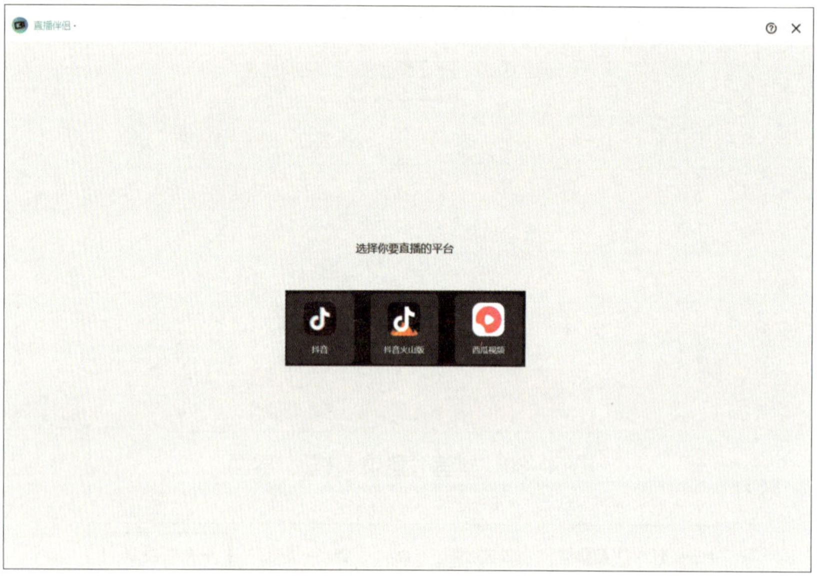

图 1–83　首次启动直播伴侣界面

步骤 4　开通直播

如图 1–84 所示，点击直播伴侣界面右下角的“申请开播权限”按钮。开通直播权限后，直播销售员即可进行抖音直播。

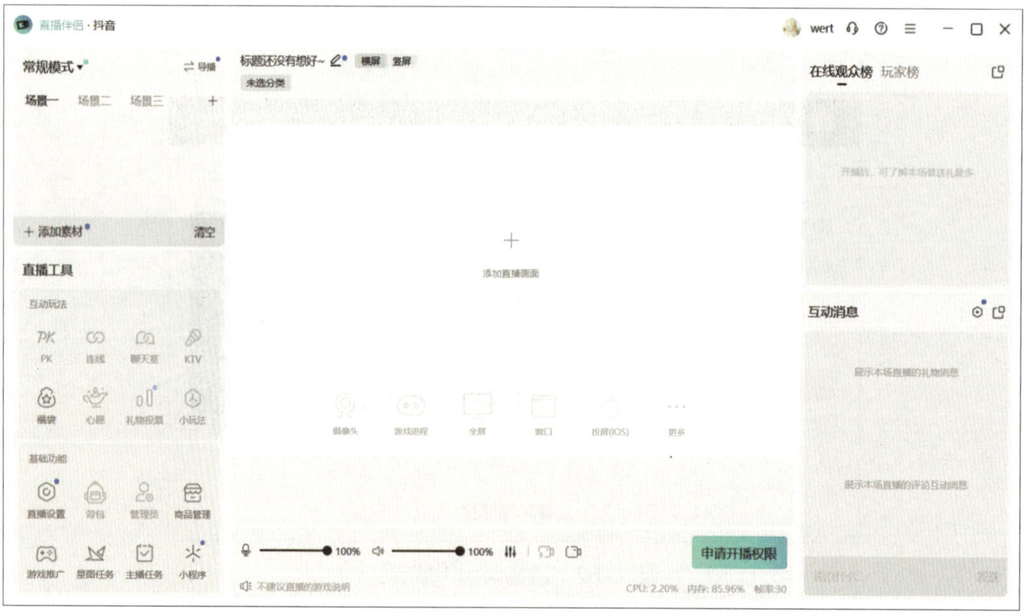

图 1–84　点击“申请开播权限”进行直播

培训单元 3　选择直播道具及场地

培训重点

1. 直播道具筛选。
2. 直播场地布置。
3. 直播间灯光布置。

知识要求

一、直播道具筛选

直播销售员在直播时使用辅助道具，能够非常直观地传达直播销售员的意图，强调直播营销环节中的重点，还能丰富直播画面，吸引用户的注意力，加深用户对直播或产品的印象。

直播道具包括小黑板、计算器、秒表等。小黑板可以更加清晰地显示直播产品的卖点、当日福利等信息，以减轻直播销售员和客服的现场工作压力。当直播间赠送给用户的赠品较多或者优惠活动方案比较复杂时，直播销售员会用计算器现场为用户计算优惠额度，以展示此次直播的优惠力度很大，促成用户下单。秒表在直播间常常被用来营造一种紧张的抢购氛围，直播销售员用秒表向用户展示某种产品进入下架倒计时，提醒用户及时下单。

二、直播场地布置

对一场直播而言，好的场地能够增加用户的停留时长，更有效地提高用户转化率。布置直播场地主要从以下两个方面入手：一是直播间的整体环境；二是直播间整体环境和直播设备的搭配。

1. 直播场地大小

一般情况下，直播场地控制在 8 ~ 20 m^2 即可。如果是美妆直播，8 m^2 即可；如果是穿搭类直播，应选择 15 m^2 左右，有试衣服的空间。个人直播的场地标准为 8 ~ 15 m^2，团队直播的场地标准为 2 ~ 40 m^2。直播前，对直播场地进行回音和隔音测试，以免隔音不好或者回音太大，否则都会影响直播效果。常见直播场地如图 1–85 所示。

图 1–85　常见直播场地

2. 直播背景墙

直播背景墙最好简洁、干净（转场活动直播除外），以浅色、纯色为主，明亮大方，如图 1–86 所示。直播背景墙也可以根据直播销售员的形象或者直播风格进行调整。例如，如果直播是可爱风格，直播背景墙或者窗帘可以用暖色；如果直

图 1–86　直播背景墙

播是成熟稳重风格，则尽量以纯色的背景墙为主。一般情况下，灰色是最适合的背景色，不会过度曝光，视觉舒适，有利于突出服装、妆容或者产品的颜色。

3. 陈列货架

陈列货架泛指存放产品的架子，用于存放成件物品，如图 1–87 所示。例如，如果直播间卖衣服，可以放衣架或者衣柜，将衣服摆放整齐；如果是美妆直播，可以摆一个陈列架，摆上要推荐的产品。

图 1–87 陈列货架

4. 直播地面

有条件的直播间，可以在地面铺设吸音毯，降低直播混响。直播间地面可以选择浅色系地毯、木地板，在展示美妆、服饰、美食、珠宝等时都能用。直播地面如图 1–88 所示。

5. 装饰点缀

如果直播空间很大，为了避免显得过于空旷，可以适当丰富直播背景。例如，放一些室内小盆栽、小玩偶之类，干净整洁即可。直播装饰点缀如图 1–89 所示。

如果是节假日，可以适当地布置一些跟节日相关的装饰，或者配上节日的妆容和服装，以此来吸引用户的目光，提升直播间人气。掌握直播间的布置技巧，即使是新直播销售员，也可以打造一个高质量的直播间。

图 1-88　直播地面

图 1-89　直播装饰点缀

三、直播间灯光布置

1. 主灯光

主灯光是直播间的主要光源，承担主要照明的作用，可以使直播销售员的脸部和产品受光匀称，同时起到美颜的效果，使直播销售员的脸部和产品看起来比较柔和。

主灯光通常是冷色调，可以是楼顶的吊灯，也可以是独立的 LED 灯。主灯光不要太暗，一般在 100 W 左右，更有利于突显空间的光感。

2. 辅助光

辅助光一般是柔光灯发出的光线，主要用于辅助主灯光的塑形，控制暗部阴影，平衡画面明暗。辅助光一般分为暖光和冷光。暖光会让直播销售员看上去更贴近自然，冷光则会让直播销售员看上去更加白皙。辅助光如图 1-90 所示。

图 1-90　辅助光

使用辅助光的时候，要注意避免光线太暗和太亮的情况，光度不能强于主灯光，不能干扰主灯光正常的光线效果，而且不能产生光线投影。

3. 顶光

顶光是指从直播销售员上方照下来的光线，能产生浓重的投影感，有利于轮廓造型的塑造，能够起到瘦脸的作用。顶光如图 1-91 所示。虽然顶光优点不少，

图 1-91　顶光

但也有缺陷，如顶灯位置离直播销售员的位置不能超过 2 m，容易在眼睛和鼻子下方形成阴影等。

4. 轮廓光

轮廓光一般设置在直播销售员身后的位置，形成逆光，不仅可以使直播销售员的轮廓分明，更可以将直播销售员从直播背景中分离出来，突出主体。轮廓光如图 1–92 所示。使用轮廓光时，不能过亮，否则会造成画面主体过黑，直播销售员轮廓不清晰。

图 1–92　轮廓光

5. 背景光

背景光又称环境光，主要作为背景照明，使直播间的各点照度尽可能统一，达到室内光线均匀的效果。背景光如图 1–93 所示。背景光应简单一些，尽量采取低光亮多光源的方法进行布置。

图 1–93　背景光

技能操作

技能　布置直播间

以某直播为例，布置直播间。

一、操作准备

1. 选择直播场地。

2. 选择直播道具。

二、操作要求

1. 布置直播场地时注意卫生。

2. 放置直播样品时注意摆放顺序。

3. 布置好直播场地后需要试播。

三、操作程序

1. 基本程序

布置场地→布置灯光→筛选道具→排列产品。

2. 具体步骤

步骤 1　布置场地

根据直播内容和要求布置场地，如图 1–94 所示。注意场地环境的空间大小、背景颜色、前景陈列等。

图 1–94　直播场地

步骤 2 布置灯光

布置灯光后，调整摆放角度、光照强度。直播销售员在直播时如果需要走动，及时进行灯光角度调整。灯光如图 1–95 所示。

图 1–95 灯光

步骤 3 筛选道具

根据产品特点和道具展示效果，合理选择、搭配道具。

步骤 4 排列产品

排列产品需要符合直播介绍顺序，可以根据直播节奏合理安排产品摆放顺序，如图 1–96 所示。摆放产品时，注意展示产品的视觉效果。

图 1–96 产品排列

培训项目 3 风险评估

培训单元 1　解决断网、断电故障

培训重点

1. 断网、断电故障的原因。
2. 断网、断电故障的解决方法。

知识要求

一、断网、断电故障的原因

1. 断网故障的原因

若在直播中断网，一般可能是如下原因：宽带或绑定的手机欠费；外网断网；本机服务不正常；电脑主机和路由器网络不通；路由器损坏或死机；电脑系统故障。

2. 断电故障的原因

若在直播中断电，一般可能是如下原因：用电欠费；区域性停电；总开关跳闸。

二、断网、断电故障的解决方法

1. 断网故障的解决方法

如果不存在宽带或绑定的手机欠费的情况，则按照下面顺序解决断网故障。

（1）进入 DOS 命令系统，查看电脑是否获取了 IP 地址，如图 1–97 所示。

```
管理员: C:\WINDOWS\system32\cmd.exe
Microsoft Windows [版本 10.0.18363.1556]
(c) 2019 Microsoft Corporation。保留所有权利。

C:\Users\[redacted]ipconfig/all

Windows IP 配置

   主机名  . . . . . . . . . . . . . : DESKTOP-FAQIAUR
   主 DNS 后缀 . . . . . . . . . . . :
   节点类型  . . . . . . . . . . . . : 混合
   IP 路由已启用 . . . . . . . . . . : 否
   WINS 代理已启用 . . . . . . . . . : 否
```

图 1–97　电脑 IP 地址测试示意图

（2）测试网关路由器是否正常运行，如图 1–98 所示。

```
C:\Users\syj>ping 192.168.0.1

正在 Ping 192.168.0.1 具有 32 字节的数据:
来自 192.168.0.1 的回复: 字节=32 时间=11ms TTL=64
来自 192.168.0.1 的回复: 字节=32 时间=37ms TTL=64
来自 192.168.0.1 的回复: 字节=32 时间=6ms TTL=64
来自 192.168.0.1 的回复: 字节=32 时间=8ms TTL=64

192.168.0.1 的 Ping 统计信息:
    数据包: 已发送 = 4，已接收 = 4，丢失 = 0 (0% 丢失)，
往返行程的估计时间(以毫秒为单位):
    最短 = 6ms，最长 = 37ms，平均 = 15ms
```

图 1–98　网关路由器测试示意图

（3）查看路由器是否损坏或死机。如果路由器电源灯不亮，说明路由器损坏，应及时维修或更换；如果电源灯亮，则重启路由器，查看连接电脑的网口指示灯是否亮，在确认电脑主机网卡、网线及水晶头都完好的情况下，连接的网口指示灯仍然不亮，则说明路由器损坏，需要更换新路由器。

（4）更换网络配件。如果电脑主机和路由器网络不通，则拔插电脑主机网口和路由器连接网口的网线，看网口指示灯是否亮，若不亮，则重新制作水晶头和网络模块，仍然不亮则更换网线。以上情况下指示灯依旧不亮，则可能是电脑集成网卡损坏，需更换主板或增加独立网卡。

（5）检测光调制解调器。重启光调制解调器并查看光调制解调器口和路由器 WAN 口指示灯是否亮，如果不亮则更换网线，直到指示灯亮。联系宽带运营商远程检测光调制解调器是否正常，不正常则及时更换光调制解调器。光调制解调器正常后，查看路由器设置里 WAN 口设置，显示“已连接”，说明从光调制解调器到路由器，再到电脑主机全部是正常的，但电脑还不能联网，那么可以判断是电

脑 Windows 系统出现问题。

（6）Windows 系统修复。先关闭系统防火墙，若网络不通则更换 DNS 为“114.114.114.114”，仍不通则使用 Windows 系统的网络修复功能，最后若仍不通，则重装系统。

2. 断电故障的解决方法

用电欠费：及时缴纳电费。

区域性停电：联系电力部门报修。

总开关跳闸：电器功率过大、线路老化、电线断开、电表损坏均有可能导致总开关跳闸，可以联系专业人士排除故障。

培训单元 2　营销中的法律、法规风险防范

培训重点

1. 营销中的法律、法规风险类型。
2. 营销中的法律、法规风险判断与防范。

知识要求

一、营销中的法律、法规风险类型

在直播过程中，最主要的风险来自直播销售员的不当行为及相关人员的违规行为。《网络主播行为规范》规定了直播销售员在直播时不得出现的 31 种行为。营销中的法律、法规风险可归纳为以下 3 类。

1. 危害国家安全和利益的行为风险

（1）发布违反宪法所确定的基本原则及违反国家法律、法规的内容。

（2）发布颠覆国家政权，危害国家统一、主权和领土完整，危害国家安全，泄露国家秘密，损害国家尊严、荣誉和利益的内容。

（3）发布削弱、歪曲、否定中国共产党的领导、社会主义制度和改革开放的内容。

（4）发布诋毁民族优秀文化传统，煽动民族仇恨、民族歧视，歪曲民族历史或者民族历史人物，伤害民族感情、破坏民族团结，或者侵害民族风俗、习惯的内容。

（5）违反国家宗教政策，在非宗教场所开展宗教活动，宣扬宗教极端主义、邪教等内容。

（6）恶搞、诋毁、歪曲或者以不当方式展现中华优秀传统文化、革命文化、社会主义先进文化。

（7）恶搞、歪曲、丑化、亵渎、否定英雄烈士和模范人物的事迹和精神。

（8）使用换脸等深度伪造技术对党和国家领导人、英雄烈士、党史、历史等进行伪造、篡改。

（9）损害人民军队、警察、法官等特定职业、群体的公众形象。

（10）宣扬基于种族、国籍、地域、性别、职业、身心缺陷等理由的歧视。

（11）在涉及国家安全、公共安全，影响社会正常生产、生活秩序，影响他人正常生活、侵犯他人隐私等场所和其他法律、法规禁止的场所拍摄或播出。

2. 扰乱社会治安和公共秩序，破坏社会稳定的行为风险

（1）编造、故意传播虚假恐怖信息、虚假险情、疫情、灾情、警情，扰乱社会治安和公共秩序，破坏社会稳定。

（2）展现过度的惊悚恐怖、生理痛苦、精神歇斯底里，造成强烈感官、精神刺激并可致人身心不适的画面、台词、音乐及音效等。

（3）对社会热点和敏感问题进行炒作或者蓄意制造舆论“热点”。

（4）炒作绯闻、丑闻、劣迹，传播格调低下的内容，宣扬违背社会主义核心价值观、违反公序良俗的内容。

（5）介绍或者展示自杀、自残、暴力血腥、高危动作和其他易引发未成年人模仿的危险行为，表现吸烟、酗酒等诱导未成年人不良嗜好的内容。

（6）利用未成年人或未成年人角色进行非广告类的商业宣传、表演或作为噱头获取商业或不正当利益，指引错误价值观、人生观和道德观的内容。

（7）宣扬封建迷信文化习俗和思想、违反科学常识等内容。

（8）破坏生态环境，展示虐待动物，捕杀、食用国家保护类动物等内容。

（9）铺张浪费粮食，展示假吃、催吐、暴饮暴食等，或其他易造成不良饮食消费、食物浪费示范的内容。

（10）引导用户低俗互动，组织煽动粉丝互撕谩骂、拉踩引战、造谣攻击，实施网络暴力。

（11）展示或炒作大量奢侈品、珠宝、纸币等资产，展示无节制奢靡生活，贬低低收入群体的炫富行为。

（12）法律、法规禁止的以及其他对网络表演、网络视听生态造成不良影响的行为。

（13）宣扬淫秽、赌博、吸毒，渲染暴力、血腥、恐怖、传销、诈骗，教唆犯罪或者传授犯罪方法，暴露侦查手段，展示枪支、管制刀具。

3. 侵害他人合法权益的行为风险

（1）侮辱、诽谤他人或者散布他人隐私，侵害他人合法权益。

（2）未经授权使用他人拥有著作权的作品。

（3）营销假冒伪劣、侵犯知识产权或不符合保障人身、财产安全要求的商品，虚构或者篡改交易、关注度、浏览量、点赞量等数据流量造假。

（4）夸张宣传误导消费者，通过虚假承诺诱骗消费者，使用绝对化用语，未经许可直播销售专营、专卖物品等违反广告相关法律法规的。

（5）通过“弹幕”、直播间名称、公告、语音等传播虚假、骚扰广告。

（6）通过有组织炒作、雇佣“水军”刷礼物、宣传“刷礼物抽奖”等手段，暗示、诱惑、鼓励用户大额“打赏”；引诱未成年用户“打赏”或以虚假身份信息“打赏”。

（7）服饰妆容、语言行为、直播间布景等展现带有性暗示、性挑逗的内容。

直播销售员及其直播团队成员在直播时务必禁止以上行为。

二、营销中的法律、法规风险防范

直播销售员及其直播团队成员在营销中要时刻防范以上法律、法规风险，并按照《网络主播行为规范》中的规定做到以下几点。

1. 自觉遵守相关法律、法规规范，维护国家利益、公共利益和他人合法权益，自觉履行社会责任，自觉接受行业主管部门监管和社会监督。

2. 遵守网络实名制注册账号的有关规定，配合平台提供真实有效的身份信息进行实名注册并规范使用账号名称。

3. 坚持正确政治方向、舆论导向和价值取向，树立正确的世界观、人生观、价值观，积极践行社会主义核心价值观，崇尚社会公德、恪守职业道德、修养个人品德。

4. 坚持以人民为中心的创作导向，传播的网络表演、视听节目内容应当反映时代新气象、讴歌人民新创造，弘扬中华优秀传统文化，传播正能量，展现真善美，满足人民群众美好生活新需要。

5. 坚持健康的格调品位，自觉摈弃低俗、庸俗、媚俗等低级趣味，自觉反对流量至上、畸形审美、“饭圈”乱象、拜金主义等不良现象，自觉抵制违反法律法规、有损网络文明、有悖网络道德、有害网络和谐的行为。

6. 引导用户文明互动、理性表达、合理消费，共建文明健康的网络表演、网络视听生态环境。

7. 保持良好声屏形象，表演、服饰、妆容、语言、行为、肢体动作及画面展示等要文明得体，符合大众审美情趣和欣赏习惯。

8. 尊重公民和法人的名誉权、荣誉权，尊重个人隐私权、肖像权，尊重和保护未成年人、老年人、残疾人的合法权益。

9. 遵守知识产权相关法律、法规，自觉尊重他人知识产权。

10. 按照规范写法和标准含义使用国家通用语言文字，增强语言文化素养，自觉遏阻庸俗暴戾网络语言传播，共建健康文明的网络语言环境。

11. 自觉加强学习，掌握从事直播工作所必需的知识和技能。对于需要较高专业水平（如医疗卫生、财经金融、法律、教育）的直播内容，直播销售员应取得相应执业资质，并向直播平台进行执业资质报备，直播平台应对直播销售员进行资质审核及备案。

职业模块 二

直播营销

培训项目 1 直播预演

培训单元 1 撰写单品直播脚本

培训重点

1. 单品直播脚本的构成要素。
2. 单品直播脚本的撰写方法。

知识要求

一、单品直播脚本概述

1. 单品直播脚本概念

单品直播脚本是指针对单个产品的脚本，包含产品的品牌介绍、功能、价格等内容。在一场直播中，直播销售员需要推荐多款产品，必须对每款产品的特点和营销方法有清晰的了解，才能更好地将产品的卖点和优惠活动传达给用户，刺激用户的购买欲。因此，单品直播脚本需要以表格的形式罗列产品的特点和利益点，帮助直播销售员明确产品的卖点，熟知每款产品的福利。

2. 单品直播脚本的作用

单品直播脚本要清晰、详细、可执行，是直播顺利进行的基础和取得良好效果的有力保障。具体来说，单品直播脚本的作用主要体现在以下 3 个方面。

（1）提高直播准备的工作效率。开播之前制作单品直播脚本能够帮助直播团队了解直播流程，明确每个成员的职责，使每个人各司其职，确保直播工作有条不紊地展开。

（2）帮助直播销售员梳理直播步骤。单品直播脚本能够帮助直播销售员了解本场直播的主要内容，梳理直播流程，让直播销售员清楚地知道单品直播应该做什么、说什么，以及哪些事项还没有完成等，减少直播销售员在直播中无话可说、活动规则解释不清楚等情况的发生。一份详细的单品直播脚本甚至在直播销售员话术上都有技术性的提示，帮助直播销售员保持语言上的吸引力，游刃有余地与用户进行互动。

（3）降低直播预算。很多供应商的直播预算有限，因此，在单品直播脚本中可以提前设计好供应商能够承受的优惠券面额、红包金额、赠品支出等，从而降低直播预算。

二、单品直播脚本的构成要素

一般情况下，一场直播由多款单品直播组成。很多用户进入直播间的时间不确定，为了让在不同时段进入直播间的用户能够快速了解直播间的产品，在设计单品直播脚本时，需要将整场直播分成若干个时间单元，为每个时间单元撰写一个单品直播脚本，从而提高用户的参与度，降低其理解成本。单品直播脚本一般应包含以下 4 部分内容。

1. 产品的卖点和利益点

直播销售员在直播中要反复强调产品的最大卖点是什么，突出产品的利益点。在产品卖点介绍环节，直播销售员可以从以下 3 个要点加以强调。

（1）产品外观。例如，颜色、形状、包装给人的感觉等。

（2）产品的使用感觉。例如，食品的口感、数码产品的使用流畅感、服饰的使用场景和效果等。

（3）产品的直接或间接背书。例如，名人使用、所获奖项、销售数据等。

无论是品牌介绍，还是产品卖点，直播销售员都要根据目标用户的偏好和习惯确定语言的表达方式。

2. 视觉化的表达

一直不停地去说一件产品多么好、多么有用是非常无力的。用视觉化的表达方式展示使用场景，可以让用户产生画面感，有利于加深对产品的认知。因此，单品直播脚本中需要明确产品使用场景的特征和要求。

3. 品牌介绍

直播销售员可以从品牌方提供的品牌理念、品牌故事里挑选能够打动用户的内容，让用户相信产品质量。

4. 引导转化

直播销售员可以采用形式多样的营销方法，让用户感觉到直播产品的稀缺性。例如，“限量 1 000 件”“每件 298 元，之后恢复每件 498 元”，并用倒计时的方式引导用户抢购，具体的抢购方案也应该在单品直播脚本中有所体现。

三、单品直播脚本的撰写方法

单品直播脚本可以按照以下流程撰写：分析产品及对比竞品→制定用户痛点分析表→确定单品直播脚本元素→撰写单品直播脚本。

1. 分析产品及对比竞品

只有经过产品分析及竞品对比后，直播销售员才能找到单品的核心竞争力，更好地刺激产品销售，具体步骤如下所示。

（1）产品解决了什么问题？

（2）这个产品针对的对象是谁？

（3）这个问题有多大？

（4）产品怎么解决这个问题？

（5）与同类产品相比，这个解决方案的优势是什么？

2. 制定用户痛点分析表

用户痛点是指用户在日常生活或某种行为中遇到的问题，通常需要一种解决方案来化解。痛点实质上是用户当前没有得到满足的产品 / 服务，或者是现有产品 / 服务缺少用户急需的某种功能。因此，在撰写单品直播脚本之前，首先要分析和明确产品能够满足用户的什么需求、与竞品相比的优势、用户还有其他什么需求等。

在实际操作中，可以把用户的痛点罗列下来，制成一张用户痛点分析表（见表 2–1），逐个分析，并找出应对策略。

3. 确定单品直播脚本元素

在痛点分析之后，根据痛点的应对策略，确定产品卖点、核心卖点、价格策略和优惠活动方式等单品直播脚本元素。以某服装品牌的单品直播脚本为例，单品直播脚本元素见表 2–2。

表 2–1　用户痛点分析表示例

序号	痛点类型	痛点分析和应对策略
1	模拟用户，这款产品能解决用户的什么需求	
2	询问用户买这款产品做什么	
3	对用户的具体需求细化分析	
4	找到竞品，分析竞品具体满足的需求	
5	用户对竞品的差评是什么	
6	有没有其他领域的需求	

表 2–2　单品直播脚本元素表

产品关键词	产品图片	商品号链接	产品卖点	核心卖点	日常价	直播间价格	赠品情况
宽松/卫衣/连帽/女/春装/新款/印花/抽绳/外套		1号链接	1. 基础印花卫衣，袖口处的绿色印花让衣服更有春天的气息 2. 卫衣是宽松的，可以遮肉	2件2折+满400元减50元	449元	80元	赠送手提袋一个
黑色/连衣裙/夏季新款/娃娃领/泡泡袖/收腰/小黑裙		2号链接	1. 设计小众，黑色收腰设计，显瘦，剪裁显腿长 2. 蝴蝶结扣型，增加独特的少女感	150元优惠券	268元	118元	无

续表

产品关键词	产品图片	商品号链接	产品卖点	核心卖点	日常价	直播间价格	赠品情况
高腰/开衩/牛仔裤/女/显瘦/显高/宽松/阔腿裤	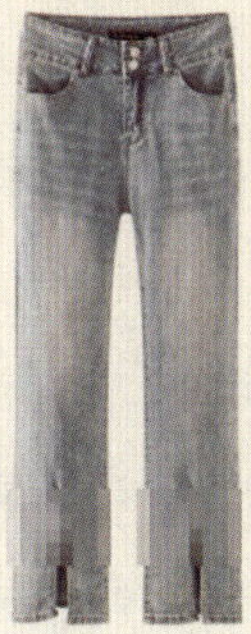	3号链接	开衩设计，适合梨形身材，遮肉效果好	满200元立减50元	239元	189元	包邮、赠送运费险

4. 撰写单品直播脚本

单品直播脚本本质上就是给产品直播团队提供了一个表演“剧本”。团队成员根据脚本设计的流程、提示问题和讲解内容，完成直播任务。以某品牌洗碗机为例，单品直播脚本见表2–3。

表2–3 某品牌洗碗机单品直播脚本

	流程	提示问题	讲解内容
单品直播内容规划	引出话题	1. 新粉：关系、事件、利益	大家好，欢迎来到今天的直播间！我是小美，今天我要给大家带来一款非常好用的洗碗机。相信很多夫妻在家都会有这样的困扰：吃完饭后，谁来洗碗？很多家庭经常会因为这个问题引起家庭矛盾。那么，这款洗碗机将会是夫妻解决这个难题的好助手 相信很多夫妻在洗碗这个问题上都会遇到一些矛盾和分歧。比如说，有些人觉得应该轮流洗碗，有些人却认为家务活应该各有分工，由一个人全权负责洗碗。但是，无论采用哪种方

续表

	流程	提示问题	讲解内容
单品直播内容规划	引出话题	2. 互动：猜价格、话题制造	式，都需要花费家庭成员的大量时间和精力。这款洗碗机可以轻松解决这个问题。因为它可以一次性清洗很多碗筷，而且操作非常简单。这样一来，夫妻就不需要再为洗碗的问题争吵了，家庭也更加和谐 接下来，我想请几位家人分享一下你们在洗碗问题上的心得体会。你们觉得有哪些方法可以更好地解决夫妻洗碗问题呢？欢迎在公屏留言告诉我。下面，家人们，请你们猜一下这款洗碗机今天在我的直播间的价格是多少？猜对的我会送一份特别的礼品哦
	提出痛点	1. 模拟顾客，这款产品能解决自己的什么需求 2. 这个问题有多大	现在的生活节奏很快，大家工作了一天，下班回到家还要买菜做饭，耗费很多时间和精力，等到吃完饭已经没有了洗碗的力气。这时候夫妻可能会为了谁洗碗的问题产生矛盾，这时最需要的是什么？是的，公屏上有人已经打出来了，就是洗碗机，看来我们很多家人都深有体会 洗碗看似是家庭生活中的一件小事，但是因为它是家庭每天都要面对的问题，而且是在大家忙碌了一天，最想休息的时候出现的问题。问题虽小，却有可能给家庭带来巨大危机，所以说，洗碗机在这个时候就显得非常重要，它是家里不可或缺的家电

续表

	流程	提示问题	讲解内容
单品直播内容规划	建立信任	1. 工艺产地复杂化 2. 专家形象 3. 产品展示提升客户体验 4. 产品试验所见即所得	今天为大家介绍的这款洗碗机，由来自世界各地的专业团队共同合作研发，采用了先进的工艺技术。从××国的高精密零部件到××国的先进控制系统，再到××国的精湛组装工艺，每个环节都经过了严格的品质把控，确保洗碗机的性能和品质达到最高标准 我们都是经过专业培训的，对洗碗机的工作原理、清洗效果以及使用技巧等细节非常熟悉。同时，本人也在不断学习和了解最新的洗碗机技术，可以为家人们提供专业建议 下面我给大家展示一下这款洗碗机的外观设计、操作界面。大家可以发现，它的操作非常简单 我把这款洗碗机刚刚洗好的碗拿给大家看一下，它的清洗效果是不是比手洗要好。洗碗机洗过的碗非常明亮，这说明它清洗得非常干净
	产品卖点	1. 产品是怎么解决问题的	这款洗碗机是专门为解决日常洗碗烦恼而设计的。它采用高效的喷淋系统和强力的水流，能够彻底清洗餐具上的油渍和食物残渣，让餐具焕然一新。而且，洗碗机还有多种洗涤模式，可以根据不同的餐具材质和污渍程度进行调整，确保每一次洗碗都能得到最佳清洁效果。使用这款洗

续表

	流程	提示问题	讲解内容
单品直播内容规划	产品卖点	2. 与同类产品比，这个解决方案优势是什么	碗机，家人们可以节省大量时间和精力，享受更加轻松舒适的生活 与同类产品相比，这款洗碗机有以下几个明显的优势。首先，它采用了先进的洗碗技术，能够保证洗碗效果。不仅可以清洗餐具表面的污渍，还能够彻底清洗餐具死角。其次，洗碗机具有多种智能化的功能，可以根据不同的需求和场景进行调整。例如，它可以根据餐具材质自动调整水温和洗涤时间，避免对餐具造成损坏；它还可以选择节水模式，为家庭节省开支。最后，这款洗碗机还具有智能化的控制系统和便捷的操作界面，无论是年轻人还是老年人，都可以轻松操作。以上优势能够为各类家庭提供更加方便、高效、舒适的洗碗解决方案，让家庭摆脱烦琐的洗碗工作，享受更多的休闲时光
	植入产品	1. 自己的感受 2. 顾客的证言	用了这款洗碗机以后，家里的厨房再也不会出现堆积如山的碗筷了，而且洗碗过程非常省心、省力。只需要将碗筷放入机器，选择合适的洗涤模式，就可以轻松完成清洗任务。而且，洗碗后的碗筷干净整洁，甚至还能闻到一股清新的香味 请问直播间的家人们，有谁家里用过洗碗机？如果有的话，你们觉得这

续表

	流程	提示问题	讲解内容
单品直播内容规划	植入产品	3. 前后收益对比 4. 真实照片或截图证据	款洗碗机怎么样？如果没有的话，不妨试试这款洗碗机，相信它会给你带来意想不到的惊喜 在没有购买洗碗机之前，每次吃完饭后，大家是否都需要花费大量时间和精力去清洗堆积如山的碗筷？而现在，有了这款洗碗机，大家可以把洗碗问题交给它，把节省下来的时间和精力去做一些更有意义的事情。此外，洗碗机的高效洗涤能让餐具更加干净卫生。所以，从长远来看，购买这款洗碗机是非常划算的 这些是这款洗碗机清洗餐具之前和之后未加修饰的原始照片，相信大家看了这些照片会对这款洗碗机的功能有了更加直观的认识
	引导消费	1. 正当消费理由 2. 价格锚点 3. 算账	随着生活水平的提高，我们越来越注重生活的品质和舒适度。洗碗机不仅可以帮我们省去清洗碗筷的时间和精力，还可以让我们的餐具更加干净卫生 洗碗机的价格相对于其他家用电器来说可能会比较高。但是，如果我们从提高家庭生活品质和舒适度的角度来看，它的性价比很高。另外，考虑到它的使用寿命和实用性，我们也可以将其看作是一种长期投资。所以，大家不要被表面的高价所迷惑，选择一款适合自己的洗碗机是非常必要的

续表

	流程	提示问题	讲解内容
单品直播内容规划	引导消费	4. 更换用户心理账户 5. 体现畅销	我给大家算一下账。一是洗碗机很节水。这款洗碗机每次清洁使用的水量仅相当于手洗的一半。二是省力。使用这款洗碗机，只需要将碗筷放入机器中，选择合适的洗涤模式，就可以轻松完成清洗任务，不需要人再耗时耗力去洗。三是餐具更干净卫生。洗碗机洗碗比手洗更干净，烘干消毒功能使餐具更卫生。相信这样算下来，家人们会觉得购买这款洗碗机是非常划算的 当我们决定购买一款洗碗机时，我们需要考虑的不仅仅是它的价格和功能，还需要考虑我们自己的心理需求和预期收益。因为只有当我们真正意识到这款洗碗机可以为我们带来实际价值时，我们才会毫不犹豫地选择购买它。所以，从长远的角度来看，相信这款洗碗机一定会成为你家中最值得拥有的家电 这款洗碗机的生产厂家是最早研发洗碗机的，在国内外有很高的声誉，它家的洗碗机很受欢迎。这款洗碗机面世以来非常畅销，今天在我的直播间一个小时已经成交10单了
	组合销售	1. 有没有其他领域的需求 2. 大额满减	家人们，今天我还给大家带来了一个家庭和谐三件套产品组合。如果你正在寻找一款能让你的生活更加便捷

续表

	流程	提示问题	讲解内容
单品直播内容规划	组合销售	3. 产品组合	舒适的产品，那么这个产品组合将会是你的最佳选择。这款产品组合包括洗碗机、烘干机和扫地机器人，可以实现自动化的家居清洁过程。烘干机采用了先进的热风循环技术，可以快速将衣物中的水分蒸发掉，实现衣服的快速干燥。而且，它还有多种不同的干燥模式和温度调节功能，可以根据不同的衣物材质和需求进行自由选择。扫地机器人可以帮助你自动清理地面上的杂物和灰尘，让你的家居环境更加整洁舒适。购买这个三件套还可以享受大额满减和其他优惠活动，让您这次购物更加划算

技能操作

技能　撰写单品直播脚本

以某品牌化妆品为例，撰写单品直播脚本。

一、操作准备

1. 确定直播产品。

2. 收集直播产品信息和竞品信息。

二、操作要求

1. 直播主题明确。

2. 竞品分析合理。

3. 用户痛点分析准确。

4. 脚本内容与直播主题一致。

三、操作程序

1. 基本程序

分析产品及对比竞品→制定用户痛点分析表→确定单品直播脚本元素→撰写直播脚本。

2. 具体步骤

步骤 1　分析产品及对比竞品

填写竞品对比表，见表 2–4。

表 2–4　竞品对比表

问题	产品	竞品
产品解决了什么问题		
这个产品针对的对象是谁		
这个问题有多大		
产品怎么解决这个问题		
与同类产品相比，这个解决方案的优势是什么		

步骤 2　制定用户痛点分析表

填写用户痛点分析表，参考表 2–1。

步骤 3　确定直播脚本元素

填写直播脚本元素表，参考表 2–2。

步骤 4　撰写直播脚本

撰写直播脚本表，参考表 2–3。

培训单元 2　单品直播预演

培训重点

单品直播预演核心要素。

知识要求

一、单品直播基本流程概述

在开展直播之前，直播团队需要对单品直播的整体流程进行规划，确保直播能够顺畅进行，一般流程为：确定直播目标→宣传规划→筹备直播→执行直播。

1. 确定直播目标

在直播之前，要明确单品直播的目标，是品牌宣传还是活动造势，或者是销售产品。在明确单品直播目标时，商家可使用 SMART① 分析法。

2. 宣传规划

在单品直播开始之前，为了取得良好的直播效果，直播团队需要对单品直播进行宣传。与泛娱乐类直播不同，带有营销性质的直播追求的不是简单的“在线观看人数”，而是“在线目标用户观看人数”。具体来说，直播团队设计直播宣传规划时，可以从以下 3 个方面入手。

（1）宣传平台。直播运营团队要根据目标用户的用网习惯挑选合适的宣传平台。目标用户的特征不同，选择的宣传平台也会不同，选择目标用户常用的宣传平台发布直播宣传信息，吸引更多的目标用户。

（2）宣传形式。直播团队要选择合适的宣传平台，用恰当的宣传形式推送宣传信息。在微信平台上，直播团队可以通过图片、海报、视频等宣传直播；在微博平台上，直播团队可以采用文字、图片或视频宣传直播；在抖音、快手等平台上，直播团队可以通过短视频宣传直播。

（3）宣传频率。用户选择浏览信息的平台较多，选择的余地也很大，可以根据自己的喜好选择不同的平台。如果直播团队推送宣传信息过于频繁，会引起用户的反感，导致屏蔽宣传信息。宣传频率应符合用户的承受力，也能最大限度地进行宣传造势。

3. 筹备直播

单品直播之前，直播团队需要做好各方面的筹备工作，包括布置直播场地、

---

① SMART 是指明确性（specific）、可衡量性（measurable）、可达成性（attainable）、相关性（realistic）和时限性（time-based）。

调试直播设备、准备直播物料、直播销售员自身准备等。

（1）布置直播场地。单品直播场地分为室外场地和室内场地。室外场地主要有公园、商场、广场、景区、游乐场、产品生产基地等；室内场地主要有店铺、办公室、咖啡馆、发布会场地等。直播运营团队根据直播的产品选择恰当的直播场地。选定直播场地后，要对场地进行布置，为直播创造良好的直播环境。

（2）调试直播设备。在直播筹备阶段，直播团队要将直播使用的手机、摄像头、灯光等直播设备调试好，以免直播设备发生故障，影响直播正常进行。

（3）准备直播物料。直播运营团队根据实际需要准备直播物料，包括产品样品、直播素材以及直播辅助工具等。

（4）直播销售员自身准备。在单品直播开播前，直播销售员需要熟悉直播流程和产品的详细信息，这样才能在直播中从容不迫地介绍直播的产品、解答用户提出的各种问题。直播销售员还要调整好自身的状态，以充足的精力和认真的态度去直播。

4. 执行直播

做好一系列筹备工作，接下来就是执行直播，可以分为直播开场、直播过程和直播收尾 3 个环节。

二、单品直播流程制定

单品直播流程制定一般可分为以下 5 步：聚集人气→留住用户→介绍产品→解除顾虑→催客下单。

第一步，聚集人气。介绍此次单品直播的主题、目的、福利，引出卖点，让用户点击关注。

第二步，留住用户。通过加强互动、发放福利、福利折扣预告，以及爆款、新品预告等留住用户。

第三步，介绍产品。通过模拟产品的使用场景，展示产品外观，说明产品优点，刺激用户需求。

第四步，解除顾虑。通过产品质检证明、专家证言、权威认证等说明产品能满足用户需求，并且介绍淘宝评论区、微信公众号推广文章、小红书笔记等用户评论。

第五步，催客下单。通过竞品分析、单品对比等进一步打消用户疑虑，促使用户尽快下单；通过赠送礼品、折扣礼金、配套服务等，引导用户下单；通过将原价与现价反复对比、强调活动期限、名额紧张等，提醒用户下单。

三、单品直播预演核心要素

直播销售员根据直播脚本进行预演，预演过程中找出问题，不断优化直播方案，确保正式直播带给用户更好的观看体验，从而提高产品的销量。一次成功的预演应该包括以下 4 点核心要素。

1. 重视预演

直播销售员要重视预演，像正式直播一样预演直播脚本，在预演中发现问题，及时纠正。如果直播销售员在预演时毫不在意，那么预演就会失去意义。每一次单品预演都至关重要，关系到正式直播能否顺利进行。

2. 保持思考

直播销售员在预演时要一直保持思考，如用户可能感兴趣的点在哪里，产品在哪些方面更有竞争力，增加哪些活动更有吸引力等。随时保持思考，解决单品直播中可能存在的问题，及时纠正，防止正式直播出现事故。

3. 积极配合

直播销售员不能独自一人完成直播的全部流程，团队其他人员要积极配合。直播销售员需要与参与直播的每个人，针对每个环节进行预演，只有积极配合，才能确保直播内容的完整性和直播流程的流畅性。

4. 预留时间

直播销售员需要为单品直播预演预留足够的时间。在预演过程中，发现可能出现的问题，并为每一个问题设计好解决方案，不能心存侥幸。

培训项目 2 直播销售

培训单元 1 产品分析及讲解技巧

培训重点

1. 产品分析的 FAB 销售法则。
2. 产品讲解技巧。

知识要求

一、产品品类概述

1. 美妆、护肤类产品

美妆、护肤类产品是淘宝、抖音、快手等直播平台上最热门的品类之一。

美妆、护肤类产品具有保质期长、高频次消费、多样化囤积等特点。不同于家电类产品，用户在很长一段时间内不更换家电，且同种家电一般只需要一件；也不同于食品类产品，用户多专注同一个品牌，且保质期短、不宜囤货。

美妆、护肤类产品可以很好地利用直播间，通过场景化的内容，向用户深度传达产品的成分功效、颜色质地、使用方法等，刺激用户下单。

美妆类产品的直播方式比较简单：一种方式是在直播间教用户怎样化妆，顺便销售；另一种方式是详细介绍产品，给用户解疑释惑，紧接着进行销售。

2. 服装鞋包类产品

与传统网络营销方式相比，直播能够提供更饱满的信息量，让用户更全面直观地了解服装的各个方面，包括尺码大小、穿着效果、色差、小细节、售后服务等信息。同时，用户观看直播时还可以与直播销售员直接交流沟通、在线问答，照顾了用户的体验，拉近了直播销售员与用户之间的距离。直播销售员不仅是介绍者和客服，还是试穿者。

3. 特色美食类产品

美食类产品的消费市场巨大，因变现能力强，近几年美食类直播销售员的人数增长迅猛。特色美食直播主要分为 2 种：一种是直播用餐，一边吃一边播一边销售；另一种则是直播烹调，教用户做菜，一边做菜一边直播讲解，详解每一道菜的具体做法，顺便销售食材或者厨房用品。

4. 数码类产品

数码类产品属于科技产品，在未能掌握足够的产品信息情况下，用户很难了解产品的具体性能。直播让用户不用进店就可以了解详细的产品信息，不受时间和空间的限制。直播销售员针对产品的主要性能和卖点，在屏幕前亲自试用给用户看，边用边讲解产品的使用步骤、使用体验。

5. 装饰饰品类产品

装饰饰品类产品具有极强的展示性，如造型、材质、尺寸及佩戴效果等。随着行业发展越来越规范，直播间的用户对于高价饰品的接受度也越来越高。

6. 日用家居类产品

作为家家户户必备的消费品类之一，日用家居类产品一直是整个消费市场增长的中坚力量。

如今，以“90 后”“95 后”为代表的年轻消费群体日益成为消费市场的主导力量，他们个性鲜明、注重体验和品质、崇尚颜值、愿意尝试新鲜事物，如抱枕、座椅、床品、餐具和个人护理用品等软装小物件得到很多年轻人的青睐。同时，场景式、全方位、多角度的直播销售方式更贴近年轻用户的购物习惯，能最大限度地展现企业的品牌和形象、产品性能和优势。

7. 母婴类产品

据相关机构统计的数据显示，2020 年，我国母婴电商行业中有接近 10% 的销售额来自直播，直播促成了母婴电商的又一次“洗牌”，母婴用户的生活方式、品类需求及渠道触点发生了改变。

直播电商营销服务机构发布的2021年抖音电商母婴类产品行业观察数据显示，婴童用品、纸尿裤为母婴类产品中的主流一级品类，婴童用品的销售额占比较高，纸尿裤品类持续增长，销售额占比直追婴童用品，奶粉/辅食/零食/营养品的销售额增长迅速，是一级品类的增长点。

虽然母婴类产品市场的整体规模较小，但是在以“80后”“90后”妈妈为主导消费群体的带动下，母婴类产品必将成为未来电商直播领域的重要增长点。

8. 农产品

目前，农产品直播具有以下3种特点。

（1）普及农业知识。由于生活环境的差异，很多城市用户缺乏农业专业知识，特别是对不同地理区域农产品的相关知识知之甚少。农产品直播可以为城市用户进行农业知识普及，让他们了解更多的农产品知识，同时通过与用户的互动，促进农产品销售。

（2）加速农产品销售。大多数农产品的保存期较短，一旦滞销会导致农产品腐烂。直播可以更有效地对农产品进行宣传，加速农产品推广，缩短农产品从田间到用户手中的时间，从而变相地延长了农产品的保存期。

（3）采摘、打包一目了然。直播销售员可以直播农产品采摘、打包的过程，增强用户对所购农产品的信任；也可以在直播中解答用户的疑难问题，有效拉近与用户的距离。

9. 教育培训类产品

直播内容多元化是我国当前直播行业的一个发展趋势。直播不仅是一个为用户提供日常生活必需品的平台，而且已成为不同年龄段用户获取知识、提升能力的重要渠道。

在移动互联网、大数据等技术的支撑下，直播使教育培训突破了时空限制，与以前传统的线下教育培训相比，目标用户更加精准，形式也更加多样化和个性化。

教育培训类直播主要为课程直播和书籍直播，前者是直播销售各类培训课程，范围涵盖了学生、上班族等各年龄段用户；后者则是直播销售各类书籍，同样也是涵盖了各个年龄段的用户需求。

除了以上产品品类外，还有更多的新兴品类不断在直播间涌现，如视频会员、餐饮优惠券、旅行套餐等，直播已成为人们获取各类产品信息的重要渠道。

二、产品分析

直播销售的核心是完成产品销售，如何介绍产品以提高直播间的下单率，是直播团队需要不断研究的问题。直播销售员在直播间向用户介绍产品的过程是一个典型的产品销售过程，为了提高销售效率，直播销售员需要掌握一定的销售技巧，其中 FAB 销售法是使用比较广泛的方法之一。

1. FAB 销售法介绍

FAB 是英文单词 feature、advantage、benefit 的大写首字母组合。F 代表特征，是指产品的属性，即产品构成的基本要素和包含的客观事实。例如，一个杯子是陶瓷的质地，那么“陶瓷做的”就是这个产品的客观事实，也就是它的一个属性。产品的属性可以从多个角度去挖掘，如产品的外观、质地、原产地、材料、制作工艺、规格包装等都属于产品的属性。A 代表优点，是指产品的优势或作用，即该产品的属性能发挥哪些功能、具有哪些作用，特别是能够区别于同类产品的独特优势，是用户购买此产品的理由。B 代表利益，是指产品能够给用户带来的利益或者如何满足用户的某些特定需求，即产品的优势能带给用户的好处。

利益推销是这一销售法的核心，一切以用户利益为中心，通过强调用户能够得到的利益、好处来激发用户的购买欲望。简言之，FAB 销售法就是在明确用户最感兴趣的产品属性后，向用户介绍这些属性所具备的优点，以及这些优点给用户带来的利益，并利用现场的使用体验来验证上述优点和利益。

按照 FAB 销售法的顺序进行产品介绍，是一个完整的很有说服力的销售过程，能够有效地打动用户，并促使用户相信产品并下单购买。

2. 产品分析的 FAB 策划

（1）确定产品核心属性。每种产品都有很多属性，有些属性与产品的竞品是相同的，称为通性；有些属性则是产品所独有的，称为特性。直播销售员在直播销售时，要着重介绍产品独有的属性。例如，直播销售员在介绍一款保温杯时，若直接介绍和演示保温杯如何使用，很难让用户产生兴趣，因为保温杯的使用方法大同小异。而超长的保温时间、轻便易携、某明星同款、专利外观设计等属性则可能是该款保温杯所独有的属性。一般可以通过以下方式获取产品属性。

1）产品详情介绍。从产品说明书、产品包装、官方网站等，找到产品的基本特性和功能介绍，将基本资料归纳，提炼出产品属性。

2）品牌方提供信息。品牌方对自己产品的各个方面都有非常深入的了解，直播销售员可以从合作的品牌方处获得更多的产品信息，提炼出产品属性。

3）直播销售员的切身使用体验。直播销售员（或直播团队）亲自使用产品，从中观察、总结出产品属性，非常有说服力。

（2）提炼产品优势。在确定了产品的核心属性后，接下来要挖掘这些属性所具有的优势。例如，防晒霜（属性）对应持久不油腻（优势）；笔记本电脑（属性）对应轻薄便捷（优势）；羽绒服（属性）对应保暖指数高（优势）等。

提炼产品优势对于销售转化非常重要，只有符合用户心意的产品优势，才能打动用户下单购买。提炼产品优势可以从多个角度进行，下面仅列出其中几种常见角度。

1）安全角度。产品在安全性上的优势，如加工工艺精良、组成成分优质、干净卫生等。

2）功效角度。产品能够给用户带来的预期功效，如解渴、保暖、助眠等。

3）外观角度。产品在外观设计上独特的地方，如造型耐看、线条流畅、颜色独特等。

4）舒适角度。产品在设计或技术上让人感到舒适或愉悦。舒适性不仅限于穿和用的产品，如食品类产品也可以通过传达欢乐幸福等体现舒适性。

5）方便角度。从产品使用方法简单，能够给用户带来方便，或帮用户节省时间等方面提炼产品优势，如铝箔包装轻便易携带。

6）经济角度。从产品性价比让用户感觉到价格实惠方面提炼产品优势，如加量不加价；也可以从经济保障方面提炼，如产品未使用可无条件退款等。

7）实用角度。例如，衣服质量好、耐穿，食品保质期长、可长时间存放等。

（3）明确购买产品的利益。在确定产品属性及其优势之后，还要说明购买产品能够给用户带来的利益。直播销售员要站在用户的角度去建立产品属性、优势和用户实际需求之间的联系，让用户清楚了解购买这件产品后，将得到的利益。例如，一款羊皮靴（属性）——皮质非常柔软（优势）——长期穿着也不会磨脚（利益）。又如，一款纯棉连衣裙（属性）——收腰款独特设计（优势）——非常显瘦，展现优美身材（利益）。

三、产品讲解技巧

产品讲解一般包含品牌故事、产品成分、产品功效、产品展示、使用感受、同类型产品对比、产品核心优势等 7 个方面。

1. 品牌故事

品牌故事主要介绍品牌在创立和发展过程中的一些有意义的新闻，可以是有关品牌创始人的，也可以是发展过程中的重大事件，能体现品牌理念，加强用户对品牌的认知，增强品牌的吸引力。

2. 产品成分

随着生活水平的提高，人们对生活质量的要求越来越高。在化妆品消费上，用户对化妆品成分的关注度日益提高，特别是对皮肤有益的成分。很多用户常常愿意为含有某种特定有效成分的产品买单。例如，含有氨基酸的洗面奶，含有神经酰胺、维生素 B 的舒缓修复乳液等。直播销售员可以依照产品成分表，在直播间进行详细的介绍。

3. 产品功效

产品功效是用户最关注的内容之一，也是用户最终确定购买的主要因素。直播销售员在介绍产品功效时，切记不能夸大其词、虚假宣传，要客观公正地讲解。

4. 产品展示

产品展示可以从多个角度向用户展示产品特征，包含产品外观设计、产品质地、使用效果、使用技巧分享等。例如，产品质地展示，可以展示产品的水润度、吸收程度、延展性等。又如，使用技巧分享，可以边化妆边展示，在展示化妆步骤的同时植入产品，让用户更加直观地看到产品的使用效果。

5. 使用感受

以化妆品为例，直播销售员可以从使用前皮肤的状态、使用后皮肤的状态两个方面进行讲解，将使用前后皮肤变化如实地反馈给用户。

6. 同类型产品对比

直播销售员可以选择市场上的同类型产品与直播产品进行对比分析，突显产品的优势所在。

7. 产品核心优势

直播的优惠价格、有效的产品成分、良好的使用效果等都可以是产品的核心优势。由于用户的流动性比较大，为照顾新来直播间的用户，直播销售员在直播间要反复讲解、强调产品的核心优势。

技能操作

技能　讲解产品

一、操作准备

1. 搜集产品相关信息。

2. 挑选与产品匹配的直播销售员。

二、操作要求

1. 介绍产品的相关特点。

2. 讲解产品的适用人群。

3. 进行现场互动问答。

三、操作程序

1. 基本程序

找到痛点（吸引注意）→放大痛点（对准需求）→引出产品（突出卖点）→提升价值（展示性价比）→降低门槛（促进成交）。

2. 具体步骤

步骤 1　找到痛点

虽然直播流量大，但是流量的流失速度也快。如果在最开始的关键几分钟无法吸引用户，那么这个用户就很容易流失。所以直播销售员一定要先介绍痛点，吸引用户的注意力。

步骤 2　放大痛点

找到痛点后，直播销售员需要对痛点进行进一步描述，让用户加深对痛点的认识。例如，在销售洗发水时，首先描述用户头发的一些常见问题，如头屑、头皮爱出油等；然后描述用户的焦虑，如提出问题，出门时发现头油怎么办，让用户联想到当时的场景，吸引用户留在直播间寻求解决方法。

步骤 3　引出产品

在引出产品、介绍产品时，直播销售员要有“以用户为中心”的服务意识，让用户感觉到产品非常适合他，才分享推荐给他，而不仅仅是为了推销产品。

步骤 4　提升价值

引出产品之后，再向用户解释产品为什么值这个价，如产品的生产企业是老字号，或者产品具有某种专利等。

步骤 5　降低门槛

在提升价值后，用户对产品有了很高的期待，进而告知今天在直播间下单会有很大的优惠力度，如直播间有抽奖优惠券，或者降价打折，以此来促成交易。

培训单元 2　展示销售产品

培训重点

1. 产品展示方式。
2. 产品展示前的准备工作。
3. 产品的展示技巧。

知识要求

一、产品展示方式

产品展示是用户在直播间了解产品的主要方式，直播销售员通过在镜头前展示实物和亲自试用，让用户建立起对产品的认知。

产品展示分为直播间陈列展示、后台操作展示和前端直播销售员展示 3 种方式。

1. 直播间陈列展示——烘托氛围

直播间陈列展示可以烘托直播间的购买氛围。用户进入直播间的第一反应是，直播间陈列的是否是自己需要的。因此，产品陈列展示的优劣直接影响用户的留存人数和消费意愿。

展示产品的风格一般要与直播间的主题风格保持一致，为直播间营造出一种产品琳琅满目的氛围，让用户有“总有一款适合自己”的感觉。例如，某零食直播间陈列展示如图 2–1 所示。还有一些直播间的产品陈列展示方式主要是为了强调商品与商品之间的联系和搭配，引导用户将产品组合起来同时下单。例如，图 2–2 是某服饰类直播间，如果用户准备购买一件 T 恤，直播销售员可以拿一条长裤搭配展示给用户看，引导其组合下单。

图 2–1　某零食直播间陈列展示

图 2–2　服饰类产品陈列展示

2. 后台操作展示——利用后台工具展示产品

（1）贴片贴图展示——产品编号 + 利益点 / 产品图片 + 编号。该方式是在直播画面上放置一些贴片或贴图，位置一般在屏幕的左、右两侧或者左、右上角，以展示产品编号和关键利益点。直播间侧边栏优惠信息展示如图 2–3 所示。

（2）产品更新弹窗展示。直播销售员在介绍和展示产品之后，关键的步骤是引导用户进入购物车选择指定的产品，可以利用系统后台重新标记产品讲解，使直播间的所有用户都能够及时看到直播销售员讲解的产品。产品更新弹窗展示如图 2–4 所示。

3. 前端直播销售员展示——趣味性、多元化展示

（1）产品体验展示。产品体验展示的特点是通过对产品形态、体验感受的描述，让用户身临其境。产品外观展示如图 2–5 所示。

（2）试验展示。试验展示通常是围绕产品的功能性卖点展开介绍，可以利用一些小道具将产品卖点具象化、生动化、有说服力。产品性能试验展示如图 2-6 所示。例如，要表达面膜吸附能力很强时，直播销售员可以将面膜敷于脸上，亲自试验面膜效果，并把试验结果展示给用户看。

图 2-3 直播间侧边栏优惠信息展示

图 2-4 产品更新弹窗展示

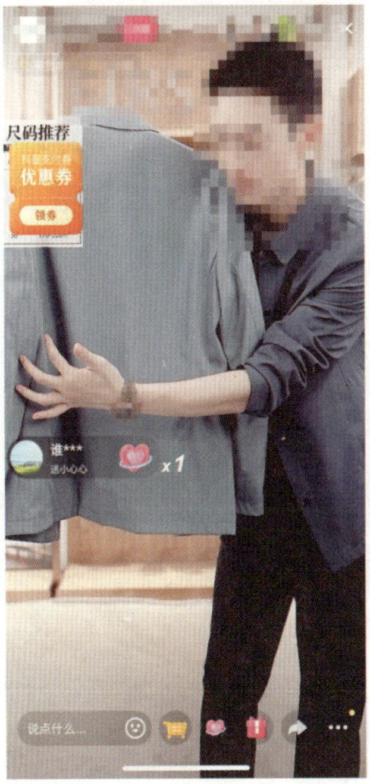

图 2-5 产品外观展示

图 2-6 产品性能试验展示

二、产品展示前的准备工作

1. 布置直播间

布置直播间主要是准备直播设备和布置背景墙。

一场直播需要的设备主要有台式电脑、手机、手机支架、补光灯、声卡、麦克风等。

背景墙是用户进入直播间后最直接的视觉印象，因此背景墙要为直播间营造一个清爽、明亮、舒适的环境。背景墙要契合直播内容，增强品牌效应，达到产品营销的目的，所以最好用与所售产品相关的元素作为背景，如摆满产品的货架等。

2. 直播规划

直播团队在直播前要设计好直播时的每一个流程，包括时间、地点、产品数量、直播主题、直播销售员、预告文案、直播场控、直播流程（时段）等。

（1）安排好整场直播的产品顺序，注意各产品之间的关联。

（2）规划直播流程、直播节奏，合理安排和分配各产品的讲解时间。

（3）将测试产品感受、产品卖点、产品信息、直播营销话术等内容整理、写入直播脚本。

（4）根据上述规划撰写一份详细的直播策划方案脚本。

3. 了解产品基本信息

直播销售员重要的准备工作之一就是提前了解产品信息，必要时可以试穿、试用、试吃，这样在正式直播时才能做到实事求是地讲解产品卖点，增加用户的信任度。直播销售员需要了解的产品基础信息包括以下几点。

（1）品牌名、品牌背景文化、品牌发展的大事件等。

（2）产品作用、功能、归属品类、使用方法、适用人群等。

（3）产品卖点，即区别于同类产品的特性。

（4）优惠力度，包括产品的日常价、直播间价格，并梳理直播间价格和日常价的区别，在直播时将优惠力度告知用户。

4. 试用、测试产品

（1）直播前需要对直播产品进行试用、测试，记录感受、功效，设计相关话术。

（2）试用、测试产品时至少保留一件完整的样品，便于向观看直播的用户展示详解。

（3）根据试用、测试感受为产品提炼上口、好记的关键词和关键短句，在展示该产品时不断重复，如口红可以使用“滋润不拔干，超级显白不挑皮”等。

（4）开播前，与工作人员确定好产品递送流程及配合细节。

5. 测试直播效果

正式直播开始前，直播销售员还要进行以下几个方面的测试，如果有直播助理或小组，则可以团队作战，提升直播的效果和效率。

（1）光线调整，确认环境光线。如果在室内，则应加强光照；如果在室外，则应避免阳光过强或过暗的环境。

（2）对焦和曝光调整。对相机、手机进行对焦和曝光调整，确认画面效果让人感到舒适。

（3）美颜设置。多选择几款美颜软件进行测试，确认最适合直播销售员和环境的一款。

6. 产品摆放整齐有序

和直播间背景设置一样，直播间产品的摆放也是有讲究的。直播间干净整洁，产品摆放和分类整齐有序，不仅能够让直播销售员在直播时有条不紊，而且还能给用户留下好印象。杂乱的直播间会使用户的观看体验变差，也会让用户对产品质量产生怀疑。

直播间的产品陈设一定要符合直播的风格或者类型，如在美妆类产品的直播间，直播销售员可以摆放口红、粉底液以及其他相关产品，如图 2–7 所示。

另外，对于主要推荐的产品，直播销售员应将其摆放在醒目的位置。例如，一些直播销售员在直播时，通常会把主推产品有序地摆放在自己的身后。

图 2–7　美妆类产品摆放

三、不同类型产品的展示技巧

1. 美妆、护肤类产品的展示技巧

美妆、护肤类产品展示包含外观设计、产品品质、使用功效、使用技巧等。

（1）外观设计。外观设计展示主要展示产品的外观设计是否新颖和方便使用。

（2）产品品质。产品品质展示应根据产品类型特点进行，如眼影可呈现其显色度、延展度、细腻度等。

（3）使用功效。使用功效展示主要是指使用后的面部或其他部位发生的变化。例如，对于粉底、眼影等，可以向用户展示上妆后的效果。又如，对于口红，通常由直播销售员或者直播助理自己涂抹，或者为模特涂抹，让用户清楚地看到涂抹效果。

（4）使用技巧。使用技巧展示可以采用一边化妆一边展示产品，并给用户讲解使用方法和技巧。

2. 服饰鞋包类产品的展示技巧

服饰鞋包类产品是很多用户关注的第二大品类，有其得天独厚的展示优势。

（1）服饰类

1）产品概况。介绍产品类型、外观、风格，如 ×× 系学院风。

2）全方位展示。对产品的前后左右做全身视图展示，让用户能够直观地看到上身效果。

3）细节展示。介绍走线平滑，展现工艺细腻；介绍立领设计，展现颈部曲线。

4）面料展示。介绍面料，可突出其有弹性、不易皱等特点；介绍洗涤要求，如建议浅色衣服与深色衣服分开洗，避免被染色。

5）适合身材。介绍产品适合的身材，直击用户“痛点”，如遮盖肚子赘肉。

6）产品搭配。搭配鞋包配饰等，既可为用户解决购买后的搭配烦恼，也可捆绑促销。

7）使用场景。分享产品风格及适合的生活场景（如通勤、约会等），同时创造话题互动。

8）上身感受。分享穿着感受，如款式显瘦但不紧绷，便于日常活动。

（2）鞋包类

1）产品概况。介绍产品材质、设计、颜色、款式（如小方包、菱格包）等。

2）细节展示。介绍外部挂钩、肩带，内部夹层、拉链等细节，让用户看到品质。

3）卖点挖掘。箱包类产品繁多，同质性较强，直播时应突出关键卖点，如原创设计、限定款、大容量。

4）产品搭配。搭配服装、饰品等，既分享时尚技巧，又通过捆绑促销提升总体销量。

5）使用场景。可展示手提或斜挎的效果，和手机这类常见实物对比大小，分享产品风格及适合的生活场景。

3. 美食类产品的展示技巧

美食直播是一类容易聚集流量的直播。对于烹饪食材，可以借助高级厨具和餐具来映衬食品。

在室内直播美食时，直播背景要干净、光线充足；在室外直播时，则应尽量选择不嘈杂、人走动较少的地方。需要介绍或者吃的食品应尽量在直播视频框内。

推荐食材时，除了试吃以外，还可以现场烹饪，展示制作方法。直播销售员在烹饪过程中可以顺便推荐厨具、调料、餐具。

（1）产品概况。介绍产品价格、份数等基本情况。

（2）卖点挖掘。产品主打特色，如麻、辣、鲜、香及地域特征等。

（3）细节展示。在介绍食品时，最好将食品靠近镜头进行展示。美食类产品因其属性特殊，所以直播销售员可以选择试吃食品，当场拆包食用，展示并详细描述食品的外观、香气、味道、做法等特征。

（4）资质展示。食品安全关乎身体健康，在直播中展示产品的检测证明或资质证明，可以加深用户对直播销售员的信任度。

4. 数码类产品的展示技巧

直播销售员需对数码类产品有一定的了解，不仅仅是软件体验方面，更多地是注重产品本身的硬件支持、生产工艺。对于数码类产品专业术语需要有一定了解，在直播开箱评测前应先开箱体验一次，有助于了解产品，便于直播。下面以智能手机为例，说明数码类产品的展示要点。

（1）产品标准。主推商品应该有检测，检测器材、被检测产品必须展示在直播视频框内，检测的数据也需要展示在直播视频框内，并附有与其他产品的对比。

（2）外观展示。开箱检测，展现未开封、带有薄膜的状态。

（3）产品介绍。从包装、附件、说明书等方面讲解产品的功能。

（4）外观设计。将屏幕大小、屏占比、屏幕质量、分辨率、按钮材质、背面材质、像素数、闪光灯、卡槽、机身宽度、耳机孔等，最直观地展示给用户。

（5）硬件支持。详细介绍手机系统、处理器、内存、闪存等对游戏、视频的影响，以及各大评测软件评测情况，同时对比同类产品，体现本产品优势。

（6）续航情况。介绍电池容量、支持闪充还是快充、系统耗电情况，具体到多少分钟充电多少以及完整充电所需时间。

（7）卖点挖掘。新产品都会有特色的功能或者卖点，要突出特色和卖点。例如，“指纹＋人脸识别＋虹膜”功能主打身份安全验证与识别这一卖点。

（8）系统体验。系统体验包括流畅度、滑动体验、系统新增功能等。

5. 饰品类产品的展示技巧

饰品类产品直播有微距直播和近距直播 2 种方式。微距直播：直播销售员不露脸，画面以产品为主，可以看到产品细节。近距直播：男女皆可，可以更好地观看饰品佩戴效果。

（1）产品概况。介绍产品类型、外观、风格、材质（如珍珠、真金）等。

（2）细节展示。近距离展示产品细节，突出做工精细。建议直播间使用白光，减少色差，避免日后争议。

（3）卖点挖掘。深挖独一无二的卖点，说明佩戴本产品能为用户带来什么样的独特体验和价值。

（4）适合场景。分享搭配与适合场景，如饰品如何搭衣服，适合什么场景佩戴，让用户有代入感。

（5）穿戴方法。分享产品的穿戴方法及注意事项，如洗澡时勿佩戴。

（6）知识普及。可使用测量工具提升专业感；分享鉴别技巧（如摩擦法鉴别珍珠）、保养方法（如用软布擦拭）等，和用户拉近距离。

除展示产品外，还可通过珠宝制作、原料开采、搭配技巧、鉴定方法、批发地砍价等形式提高直播的吸引力。

6. 日用家居类产品的展示技巧

直播销售员的标签要与家居行业吻合，对日用家居类产品了解并体验过；从用户的角度出发，与用户产生认知共鸣，营造家的温馨氛围。

（1）产品概况。直播销售员以产品质量、个人体验及产品配套搭配为主进行直播，并从材质特点、功能、工艺，产品结构、框架、附带功能等方向入手，引导用户购买。

（2）细节展示。让用户直接看到产品细节，提高用户对产品的信任度，从而提升直播产品的转化率。

（3）场景展示。功能固然重要，但是对于用户来说，如果意向的日用家居类产品与房间整体的风格不一致，那么这个产品肯定不在他们考虑的范围之内。例如，欧美风格的装修，那么直播销售员一定要倾力推荐欧美风格、淡色系的日用家居产品，不适合推荐其他风格的日用家居产品。有效合理地搭配推荐会使直播的效果更好。

（4）卖点挖掘。了解所售产品的材质、风格、工艺、尺寸、价格等基础，然后辅导用户选择适合方案。例如，床最大的刚性需求是睡眠，那么就从睡眠这个卖点出发，抓住柔软度等对睡眠有好处的主线，颜色、外观、尺寸等都是附加值。

7. 母婴类产品的展示技巧

（1）直播间展示。准备背景图、空间、道具等。背景图应该尽量简洁大方，有明确的主题或标识，如果空间较小，则镜头以近景为主。

（2）直播地点选择。除了室内直播间，直播地点还可以选择室外。为了让用户买得放心，可以把摄像头对准原料产地、质检车间甚至仓库。例如，某品牌通过直播，直接给用户看奶源地，奶牛、产奶和成粉过程。又如，专做海外母婴产品代购的某直播账号则直播奶粉采购、入仓打包的一系列过程。

（3）使用方法演示。在母婴类产品直播中，直播销售员整齐摆放各类母婴产品，将各类产品的独特优势和使用技巧给用户演示。用户在听到直播销售员对产品细致的讲解后，便会对产品产生好感。通过直播销售员的指引，用户能够顺利地被引流到产品链接，进行交易。

8. 农产品的展示技巧

农产品与其他产品不同，直播越接地气，越利于营造购买氛围，可以拉近与用户的距离。直播销售员可以准备一些工具，用来在直播间现场打开农产品，让用户直观地看到农产品内部的品质，从而对农产品的质量放心。

（1）直播场地。农产品直播与其他产品直播的一个最大区别是适合在室外直播。直播销售员可以直播农产品的生长环境、采摘过程，营造体验式销售氛围，让用户产生身临其境的体验。通过对农产品生长过程的描述，满足用户对农事活动的好奇。例如，果蔬类产品可以直接在种植场、大棚里直播，用户看到种植场地和整个采摘现场，会更有亲切感；看到农产品的产出过程，可以让用户认为农产品安全、干净，可以放心购买。

（2）直播间背景。如果在室内直播，直播间背景可以加入动态展示，如用短视频展示农产品的生长、采摘过程。

（3）相关知识讲解。对于食品类的农产品，还可以介绍一些美食的制作方法以及不同食品不宜同食的基本常识等。直播时，直播销售员可以讲述农产品的营养成分，以及它对身体的好处，或者教用户如何挑选农产品。

9. 教育培训类产品的展示技巧

（1）场景模拟。这种直播方式将直播间布置成小课堂的形式，或者直接展示试卷、书本上的题目，让用户有一种身临其境的感觉，以讲授具体的知识和内容为主。这种方式类似于视频直播上课，教师真人出镜或者幻灯片展示 + 讲解。在展示过程中，直播销售员提醒用户点击下方的链接购买课程资源。

（2）直接演示。这种直播方式适用于艺术类课程，如绘画、舞蹈、唱歌等。直播销售员在直播间进行演示，不用过多的话语，用专业行为打动用户，让用户自行下单购买产品。这种方式类似于无人直播式展示，优点是成本低，缺点是缺少互动。

（3）纯讲解式。这种直播方式一般搭配优惠套餐活动，适用于活动促销、冲销量的直播。

以上是 9 种不同类型产品的展示技巧，要根据产品不同的应用场景、使用方法等采用不同的展示方式，持续吸引用户的关注，增加用户在直播间的停留时长。不同的展示方式可以让用户欣赏到丰富的直播内容，拉近与用户的关系，提升销售转化率。

技能操作

技能　展示产品

一、操作准备

1. 熟悉直播产品。
2. 准备好示范的台词。

二、操作要求

1. 熟悉不同类型产品的特征。
2. 掌握不同类型产品的展示方法。

三、操作程序

1. 基本程序（根据不同产品，有针对性地选择）

描述产品→简单展示→细节展示→产品试吃 / 试用 / 试穿。

2. **具体步骤（以某零食为例）**

步骤 1　描述产品

“来，××× 品牌总部的直播，立拍立付，平时 168 元根本买不到，对不对？夏天到了，你们害怕吃这么多肉会长胖，对不对？放心吃！我们家产品是纯瘦整切的高蛋白肉脯，是猪后腿肉，纯瘦肉做出来的。很多健身教练都推荐他的学员吃，大家可以放心购买食用。”

步骤 2　简单展示

“接下来给大家看一下外包装，我们家的包装盒非常精致。无论是自己吃还是送人，都有面子。我们买东西，有的时候不一定要自己吃，马上过节了，有很多小哥哥小姐姐要送给自己的另一半，当作爱的礼物，选我们家这款产品也是可以的！而且我们家的包装拆开来都是独立的，不用担心拆了吃不完。保质期都是 60 天，常温保存，没有冰箱也可以。所以，即便是在校大学生也不用担心夏天天气热，放不住。”

步骤 3　细节展示

“我把外包装拆开，给大家仔细展示一下里面的品质。可以看一下，肉质很有弹性，用手捏一下，这个手感，大家可以从镜头里面感受到。而且可以看一下它的颜色，小伙伴一定知道，肉质如果有问题的话，就会直接反映在产品的颜色上。大家看我们家的肉质，都没有经过色素漂洗，所以它的颜色没有那么鲜艳。市面上有一些品牌，他们家的颜色就很红，都是添加了食品色素，吃起来非常不健康。我们家的肉，你可以对比一下。大家看这个成分表，里面写得清清楚楚。我们每天都在直播间吃，我非常注意食品健康，如果有问题的话，我坚决不会吃。我也给我爸妈买了两盒，寄回家里面，给他们尝尝。所以有对象的，可以给对象买一些，没有对象的，可以给自己的爸妈买一些，尽一尽孝心。”

步骤 4　产品试吃

“看着就非常好吃，我们也给大家帮忙尝一下。像我们每天长时间坐着不运动，如果是高热量，每天在直播间吃的话，那是很容易长胖的。但是你看我们小姐姐属于身材管理达人，完全不用担心。这个肉尝起来不会很咸，还有一点点偏甜的口感，又不是很甜。一共有 2 种口味，我刚吃的这个是原味的，如果爱吃辣的可以选择香辣的。大家都知道，吃含盐量少一点的食物健康。如果你每天早上来不及吃早饭的话，可以来一根。或者下午工作饿了，也可以拿出来垫垫肚子，方便又健康。喜欢的话，就直接点击我们下方链接购买就可以了！”

培训单元 3 引导用户下单

培训重点

1. 引导用户下单的话术。
2. 营造用户下单的氛围。

知识要求

一、用户行为概述

用户行为是指用户为获取、使用、处置消费物品或服务所采取的各种行动，包括先于且决定这些行动的决策过程。

作为一种新的营销形式，直播极大程度地影响了用户的消费行为、意向和习惯。首先，传统的实体购物以及电商平台主打与用户直接互动，尽量减少中间商赚差价，虽然尽可能地使产品价格下降，但往往会让用户在众多产品中难以抉择，产生困扰。而直播是直播销售员们以一种特殊的“中间商”身份出现在用户面前，他们先帮用户筛选出高质量的产品，减少了用户挑选的时间，使得用户不必再“货比三家”，为用户节省精力和时间。

其次，直播销售员亲自试货，提供导购讲解服务，让用户能够近距离感知产品质量，了解产品是否适合自己。相对于传统电商用户只能在图片和评论中了解产品的优劣，直播销售员相当于试货员，能更好地帮助用户，在众多同类产品中选取质量相对可靠的产品。产品所见即所得，大大增加了用户的知觉体验。例如，某直播销售员直播口红，他会先在自己的嘴唇上试涂，让用户近距离感受产品效果，并清楚地讲解适用人群及场合，用户再决定是否购买。

除此之外，用户在直播间往往能够获得最大优惠，用户的留言也是公开的，可以相互交流。

在直播模式下，用户容易比传统购物模式消费得更多，原因是用户购买思维发生了变化。如图 2–8 所示，用户因刺激产生需求，这个刺激可能是产品本身的吸引力、个人自身的需求、社会环境的影响、自然环境的变化、商家的营销等。根据产生的需求，寻找相应的产品。在寻找的过程中，根据自身的能力、朋友的意见、价格等方面，做一个综合的对比，最后决定是否购买。在一些节日中，为了刺激用户需求，减少用户思考、对比的时间，促使用户快速下单，需要直播销售员抓住用户的心理特点，营造一种购物的氛围，减少用户的犹豫心理，觉得产品物超所值，从而快速购买。在页面上出现部分已售罄的产品，营造一种“稀缺”氛围，让用户不过多地思考。利用全场满减、满折、打包消费等，让用户在心理上觉得买得越多优惠越多、越划算，使用户有购买更多产品的欲望。

图 2-8　用户购买决策的基本模式

二、引导用户下单的话术

直播销售员除了要把产品很好地展示给用户外，还要掌握一些销售话术，才能更好地引导用户下单购买。

每一个用户的消费心理和关注点都不一样，面对合适的、有需求的产品，有的用户仍然因为各种原因没有下单。面对这种情况，直播销售员需要借助一定的销售话术，突破用户最后的心理防线，引导其下单。下面介绍几种常见的销售话术。

1. 对比式销售话术

对比式销售话术是指直播销售员直接向用户介绍、讲述产品的优势和特色，并且自信地和其他产品进行品质对比，凸显自家产品的优势，从而达到劝说用户购买的目的。这种销售话术的优势是节约时间，直接让用户了解产品的优势，省略不必要的询问过程。

例如，直播销售员自信、强势、主动回应高价质疑，通过强调同等品质下产品更便宜，或是自信陈述卖这个价格的理由，让用户更加信赖直播销售员及其产品。

【话术范例】

以芝麻夹心海苔为例。“我们家芝麻夹心海苔19.9元一袋，别人家9.9元。我再告诉你，还有29元、39元的产品！要同等品质比价格啊，我的宝宝们！不要不同的品质比价格。大家现在可以录屏啊。来！我给大家展示一下，让你们看看值不值这个价。第一，大家看它的成分表，里面没有任何添加剂，尤其是给孩子吃，是不是很放心！是不是很健康！第二，它的原材料是产自××，用的是一级紫菜。第三，我给大家掰开看一下，里面满满的芝麻，用料非常足，咬一口，真的是满口留香。第四，大家看一下它的生产商，是大牌国货代工厂，不是小作坊生产的哦。我去实地考察过，来给大家看下视频，全部都是自动化生产，卫生条件很好，大家真的可以放100个心。所以直播间的宝宝们不要说贵啊，可以去别家对比一下价格就知道了。今天已经是给大家福利价了，想要的赶紧拍，品质绝对有保证。”

2. 逻辑式销售话术

逻辑式销售话术适用于直播特定组合（如单包价格贵，组合装价格便宜）。直播销售员通过将购买单包的价格相加，去对比组合装的价格，体现组合装的划算程度。这种采取逻辑推理方式说服用户购买产品的销售方法，也是在线下销售中常用的销售方法。

直播销售员在销售时，可以对用户说：“用几杯奶茶钱就可以买到一件漂亮的服装，你肯定会喜欢。”这就是较为典型的逻辑式销售话术，表现为有理有据、顺理成章、说服力很强。

【话术范例】

以洗脸巾为例。“官方旗舰店 19.9 元一包的洗脸巾，买 5 包需要 99.5 元。今天在直播间，不要 99.5 元，只需 49.5 元 5 包，包邮到家。××品牌的洗脸巾，这是直播间的专属优惠价格，大家赶紧抢购吧！”

3. 强调式销售话术

强调式销售话术就是不断地向用户强调产品有多么好，多么适合用户，购买多么划算，意思就是“重要的话说三遍”。当直播销售员大力推荐一款产品时，就可以不断地强调产品的特点，以此来营造一种热烈的氛围。在这种氛围下，用户很容易被感染，不由自主地下单。直播销售员在销售时，可以反复强调此次直播产品的优惠力度，如福利价五折、超值优惠、购买即送赠品等。

【话术范例】

“欢迎全网比价，没有更便宜的了！而且今天不拍，明天就没有这个价格了！今天我们品牌方直播，能做到一个超低价格。别的明星找我们要这个价格，我们都不给。为什么？理由很简单！因为这个福利我们只想给到我们自己品牌的粉丝们！错过今天，这个价格就再也没有了！抓紧时间去抢购吧！”

4. 数量叠加式销售话术

数量叠加式销售话术是直播中的常用技巧。一开始，不直接展示所有产品，而是一件一件地从画面（镜头）外拿出产品码在桌子上，步步直击用户的价格防线，让其觉得实在太划算。这种方式可以让用户在观看直播的时候，感觉到产品的价格远远低于平时的价格，营造出一种非常优惠的心理感觉。

【话术范例】

“39.9 元，一盒够不够？不够给大家两盒！两盒不够？三盒！还不够？四盒！还不够？5 盒！”

5. 限时限量式销售话术

限时限量式销售话术是直接告诉用户正在进行某项优惠活动，什么时候截止，在活动期间用户能够得到什么好处。同时也提醒用户，在活动结束后再想购买，就要花费更多。这种销售话术让用户产生错过这次活动再买就吃亏的想法，同时给用户造成一种心理紧迫感。

【话术范例】

“来，这款围巾直播间有没有想要的，想要的宝宝听好了，19.9 元包邮到家，限时 2 min，想要的赶紧拍，2 min 后恢复原价。”直播中用手机计时，中间适当地讲解一下产品，并且不断地催促大家去买，告诉大家 2 min 后恢复原价。

“直播间的宝宝们，这款围巾库存有限，只有最后 200 单，想要的赶紧去拍。还有最后 50 单、40 单、30 单，没拍的赶紧抢，错过就没有了。”直播中间适当穿插产品介绍，告诉大家库存有限，催促大家购买。

6. 加库存式销售话术

加库存式销售话术是指限制上架产品的数量，然后再加库存进行补货。不仅可以控制直播间的销售节奏，还可以营造出紧张、刺激的抢购氛围，抢到了是惊喜，没抢到下次就会更快地出手抢购。

【话术范例】

“没了，抢完了，直播间还有想要的粉丝吗？想要的在公屏发送‘1’，再给大家上 200 个库存。但是只能是预售了，7 天内发货，能等的在公屏发送‘2’。最后 200 个预售库存给大家，抢完就没有了，想要的宝宝们手速一定要快。”

三、营造用户下单的氛围

1. 优惠时间上的紧迫

优惠时间上的紧迫具体可以表现为直播销售员利用限时抢购、限时促销等方式给用户营造紧张感，从而让用户抢购产品。因为限时抢购、限时促销产品的销量非常高，价格也比较实惠，通常能够吸引用户参与抢购，所以一些平台经常会利用限时抢购的方式促使用户下单。另外，直播销售员还可以把“秒杀”运用在直播间的标题中，吸引用户进入直播间。特卖限时秒杀示意图如图 2–9 所示。

2. 优惠数量上的限制

设定销售限量款、清仓断码款等产品的数量，也可以给用户营造一种紧迫感，引发用户抢购。例如，某知名直播销售员经常在直播时控制上架产品的数量，并把产品分几次上架，随时向用户播报产品的剩余库存，从而给用户制造紧迫感。

3. 营造热烈气氛

直播销售员可以在直播时选择恰当的音乐（首选电子音乐），调动用户的情绪，催促他们尽快下单。

直播间工作人员需要根据每个环节切换音乐，控制音乐音量。例如，直播销售员讲解产品环节，音乐音量不宜太大，要突出直播销售员的声音，让用户能清楚了解产品卖点；上架改价环节，音乐音量可放大点，也可以单独切换激扬的伴奏，让用户意识到上架产品的重要性；限时下单购买环节，特别是针对客单价高、利润高的产品，尤其要注意营造产品库存少、手慢无的氛围，此时要选择节奏快、鼓点强的音乐或伴奏，同时直播间的其他工作人员都要配合直播销售员的口令，如倒计时等。

图 2-9　特卖限时秒杀示意图

4. 和用户积极互动

在直播时，直播销售员可以与用户积极地展开互动，把用户一直留在直播间。可以通过以下两种方式互动。

（1）直播抽奖。许多直播销售员都会在直播开始时就使用这种方法，带动直播间的气氛，而且每隔一段时间就会抽一次奖，维持直播间的良好氛围。

（2）让用户有选择权。在直播时，让用户做直播间的主人，让他们觉得自己的言论引起了关注，用户自然就会积极参与互动。例如，让用户选择先解释产品 A 还是产品 B，先听 A 还是 B，下一次直播希望分享什么内容等。

四、引导用户下单的注意事项

当用户对产品没有太大抗拒的时候，直播销售员便可以引导下单，可以适时地做一个动作，起到“推一把”的作用，促使用户完成购买的最后一步。另外，要帮助用户排除下单操作中的障碍，防止某些用户因不熟悉操作而放弃下单。

在引导用户下单时，需要注意的事项有以下几点。

1. 不可脱离产品实际

直播销售员一定不要为了订单凭空捏造事实，必须建立在了解产品实际情况的基础上。不得过度承诺，如假一赔万、特价仅此一天、无效退款、× 天瘦 × 斤、× 天见效、绝不过敏、无效全额退款、一次灭绝、永不反弹等。

2. 让用户容易理解

传播产品信息同样也要考虑用户的认知水平，直播销售员的语言要让用户易懂，便于记忆，要用用户听得懂的语言去互动、推销。

3. 不可偏离用户的需求

产品的卖点不仅是为了销售，还要根据市场需求或者潜在需求，有其实际使用价值。

4. 产品本身要贴近用户

产品本身的设计要有一定基数的用户，否则必然对订单的数量产生影响。用户选择障碍时，帮助其选择；用户有初步购买意向时，暂不谈订单，可以在颜色、规格、款式等方面帮助用户做出决策，以免用户摇摆不定而损失订单。

5. 打消用户的顾虑

抓住用户心理，想用户所想。在互动过程中，了解用户想什么，顾虑什么，逐一解决。

6. 让用户自己联想

在直播中，直播销售员可以将卖点、优势、产生的价值等进行传播，多说用户买到之后会怎么样，让用户联想使用产品后可能获得的感受，自己衡量产品利弊，做出选择。

7. 确保用户能够操作下单系统

由直播销售员或者团队其他人员引导用户下单，演示购买流程，确保用户快速准确地买到想买的产品。

8. 确保下单的用户地区可支持配送

对于不支持配送的地区，不能虚假承诺，可以在后台提前设置物流配送，并配合直播销售员，口播通知用户。

技能操作

技能　引导用户下单

一、操作准备

1. 做好直播前的策划。

2. 准备引导用户下单的话术。

二、操作要求

1. 使用恰当的销售话术。

2. 掌握引导用户下单的步骤。

三、操作程序

1. 基本程序

与用户积极互动→营造热烈的抢购气氛→强调优惠数量有限→反复强调下单链接和方法→强调优惠截止时间临近。

2. 具体步骤

步骤 1　与用户积极互动

为了留人、促转化，必须让用户参与进来，与直播销售员互动、聊天。互动也是算法评价直播间的关键指标，包括关注、评论、点击购物车、点击产品、送礼物、加入粉丝团等。在直播间里，直播销售员可以主动和用户互动，尽量引导用户进行有效互动，其中点赞、评论、关注，相对来说是最简单，也是性价比最高的。

步骤 2　营造热烈的抢购气氛

不断提醒用户即时销量，营造出产品畅销的局面。把产品优势、卖点变成一个个具体使用的场景，满足用户的想象，加强用户的购物体验感。直播销售员要对用户负责，让用户只愿意跟着你买东西，产生复购。

步骤 3　强调优惠数量有限

在吊足用户胃口后，正式宣布价格，让用户感觉物超所值。再次强调促销活动，如前 50 名下单送等价礼品、现金返还、随机免单、抽奖免单等，让用户的热情高涨，促成用户集中下单。

步骤 4　反复强调下单链接和方法

直播销售员可以每几分钟通过口播来提示，也可以通过直播助理在旁边进行演示，引导用户完成下单。

步骤 5　强调优惠截止时间临近

假如用户下单以后迟迟未付款，直播销售员可以在直播中反复用倒计时的方式督促用户，加快销售转化。让观看直播的用户感觉到："现在不买就再也买不到这么便宜的了，现在不买就没有机会了……"让用户产生紧迫感，快速下单。在催单时，直播销售员要具备用话术构建场景的能力，而不能一味地只是提醒截止时间临近。

职业模块 三
售后与复盘

培训项目 1 售后

培训单元 1 查询产品发货进度

培训重点

1. 不同平台发货规则。
2. 产品发货进度查询。
3. 常见发货纠纷处理。

知识要求

一、不同平台发货规则

1. 抖音平台发货规则

抖音平台有现货发货、阶梯发货、预售发货、现货 + 预售发货、拼团发货等发货模式，不同发货模式有不同的发货时效要求。这里仅以现货发货、阶梯发货和预售发货为例，说明发货规则。

（1）现货发货。现货发货又分为普通发货和极速发货两种。

1）普通发货。普通发货是指用户支付成功后，商家需在 48 h 内完成发货；部分特殊类目可自主设置 2 ~ 15 天的发货时间，具体以商家后台展示为准。

2）极速发货。极速发货是指设置商品承诺发货时效为当日发货或次日发货，设置完成后会在商品详情页、提单页、直播间商品列表页展示对应发货时效，提升用户购买体验，促进下单转化与复购。平台鼓励商家使用极速发货，并可享受专属权益。

（2）阶梯发货。阶梯发货是为了解决商家部分现货售卖 + 部分预售的问题。商家需同时满足以下条件，方可使用阶梯发货。

1）订单交易情况。店铺近 60 天现货订单交易比例大于等于 50%。

2）商家分层。非新手期商家。

3）商家体验分。近 1 周商家平均体验分大于等于 4.6 分。

4）库存比例。在阶梯发货模式下，创建的现货库存比例应大于等于 50%。

5）仅限非服饰鞋包行业所属类目商品适用。

（3）预售发货。预售发货即商家设置预售活动，活动结束后，在承诺发货时效内发货。平台支持商家选择全款预售或定金预售 2 种预售模式。

预售的发货时效要求一般为预售活动结束后，商家在承诺发货时效内完成发货。商家自行设置发货时效，具体以平台相应页面显示为准。商家在发货后（上传物流单号）的 24 h 内，该物流单号在相应物流公司官网有 1 条物流揽件信息。

2. 快手平台发货规则

快手平台的《快手小店发货管理规则》包括了适用范围、发货定义及规范、违规管理和附则。

（1）发货。商户应该在用户付款后，将用户所购买商品的快递物流单号上传至快手小店系统，并点击发货。在线支付订单付款时间以快手小店系统记录的用户付款成功的时间为准。

（2）承诺时效。商户可在商品编辑页面通过“承诺发货时间”设置发货时效，在商品详情页、结算页展示商户发货时效。

（3）发货时间

1）现货商品发货时间为 24 h、48 h，以商品编辑页展示为准；商户未设置发货时间的，默认发货时间为 48 h。

2）预售商品承诺发货时长可设置为 3 ～ 15 天，以商品编辑页展示为准。

3）商户参与快手小店官方发起的促销活动及特定节假日以官方公告发货时间为准。

4）商户与用户另有约定的发货时间，以约定时间为准。

5）商户完成发货后 24 h 内，对应快递公司官网应有揽收记录。

（4）发货包装管理

1）发货包装中（包括但不限于外包装盒、内部夹页、退换货页、封箱胶等），商户可以增加快手小店店铺链接及二维码链接等信息。

2）发货包装中不得有其他平台的店铺信息（包括但不限于链接、二维码、联系信息）或与该店铺商品无关的信息。

3. 淘宝平台发货规则

《淘宝网发货管理规范》于 2019 年 5 月 6 日生效。其中发货时效规范分为发货时间要求和发货时间认定标准。

（1）发货时间要求

1）卖家须在买家付款后 48 h 内发货或设置的发货时间内发货。

2）淘宝网官方发起的活动、特定节假日、疫情影响等情形，发货时间以淘宝网的公告通知为准。

3）卖家与买家通过协商工具协商成功的，卖家须在协商成功的时间内发货。

（2）发货时间认定标准

1）物流公司有回传信息的订单，以物流公司系统内揽件记录（如物流详情为“已揽收 / 揽件”等状态）的时间为准。其中由菜鸟及其合作伙伴提供物流服务的订单，以其物流详情在“包裹已出库”状态后显示“正在发往分拨中心”“已进入分拨中心”“已完成分拨集包”“已从分拨中心发出”4 种状态的时间为准。

2）通过尚无物流节点信息回传的物流公司发货的订单，以物流公司底单展示的发货时间为准。

3）虚拟充值类订单，以平台系统收到发货成功信息或卖家向平台回传卡密等发货信息的时间为准。

4）虚拟非充值类订单，根据交易形式，以卖家实际提供服务的开始时间为准。

淘宝平台对于延迟发货、缺货、虚假发货 3 种情况，根据《淘宝网市场管理与违规处理规范》中的违背承诺规则进行处理。

二、不同平台发货进度查询

发货进度查询是指用户下单后，查询和跟踪商品的实时状态，确保商品顺利到达用户手中。

以抖音为例，如图 3-1 所示，选择“订单”功能，打开订单管理界面，点击“订单管理”，将显示发货信息。

图 3-1　抖音发货进度查询

三、常见发货纠纷的处理方法（见表 3-1）

表 3-1　常见发货纠纷的处理方法

常见纠纷类型	情况分类	具体情况	处理方法
未发货	查件	缺货	1. 后期会补货：马上主动联系用户，让用户耐心等待 2. 后期不再生产：联系用户，引导用户换款 3. 用户不喜欢其他款式：及时为用户处理退款
		漏发	1. 及时跟用户道歉，马上为用户补发，并给用户申请小礼物作为补偿 2. 用户不想要了，及时为用户处理退款并真诚道歉
	退款	更换尺码或收货信息	1. 未打单：及时帮用户修改，尽快安排发货 2. 已打单：尽量帮用户备注，准确发货，可以减少退款率

续表

常见纠纷类型	情况分类	具体情况	处理方法
未发货	退款	用户不想要	1. 了解用户不想要的原因，尽量引导用户不要退款或购买其他款式，提高店铺的销量 2. 若用户确实不想要了，则及时帮用户退款，提高服务效率
已发货	查件	未收到	1. 物流信息正常：马上跟用户解释，让用户耐心等待 2. 物流信息不正常 超区：用户愿意自取，麻烦用户自取，然后备注下次注意；如果用户确实不愿意自取，联系快递转其他到站的快递，或者退回仓库重新发 丢件：核实后及时帮用户补发，然后告知用户单号，及时跟踪回访；根据记录，向快递核实赔偿 疑难杂件：用户未接电话，导致快递无法送达，马上给用户留言，后期继续追踪，尽快让用户成功签收；送货途中快递站点停了，马上联系快递，帮用户转发其他快递，一定要保证在最短时间内送达
		少发或错发	1. 少发：马上跟用户道歉，及时联系仓库补发，最好可以申请小礼品作为补偿 2. 错发：如果用户肯接受补偿，给用户补偿，尽量减少自身损失，也让用户有良好的购物体验；如果用户不肯接受补偿，帮用户免邮费寄回产品，重新换正确的款式
	退货退款	7天无理由退货	1. 询问用户无理由退货的原因，进一步向用户说明产品的优点

续表

常见纠纷类型	情况分类	具体情况	处理方法
已发货	退货退款	7天无理由退货	2. 如果用户执意退货，按照正常的退货、退款流程，让用户退回产品，收到产品检查无误后及时处理退款
		包裹破损	1. 客服马上核实并安抚用户，然后为用户重新发货 2. 根据登记记录向快递核实索赔
		产品质量问题	1. 经核实无误，若用户愿意接受补偿，则为用户做适当的补偿 2. 如果用户不接受补偿，则按照正常的退货、退款流程，进行退款处理

技能操作

技能　查询发货进度

以抖音为例，查询发货进度。

一、操作准备

打开抖音 App。

二、操作要求

1. 熟悉抖音店铺操作步骤。

2. 掌握发货进度查询流程。

三、操作程序

1. 基本程序

打开抖音 App→打开“产品橱窗”界面→打开“订单管理”界面→点击“已发货”选项卡。

2. 具体步骤

步骤 1　进入“产品橱窗”界面

打开抖音 App，点击“我”按钮。在打开的界面中，点击“产品橱窗”按钮，如图 3-2 所示。

步骤 2　进入“订单管理”界面

打开“产品橱窗”界面，在“我的小店”栏中，点击“订单管理”按钮，如图 3-3 所示。

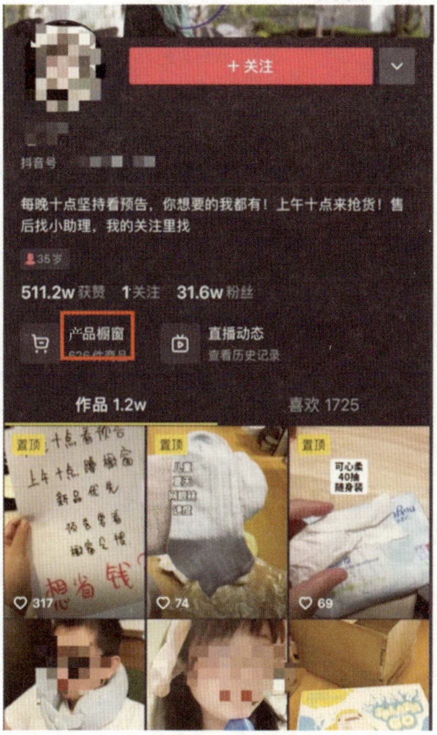

图 3-2　点击“产品橱窗”按钮

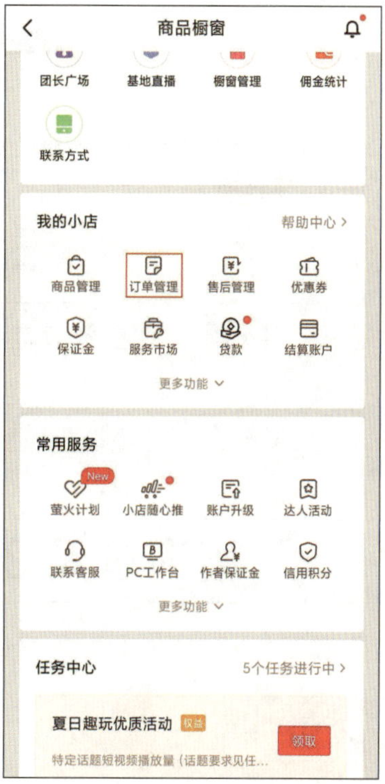

图 3-3　点击“订单管理”按钮

步骤 3　查看待发货产品

打开“订单管理”界面，点击“待发货”选项卡，查看用户下单后等待发货的产品。此时，商家应按对用户承诺的发货时间发货，并上传物流单号。“待发货”界面如图 3-4 所示。

步骤 4　查看已发货产品

点击“已发货”选项卡，查看已经发货的产品。此时，商家需要关注产品的物流信息。如果物流信息长时间没有更新，要及时联系快递公司，并向用户解释，避免因物流问题引发纠纷。“已发货”界面如图 3-5 所示。

图 3–4　“待发货”界面

图 3–5　“已发货”界面

培训单元 2　处理用户反馈的问题

培训重点

1. 用户反馈问题的类型。
2. 用户反馈问题处理。

知识要求

一、用户反馈问题的类型

1. 使用问题

用户对产品的使用方法不了解，可能询问客服产品如何使用。

2. 功能需求问题

产品不具备用户所期望的功能，不能满足用户的需求。

3. 物流问题

用户没有及时收到产品，询问客服产品是否发货或何时到货。

4. 错发漏发问题

用户收到产品后，发现与自己所购产品不一致或者缺件，甚至缺少商家承诺的赠品。

5. 产品质量问题

用户反映所购的产品质量存在问题，向客服寻求解决方案。

二、分类处理用户反馈问题

1. 使用问题

对产品的使用问题，客服应将产品使用教程发给用户，让用户了解产品如何使用；若产品使用仍然存在问题，则向用户诚恳表示歉意，并立刻提出解决方案或联系相关技术人员加以解决。

2. 功能需求问题

如果产品不具备用户所需要的功能，客服应及时和用户沟通解释，引导用户调换其他产品；若用户不愿意调换，则引导其退货、退款，同时做好安抚工作。

3. 物流问题

对于未超过承诺发货时间的情况，客服应向用户承诺一定会在承诺期内尽快发货，并耐心安抚用户；对于有特殊情况的用户，则向用户承诺和仓库管理员协调，尽量优先发货，耐心安抚用户；用户询问物流状态时，可以将当前物流状态告知用户，指导用户掌握自行查询物流状态的方法。

4. 错发漏发问题

客服首先向用户道歉，然后承诺立刻补发或者更换产品；对于更换产品的情况，需要指导用户进行售后相关操作；若用户不愿意更换产品，则引导用户退货、退款。

5. 产品质量问题

客户反映产品质量存在问题，客服应让用户说明产品质量问题的具体表现。如果只是使用方法不当，误认为是质量问题，客服应指导用户正确使用产品即可；

若确实是质量问题则向用户道歉，然后与用户协商更换产品或者退货、退款。

三、用户投诉处理

用户投诉是指用户对产品质量或服务不满意而提出的异议、抗议、索赔和要求解决问题等行为。用户投诉不可避免，如何处理投诉，使企业的利润、信誉和形象损失降到最低，对企业来说至关重要。

1. 用户投诉处理的原则

一般在处理用户投诉时，可遵循以下 3 个原则。

（1）有章可循，依章行事。首先，每个平台都有处理投诉的管理制度，指导商家处理用户投诉，因此，商家要安排专门人员研究平台的相关规则，并负责管理用户投诉问题。其次，商家要事先制定好常见投诉的预案和话术，防患于未然。

（2）快速响应，及时处理。对于用户投诉，商家要迅速做出反应，各部门积极配合，力争在最短的时间妥善解决。

（3）分清责任，明确权限。商家要分清造成用户投诉的责任部门和责任人，并明确处理投诉的部门和各类人员的具体权限。

2. 用户投诉处理的方法

（1）有效倾听或了解用户投诉

1）让用户先发泄自己的情绪。当用户还没有将事情全部诉说完毕之前，不要中途打断，做一些言词上的辩解。如果让用户把要说的话及要表达的情绪充分表达出来，往往会有一种较为放松的感觉，心情也会逐渐恢复平静。

2）倾听投诉的细节，确认问题所在。通过倾听，认真了解每一个细节，确认问题的症结所在，并将重点记录下来。如果对于投诉的内容不是十分了解，可以在用户将事情说完之后再询问。在了解过程中，客服要以婉转的方式请用户提供情况说明。

（2）向用户致歉。商家对产品给用户带来的不好体验表示道歉，询问是产品质量问题还是产品不满足用户的期望，通过致歉、安慰用户，重新获取用户的信任。

（3）提供解决方案。如果是产品质量问题，要求用户拍照。商家确认是产品质量问题后，询问是退货、退款还是重新发货；如果是不满足用户期望，可以向用户推荐其他款产品，或者提供退款服务。

（4）让用户认同解决方案。若用户不满意解决方案，询问不满意的原因，根据原因改变解决方案，直到用户认同。

（5）执行解决方案。用户同意解决方案后，及时执行，让用户对商家售后服务留下良好印象，提升复购率。

（6）用户投诉总结。总结、记录产品出现的质量问题，及时改正。对相关人员进行培训，争取不再发生此类问题。

培训项目 2
复盘

培训单元 1　采集营销数据

培训重点

1. 营销数据指标的含义和作用。
2. 营销数据采集方法。

知识要求

一、营销数据的类型

直播复盘需要围绕“销售”这个核心目标展开，其中涉及直播的“人货场”，也就是直播流量、产品和直播间。直播营销数据可分为流量指标、互动指标、产品指标、订单指标等四类。这四类指标全面反映了直播间的运营状况。

二、营销数据指标的含义和作用

1. 流量指标

从流量来源划分，可以把直播间流量分成自然流量和付费流量。

（1）自然流量，即以用户流量、视频推荐、直播推荐等，通过用户主动关注和后台依据算法系统向平台用户推送而获得的流量。自然流量最大的特点就是无须额外付费，并且可以通过长期运营，获取新用户持续关注，进而促使算法系统加大对直播间流量的推荐力度。

（2）付费流量，即需要额外付费购买才能获取的直播流量，本质上是基于直播间的一种付费推广产品。依据不同的付费结算方式、展现形式等，产品也越加丰富。以抖音为例，目前抖音平台的直播间付费推广产品主要为竞价广告、DOU+投放、品牌广告等。

2. 互动指标

（1）评论率。评论率反映了用户在直播间的互动频率，互动频率越高，说明直播间的氛围越好，就越利于直播销售员引导转化。评论率计算公式为：

评论率 = 直播间评论人数 ÷ 观看人数

（2）点赞率。对于大多数直播销售员而言，当一个新用户进入直播间后，通常会有一个漫长的转化周期，点赞表示用户对直播间有了一定的了解和认可。点赞率相对于观看而言，用户和直播间的关系更进了一步。点赞率计算公式为：

点赞率 = 直播间点赞数 ÷ 观看人数

（3）转粉率。一个新用户从进入直播间，到感兴趣，再到转粉，最后购买，整个过程需要直播销售员与用户慢慢建立起信任关系。转粉是直播过程中的关键一环，构成了购买人群的基础。转粉率计算公式为：

转粉率 = 直播新增用户数 ÷ 观看人数

3. 产品指标

（1）单品曝光人数。单品曝光人数是指直播平台给直播间单品的推荐量，也就是直播销售员在讲解每个单品时，有多少人观看了讲解，反映了直播间中各种产品曝光的程度，与引流的效果和客服的话术有一定的关系。

（2）产品点击率。当直播间保持长期稳定的直播节奏时，大部分产品的点击转化会维持在一个相对比较稳定的水平。相关数据显示，正常直播产品的点击率在 5% ~ 20% 之间浮动，具体数值表现会随着产品的类目、直播间的实时流量、用户画像的不同而有所差异。产品点击率计算公式为：

产品点击率 = 产品点击人数 ÷ 产品曝光人数

4. 订单指标

（1）直播间总成交金额。直播间总成交金额包括已付款金额和未付款金额。无论用户有没有实际购买，该指标反映了用户有购买意向，也是衡量直播销售效果的核心指标之一。

（2）产品转化率。产品转化率是指在所有点击产品的用户中，实际成交人数所占的比例，一般在3% ~ 5%。直播销售员可以在产品讲解、上架顺序、用户互动等方面进行优化，最大限度地引起用户兴趣，点击产品。点击查看产品是购买产品的第一步，没有点击就谈不上去购买。产品转化率计算公式为：

产品转化率 = 产品成交人数 ÷ 产品点击人数

三、不同平台营销数据的采集方法与步骤

直播间的营销数据除了可以从直播间后台直接导出外，还可以通过第三方数据分析平台采集，常见的有蝉妈妈、飞瓜数据、新抖等。

1. 蝉妈妈

蝉妈妈是厦门蝉羽网络科技有限公司旗下品牌，是国内知名的抖音、小红书数据分析服务平台，专业为达人、机构、品牌和商家提供大数据精准营销服务。从蝉妈妈采集数据的方法与步骤如下。

首先，登录蝉妈妈主页，如图3–6所示，搜索直播间名称。然后，找到要采集数据的直播间，选择指定日期的链接。进入当天的数据大屏，便可以采集所需要的数据，如图3–7所示。

蝉妈妈提供的数据项包括流量分析、商品分析、观众分析和直播诊断等。

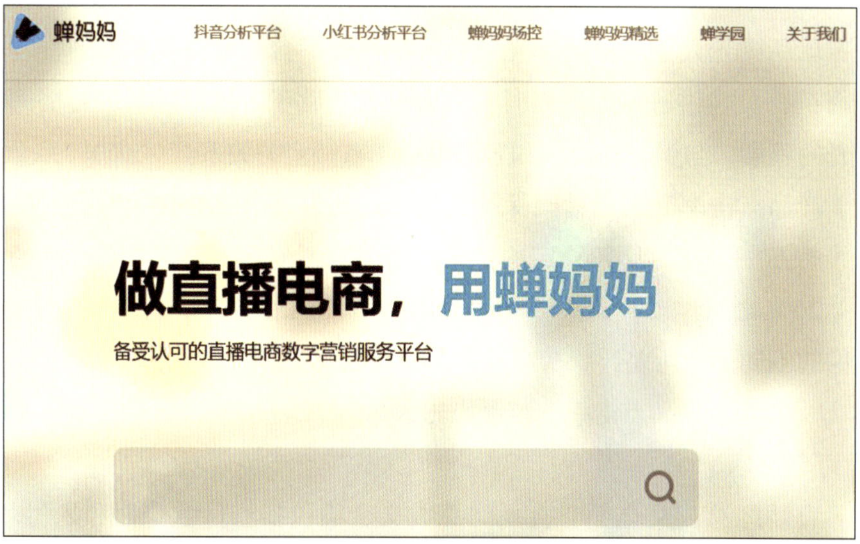

图3–6 蝉妈妈主页界面

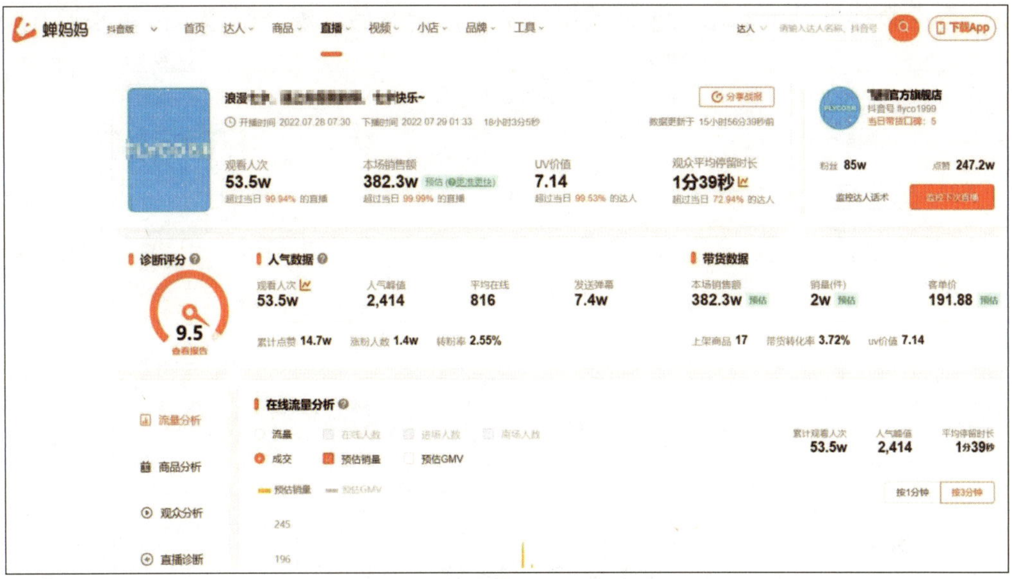

图 3-7 蝉妈妈直播间数据界面

2. 飞瓜数据

飞瓜数据是一款短视频及直播数据查询、运营及广告投放效果监控的专业工具，提供短视频达人查询等数据服务，并提供多维度的达人榜单排名、电商数据、直播推广等实用功能。从飞瓜数据平台采集数据的方法与步骤如下。

首先，登录飞瓜数据主页，搜索直播间名称，找到要采集数据的直播间，如图 3-8 所示。然后，选择指定日期的链接，进入当天的直播大屏，便可以采集所需要的数据，如图 3-9 所示。

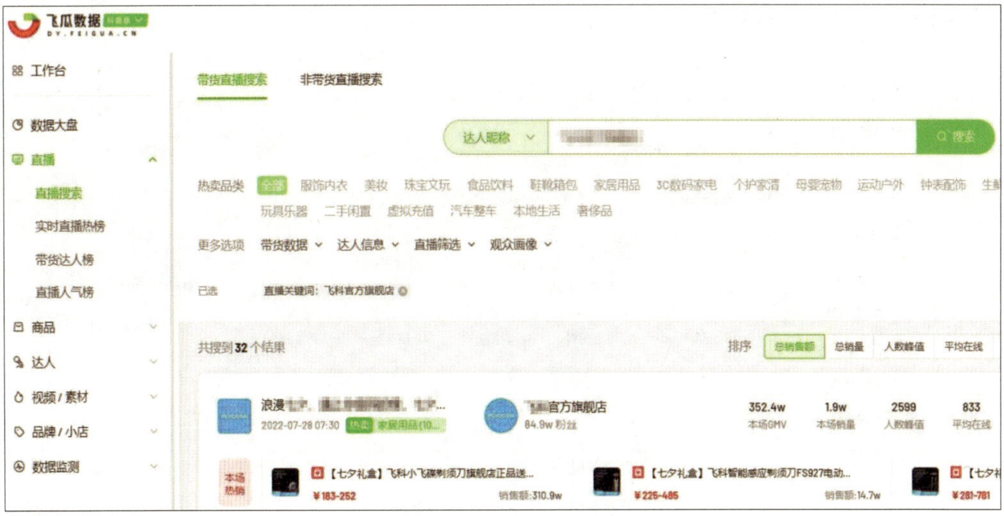

图 3-8 飞瓜数据主页界面

飞瓜数据提供的数据项包括数据概览、带货商品、观众画像、流量来源和观众互动等。

图 3-9　飞瓜直播间数据界面

3. 新抖

新抖是抖音短视频以及直播电商数据工具软件。它不仅提供抖音热门视频、抖音话题挑战赛等抖音创意素材、抖音号及多频道网络（multi-channel network，MCN）机构排行的查找服务，还提供探店、直播带货、明星直播监测、短视频带货、热卖商品、品牌营销等全面的短视频在线数据服务。从新抖平台采集数据的方法与步骤如下。

首先，登录新抖主页，搜索直播间名称，找到要采集数据的直播间，如图 3-10 所示。然后，选择指定日期的链接，进入当天的实时大屏，便可以采集所需要的数据，如图 3-11 所示。

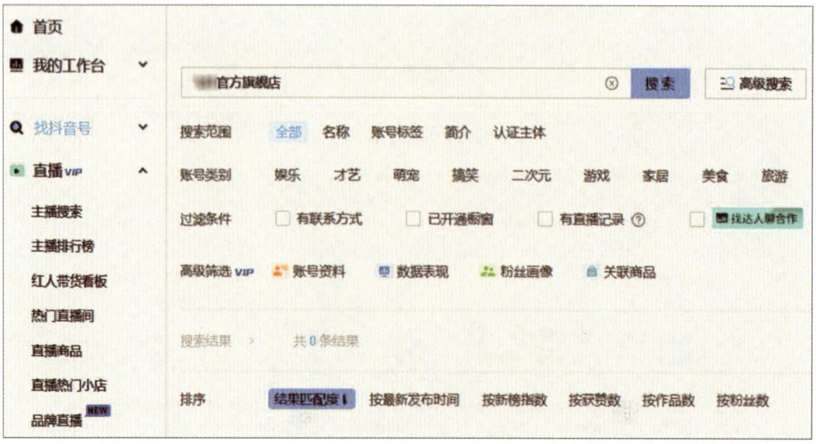

图 3-10　新抖主页界面

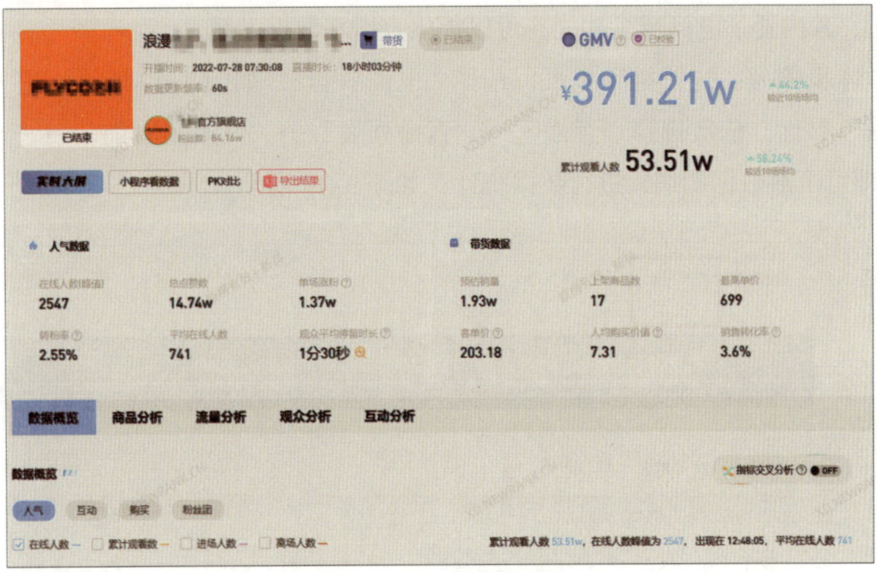

图 3-11 新抖直播间数据界面

（图中 w 表示万 × ×，根据不同语境，可表示万元、万人、万个等）

新抖提供的数据项包括数据概览、商品分析、流量分析、观众分析和互动分析等。

培训单元 2 统计营销数据

培训重点

1. 直播平台后台营销数据统计。
2. 第三方平台营销数据统计。
3. 营销数据的 Excel 统计方法。

知识要求

一、直播平台后台营销数据统计

直播销售员可以从直播后台下载每天的直播数据明细，进行统计分析。以抖店为例，其内置了电商罗盘功能，可以提供直播间数据下载。

具体步骤为：打开抖店主页，选择“电商罗盘”，如图 3–12 所示；进入“罗盘经营”界面，依次选择“直播”→“直播列表”→“直播间明细”→“下载明细”，即可下载数据明细，进行数据统计，如图 3–13 所示。

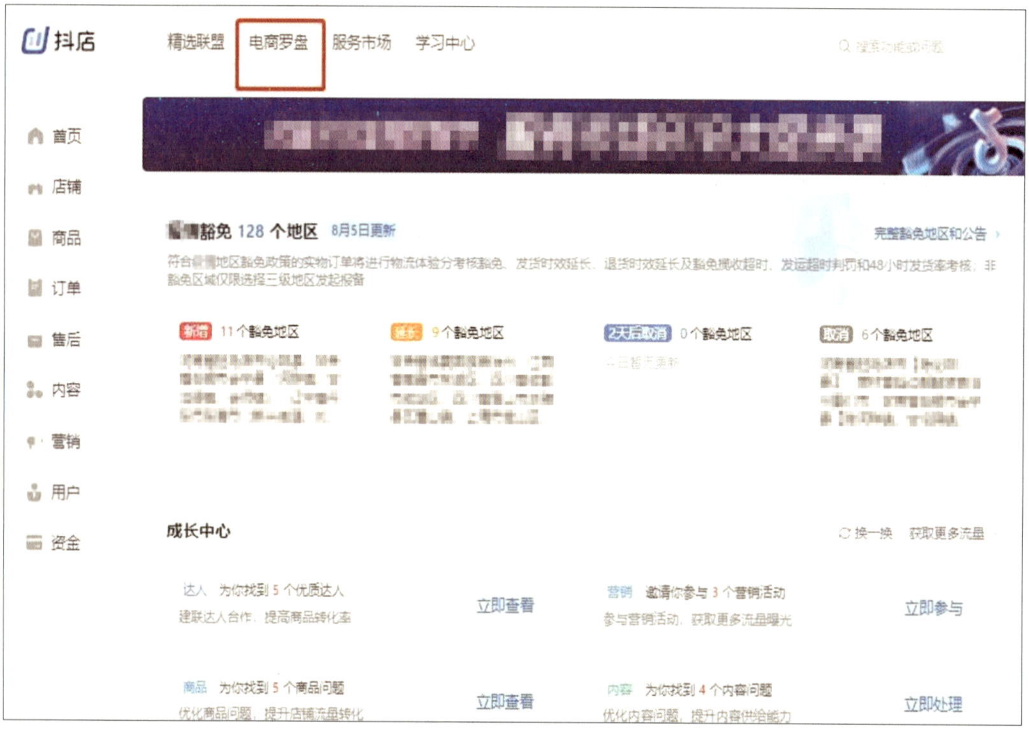

图 3–12　抖店首页

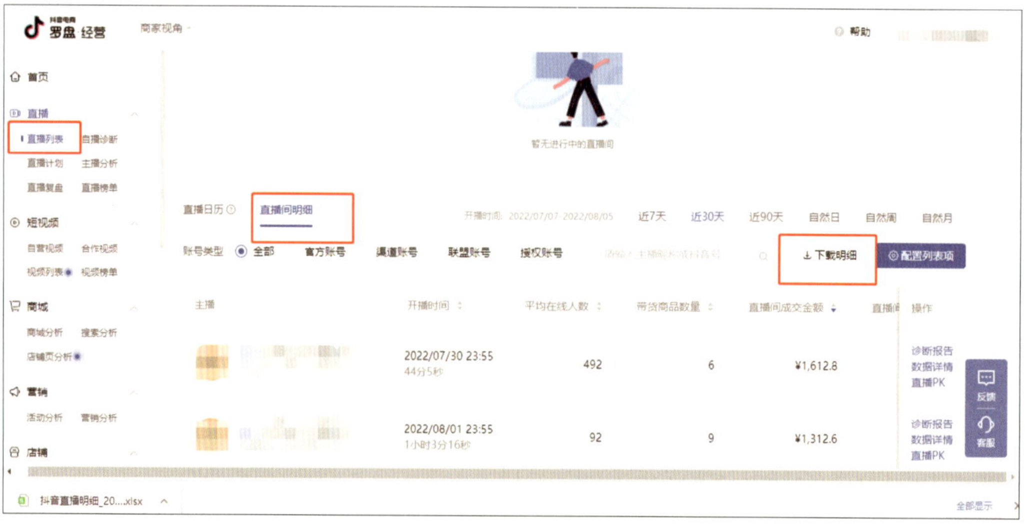

图 3–13　“罗盘经营”界面

二、第三方平台营销数据统计

第三方数据分析平台可以搜集到更多达人、用户、商家的数据，提供更全面的分析视角。以蝉妈妈为例，提供了抖音达人、商品、直播、短视频、小店等多维度数据分析服务。直播销售员可以根据自身需求在平台内搜索、导出相关数据，开展数据统计工作。下面通过蝉妈妈介绍营销数据的统计方法。

1. 统计直播大盘数据

在蝉妈妈主页选择“直播”→“直播大盘”，进入直播大盘数据界面，如图 3–14 所示。

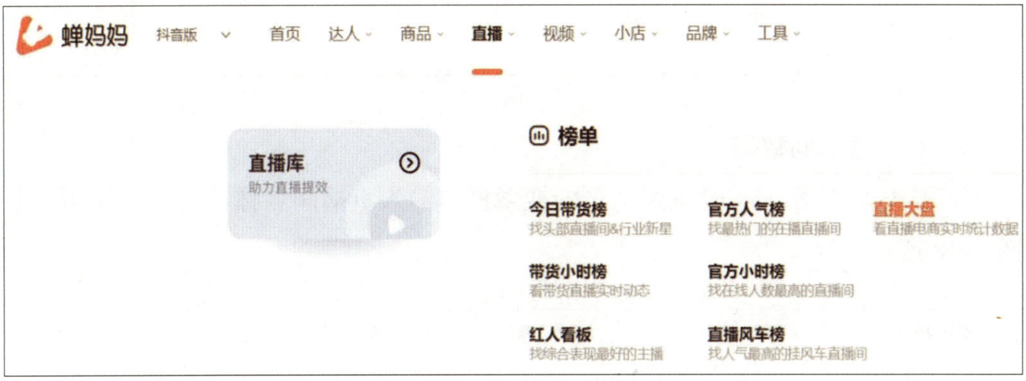

图 3–14　蝉妈妈直播大盘数据界面

选择“销售额热度”，时间设置为“过去 7 天”。此时，界面显示过去 7 天与再往前 7 天的销售额热度趋势，如图 3–15 所示。

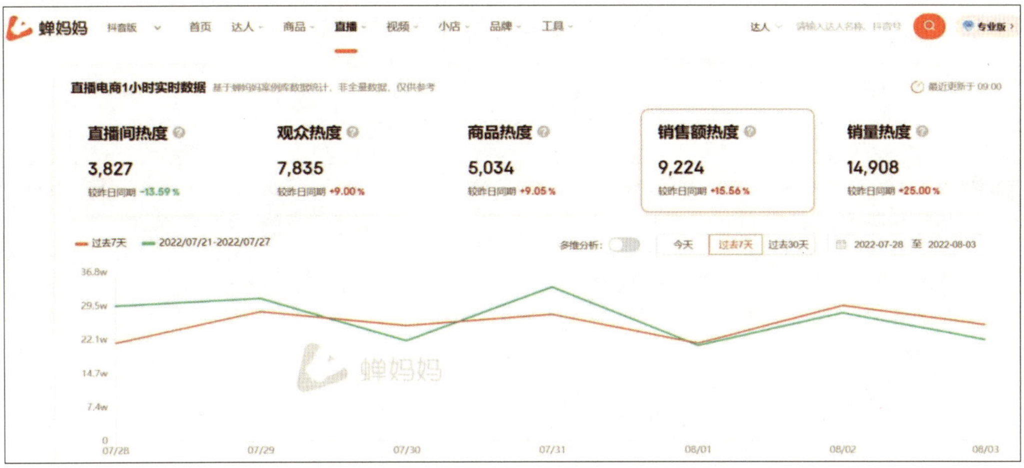

图 3–15　过去 7 天与再往前 7 天的销售额热度趋势

如图 3–16 所示，用户还可以查看“服饰内衣”在过去 7 天与再往前 7 天的直播数据及变动幅度。

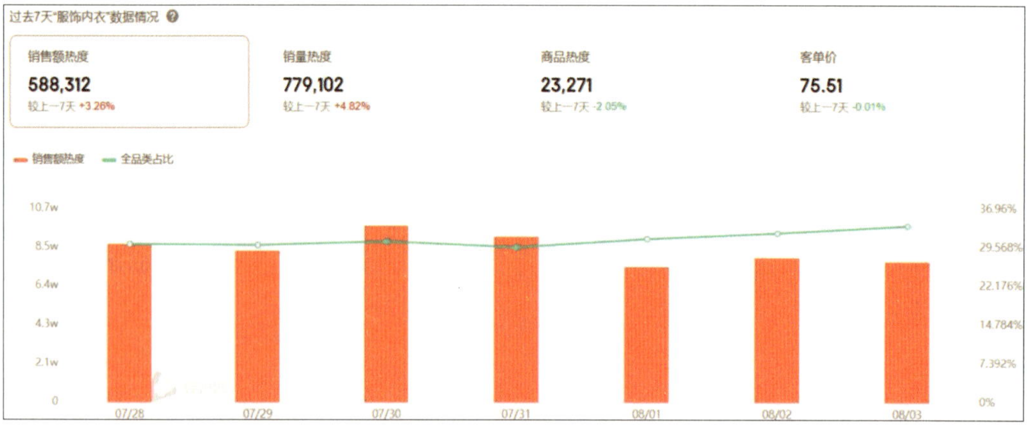

图 3–16　“服饰内衣”过去 7 天与再往前 7 天的直播数据

2. 统计直播间数据

如图 3–17 所示，在蝉妈妈主页的搜索框内输入直播间名称，找到直播间，如图 3–18 所示。

图 3–17　蝉妈妈达人搜索界面

图 3–18　直播间达人搜索结果界面

如图 3-19 所示，进入直播间数据大屏。

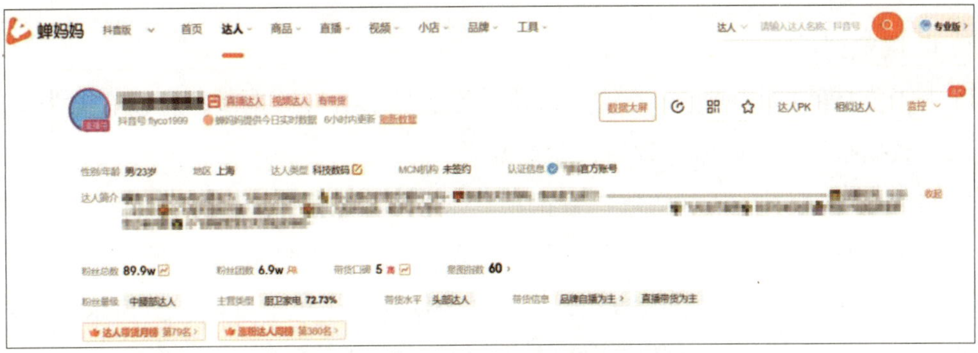

图 3-19　直播间达人数据界面

如图 3-20 所示，在“直播分析”→“直播记录”界面，选择“30 天”→“导出数据”。

图 3-20　直播分析界面

图 3-21 为导出的直播数据 Excel 表。直播销售员可以对直播间近 30 天的数据进行统计分析。

	A	B	C	D	E	F
1	直播场次	开播时间	人气峰值	商品数	预估销量	预估销售额
2	浪漫[illegible]快乐~	08-04 09:00	218	15	528	129443
3	浪漫[illegible]快乐~	08-03 09:00	234	15	1613	409730
4	浪漫[illegible]快乐~	08-02 07:30	424	16	2585	676672
5	浪漫[illegible]快乐~	08-01 07:30	647	16	5348	1382994
6	浪漫[illegible]快乐~	07-31 07:30	1951	17	19216	3964168
7	浪漫[illegible]快乐~	07-30 07:30	2576	17	26727	5154838
8	浪漫[illegible]快乐~	07-29 07:30	1803	17	20280	3856260
9	浪漫[illegible]快乐~	07-28 07:30	2414	17	19922	3822703
10	浪漫[illegible]快乐~	07-27 07:30	3275	16	20055	4034152
11	浪漫[illegible]快乐~	07-26 07:30	1844	16	19451	3917435
12	浪漫[illegible]快乐~	07-25 07:30	1974	16	18798	3796595
13	浪漫[illegible]快乐~	07-24 07:30	1668	16	15996	3217398
14	浪漫[illegible]快乐~	07-23 07:30	1292	18	11598	2326010
15	浪漫[illegible]快乐~	07-22 07:30	598	17	7573	1528257
16	浪漫[illegible]快乐~	07-21 07:30	994	16	7901	1594681
17	浪漫[illegible]快乐~	07-20 07:31	769	16	5211	1052226
18	浪漫[illegible]快乐~	07-19 07:30	358	15	2939	593658
19	浪漫[illegible]快乐~	07-18 07:30	179	15	2976	606047
20	浪漫[illegible]快乐~	07-17 07:30	155	15	1894	384303

图 3-21　直播数据 Excel 表

三、营销数据的 Excel 表统计方法

1. 隐藏列

由于直播间的数据指标比较多，满屏无法显示所有数据项，所以有时为了分析某个数据指标，而隐藏邻近的其他数据项。

例如，隐藏“上架商品数”数据项。如图 3–22 所示，鼠标选中 J 列数据项后，单击鼠标右键显示工具栏，选择“隐藏”功能。如图 3–23 所示，J 列数据便被隐藏起来了。同理，鼠标选择 I、K 两列数据项后，单击鼠标右键显示工具栏，选择“取消隐藏”功能，可以让“上架商品数”数据项重新显示出来。

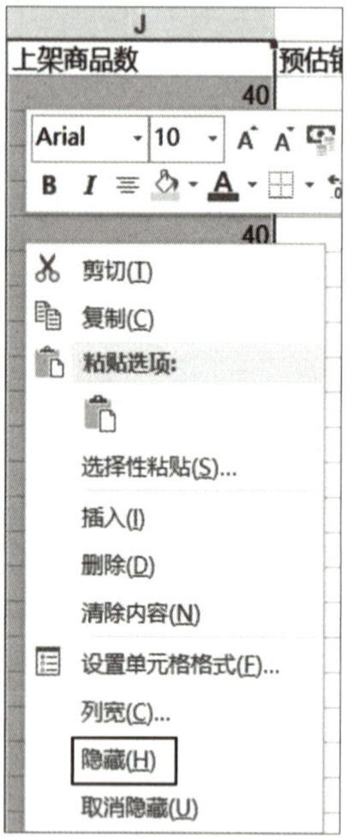

图 3–22　“隐藏”功能界面

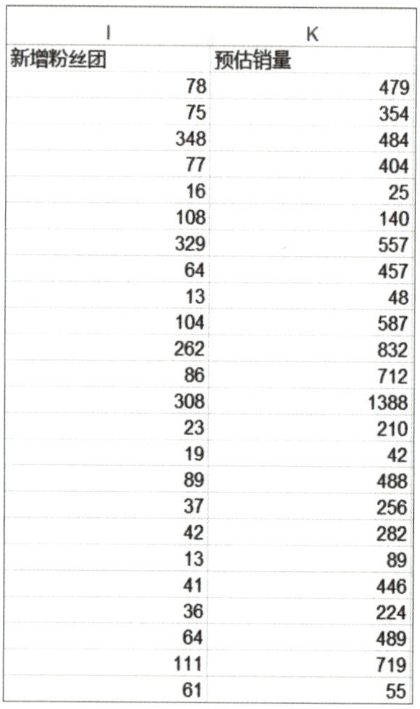

I	K
新增粉丝团	预估销量
78	479
75	354
348	484
77	404
16	25
108	140
329	557
64	457
13	48
104	587
262	832
86	712
308	1388
23	210
19	42
89	488
37	256
42	282
13	89
41	446
36	224
64	489
111	719
61	55

图 3–23　J 列数据项被隐藏界面

2. 排序

利用“排序”功能对某个指标进行比较，有助于进一步查找分析该指标数值变化的原因。

例如，按照“预估销售额”降序方式，对直播间数据表进行排序。如图 3–24 所示，鼠标停在“预估销售额”数据项的任意位置，单击鼠标右键显示工具栏，然后，依次选择“排序”→“降序”。如图 3–25 所示，选择“扩展选定区域（E）”选项后，单击“排序”按钮。如图 3–26 所示，得到按照“预估销售额”降序排序的新数据表。

图 3–24 “排序”界面

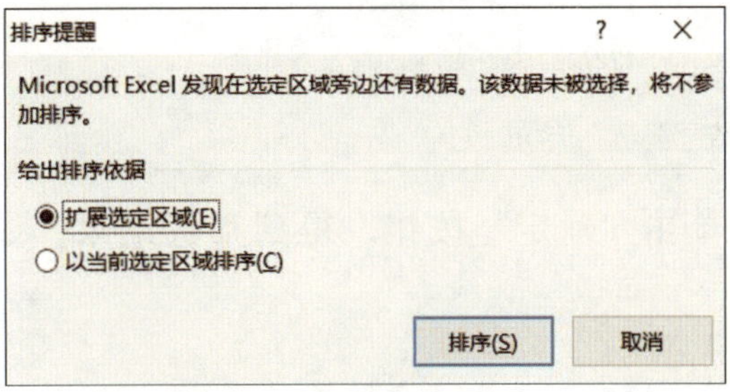

图 3–25 排序方式界面

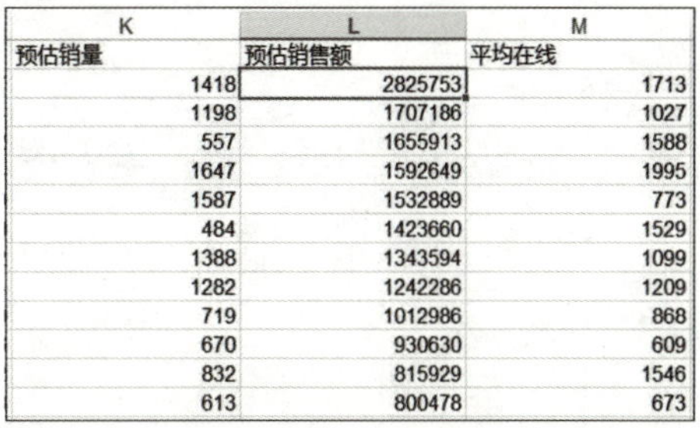

K 预估销量	L 预估销售额	M 平均在线
1418	2825753	1713
1198	1707186	1027
557	1655913	1588
1647	1592649	1995
1587	1532889	773
484	1423660	1529
1388	1343594	1099
1282	1242286	1209
719	1012986	868
670	930630	609
832	815929	1546
613	800478	673

图 3–26 按“预估销售额”降序排序结果界面

3. 筛选

筛选出“本场点赞”数大于等于 50 000 的直播数据。依次选择“数据”→“筛选”，此时在 Excel 表的每个字段名上都会出现一个筛选箭头，如图 3–27 所示。

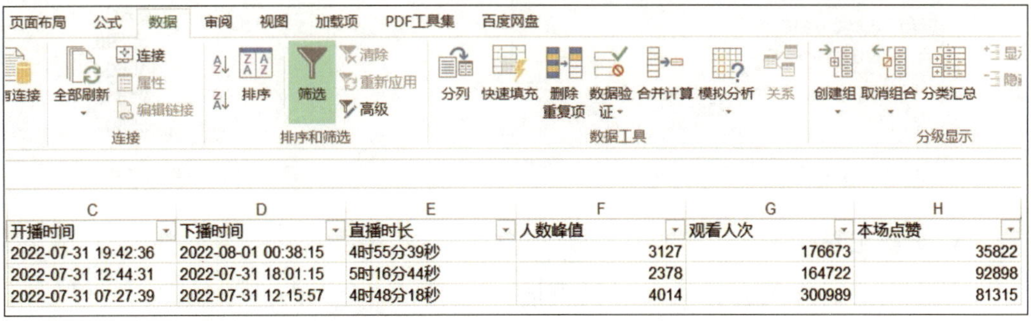

C 开播时间	D 下播时间	E 直播时长	F 人数峰值	G 观看人次	H 本场点赞
2022-07-31 19:42:36	2022-08-01 00:38:15	4时55分39秒	3127	176673	35822
2022-07-31 12:44:31	2022-07-31 18:01:15	5时16分44秒	2378	164722	92898
2022-07-31 07:27:39	2022-07-31 12:15:57	4时48分18秒	4014	300989	81315

图 3–27 “筛选”状态界面

如图 3–28 所示，单击“本场点赞”字段的筛选箭头，选择“数字筛选”→“大于或等于”。

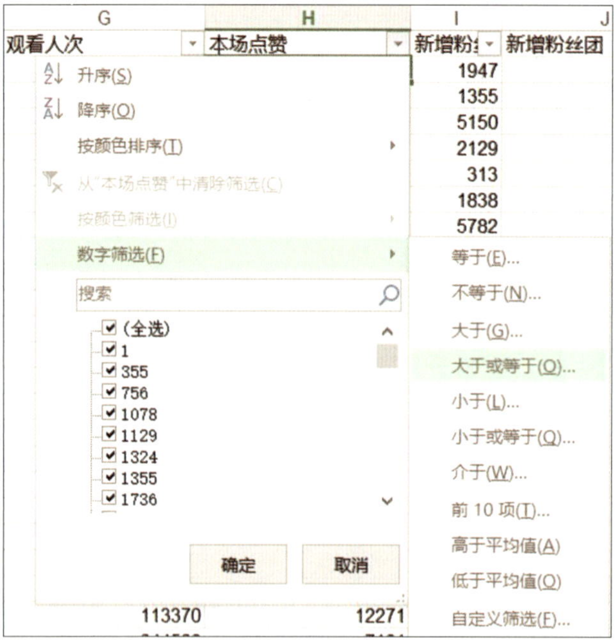

图 3–28　“数字筛选”界面

如图 3–29 所示，输入“50 000”，单击“确定”按钮，得到筛选结果，如图 3–30 所示。

图 3–29　“自定义自动筛选方式”界面

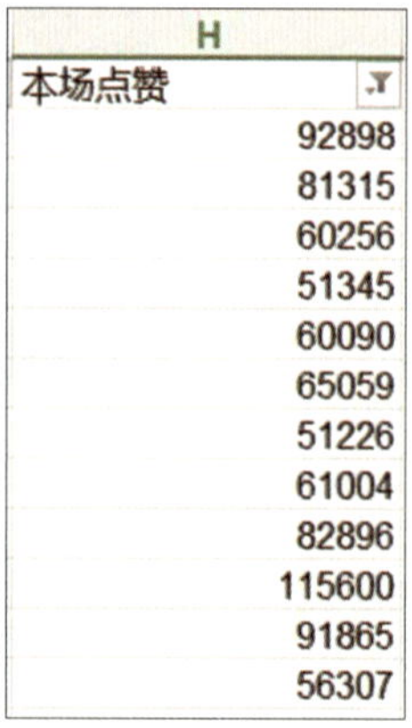

图 3–30　筛选结果

4. 分类汇总

有些直播间每天会分几个时段直播，为了统计全天的直播数据，可以使用 Excel 的分类汇总命令。

例如，某直播间 7 月份每天分为早上、下午和晚间 3 个时段直播，可以将每天的相关数据进行分类汇总，如图 3–31 所示。

	A	B	C	D	E	F	G	H	I	J	K	L	M	N	O	P	Q	R	S
1	标题	开播日期	开播时间	下播时间	直播时长	人数峰值	观看人次	本场点赞	新增粉丝	新增粉丝	上架商品数	预估销量	预估销售额	平均在线	平均停留时长	用户人均价值	客单价	转化率	弹幕总数
2		2022/7/31	2022-07-31 19:42:36	2022-08-01 00:38:15	4时55分39秒	3127	176673	35822	1947	78	40	479	505338	623	1分8秒	2.9	1055	0.27%	5231
3		2022/7/31	2022-07-31 12:44:31	2022-07-31 18:01:15	5时16分44秒	2378	164722	92898	1355	75	40	354	351023	685	1分18秒	2.1	991.6	0.21%	9648
4		2022/7/31	2022-07-31 07:27:39	2022-07-31 12:15:57	4时48分18秒	4014	300989	81315	5150	348	40	484	1423660	1529	1分25秒	4.7	2941.4	0.16%	13885
5		2022/7/30	2022-07-30 20:45:30	2022-07-31 01:29:54	4时44分24秒	2665	203185	15643	2129	77	40	404	543010	746	1分10秒	2.7	1344.1	0.20%	5947
6		2022/7/30	2022-07-30 19:43:34	2022-07-30 20:30:21	46分47秒	1387	31390	6007	313	16	40	25	60649	734	1分5秒	1.9	2426	0.08%	1160
7		2022/7/30	2022-07-30 12:41:41	2022-07-30 19:16:18	6时34分37秒	1871	204455	49352	1838	108	42	140	406062	674	1分16秒	2	2900.4	0.07%	11094
8		2022/7/30	2022-07-30 07:29:41	2022-07-30 12:12:18	4时42分37秒	3689	285374	60256	5782	329	42	557	1655913	1588	1分33秒	5.8	2972.9	0.19%	15918
9		2022/7/29	2022-07-29 20:55:31	2022-07-30 00:53:12	3时57分41秒	3559	159980	15555	1794	64	41	457	514362	853	1分11秒	3.2	1125.5	0.29%	4659
10		2022/7/29	2022-07-29 19:57:38	2022-07-29 20:41:38	44分	2585	30361	7380	274	13	42	48	47436	633	53秒	1.6	988.3	0.16%	679
11		2022/7/29	2022-07-29 12:44:29	2022-07-29 19:33:03	6时48分34秒	1624	225181	51345	3547	104	42	587	578829	734	1分21秒	2.6	986.1	0.26%	11238
12		2022/7/29	2022-07-29 07:26:53	2022-07-29 12:10:34	4时43分41秒	4250	313006	60090	6655	262	42	832	815929	1546	1分21秒	2.6	980.7	0.27%	14412
13		2022/7/28	2022-07-28 19:45:46	2022-07-29 01:39:11	5时53分25秒	4338	200130	3788	2614	86	42	712	730680	726	1分9秒	3.7	1026.2	0.36%	5886
14		2022/7/28	2022-07-28 07:39:53	2022-07-28 19:00:45	11时20分52秒	4026	514802	35793	10661	308	42	1388	1343594	1099	1分15秒	2.6	968	0.27%	14424
15		2022/7/27	2022-07-27 19:45:02	2022-07-28 00:28:43	4时43分41秒	2182	118373	5295	935	23	41	210	237875	353	56秒	2	1132.7	0.18%	4237
16		2022/7/27	2022-07-27 12:45:09	2022-07-27 18:02:22	5时17分13秒	1430	83162	3771	549	19	41	42	53736	174	37秒	0.6	1279.4	0.05%	2407
17		2022/7/27	2022-07-27 07:27:34	2022-07-27 12:19:38	4时52分4秒	2861	203248	18220	3254	89	41	488	417743	948	1分18秒	2	856	0.24%	4769
18		2022/7/26	2022-07-26 19:45:36	2022-07-27 00:30:08	4时44分32秒	820	96500	4343	821	37	40	256	251626	248	47秒	2.6	982.9	0.27%	3681
19		2022/7/26	2022-07-26 12:35:35	2022-07-26 18:01:54	5时26分19秒	933	100173	3025	798	42	40	282	284368	284	52秒	2.8	1008.4	0.28%	3460
20		2022/7/26	2022-07-26 07:23:22	2022-07-26 12:01:32	4时38分10秒	927	66150	5543	561	13	39	89	93945	179	44秒	1.4	1055.6	0.13%	2526
21		2022/7/25	2022-07-25 19:39:25	2022-07-26 00:37:03	4时57分38秒	1022	114666	3936	878	41	39	446	483968	292	49秒	4.2	1085.1	0.39%	3641
22		2022/7/25	2022-07-25 12:44:07	2022-07-25 18:04:36	5时20分29秒	845	98945	5766	838	36	39	224	261810	248	46秒	2.6	1168.8	0.23%	4178
23		2022/7/25	2022-07-25 07:26:53	2022-07-25 12:13:38	4时46分45秒	1493	113370	12271	1391	64	39	489	534011	528	1分17秒	4.7	1092	0.43%	4250

图 3–31　某直播间 7 月份的直播数据（部分截图）

如图 3–32 所示，选择“数据”→“分类汇总”。如图 3–33 所示，在“分类汇总”选项框中，选择“观看人次”“本场点赞”“新增粉丝”“新增粉丝团”“预估销量”“预估销售额”“弹幕总数”作为汇总项。图 3–34 为分类汇总结果。

图 3–32　“分类汇总”功能选择界面

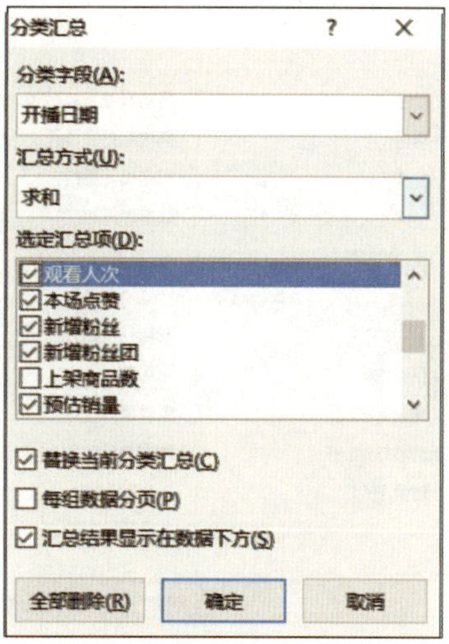

图 3–33　“分类汇总”选项框

	A	B	G	H	I	J	L	M	S
1	标题	开播日期	观看人次	本场点赞	新增粉丝	新增粉丝团	预估销量	预估销售额	弹幕总数
5		2022/7/31 汇总	642384	210035	8452	501	1317	2280021	28764
10		2022/7/30 汇总	724404	131258	10062	530	1126	2665634	34119
15		2022/7/29 汇总	728528	134370	12270	443	1924	1956556	30988
18		2022/7/28 汇总	714932	39581	13275	394	2100	2074274	20310
22		2022/7/27 汇总	404783	27286	4738	131	740	709354	11413
26		2022/7/26 汇总	262823	12911	2180	92	627	629939	9667
30		2022/7/25 汇总	326981	21973	3107	141	1159	1279789	12069
35		2022/7/24 汇总	682393	184450	6858	452	1694	2047766	34089
40		2022/7/23 汇总	798384	173148	9431	631	2236	3751357	47495
44		2022/7/22 汇总	453789	69744	4700	229	1293	1386891	15435
48		2022/7/21 汇总	327874	22536	3554	121	805	714251	9106
52		2022/7/20 汇总	425684	27510	5209	161	1294	1148752	12708
56		2022/7/19 汇总	683762	52604	13555	465	1748	1686856	19908
60		2022/7/18 汇总	163514	4092	1195	24	388	363832	5454

图 3–34　分类汇总结果

有时直播销售员为了对分类汇总后的数据做进一步分析，需要把分类汇总结果复制到一个新的 Excel 表中。由于分类汇总隐藏了有关的明细数据，所以不能直接用复制粘贴的方法。如图 3–35 所示，选择“开始”→“查找和选择”→“定位条件”。如图 3–36 所示，选择“可见单元格（Y）”，单击“确定”按钮。对所选数据进行复制、粘贴操作，将分类汇总数据粘贴到新 Excel 表内，如图 3–37 所示。

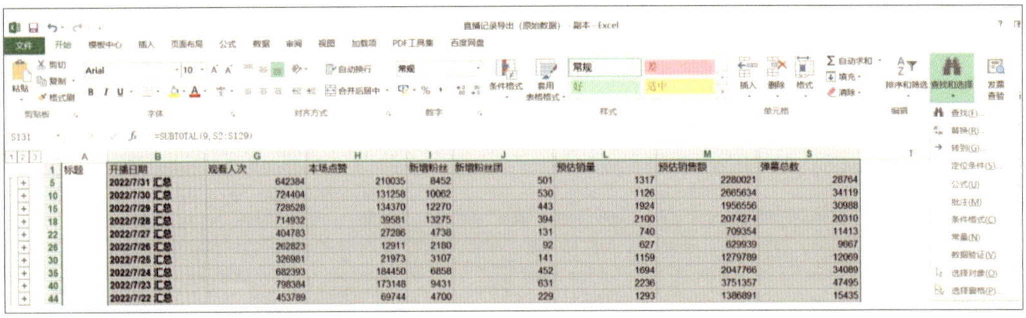

图 3–35　“定位条件”选择界面

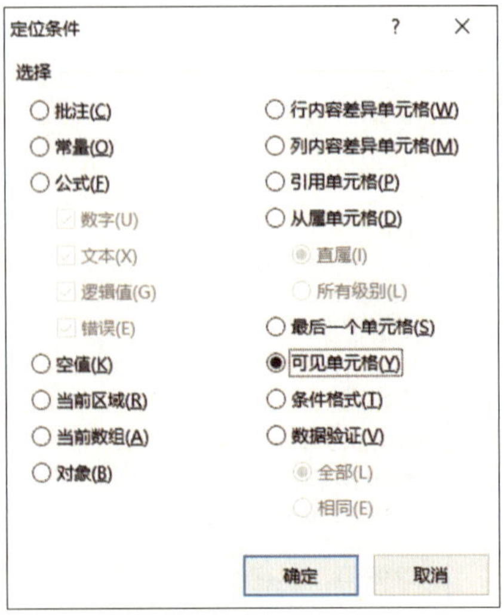

图 3–36　“定位条件”对话框

	A	B	C	D	E	F	G	H
1	开播日期	观看人次	本场点赞	新增粉丝	新增粉丝团	预估销量	预估销售额	弹幕总数
2	**2022/7/31 汇总**	642384	210035	8452	501	1317	2280021	28764
3	**2022/7/30 汇总**	724404	131258	10062	530	1126	2665634	34119
4	**2022/7/29 汇总**	728528	134370	12270	443	1924	1956556	30988
5	**2022/7/28 汇总**	714932	39581	13275	394	2100	2074274	20310
6	**2022/7/27 汇总**	404783	27286	4738	131	740	709354	11413
7	**2022/7/26 汇总**	262823	12911	2180	92	627	629939	9667
8	**2022/7/25 汇总**	326981	21973	3107	141	1159	1279789	12069

图 3–37　完成复制分类汇总结果的新 Excel 表

此外，还可以按照“预估销售额”降序排序，比较每天的“预估销售额”，如图 3–38 所示。

	A	B	C	D	E	F	G	H
1	开播日期	观看人次	本场点赞	新增粉丝	新增粉丝团	预估销量	预估销售额	弹幕总数
2	**总计**	13212367	1906641	174523	7166	36028	40552517	529333
3	**2022/7/23 汇总**	798384	173148	9431	631	2236	3751357	47495
4	**2022/7/30 汇总**	724404	131258	10062	530	1126	2665634	34119
5	**2022/7/31 汇总**	642384	210035	8452	501	1317	2280021	28764
6	**2022/7/28 汇总**	714932	39581	13275	394	2100	2074274	20310
7	**2022/7/24 汇总**	682393	184450	6858	452	1694	2047766	34089
8	**2022/7/29 汇总**	728528	134370	12270	443	1924	1956556	30988
9	**2022/7/9 汇总**	406470	99886	4761	207	1335	1924938	21840
10	**2022/7/12 汇总**	725621	37600	14409	365	1857	1800031	19647
11	**2022/7/10 汇总**	636336	126379	10189	337	1701	1695895	34898
12	**2022/7/19 汇总**	683762	52604	13555	465	1748	1686856	19908
13	**2022/7/2 汇总**	400325	119421	4794	245	1359	1595158	22177
14	**2022/7/22 汇总**	453789	69744	4700	229	1293	1386891	15435
15	**2022/7/25 汇总**	326981	21973	3107	141	1159	1279789	12069
16	**2022/7/16 汇总**	389847	27958	5838	204	1366	1172452	14221
17	**2022/7/20 汇总**	425684	27510	5209	161	1294	1148752	12708
18	**2022/7/13 汇总**	381661	20668	5376	185	1214	1119191	12706
19	**2022/7/3 汇总**	322020	107428	2889	172	945	1079706	19487
20	**2022/7/17 汇总**	367936	18110	4020	164	1184	1020530	10188
21	**2022/7/15 汇总**	297472	24122	3812	158	997	939263	10221

图 3–38　按照“预估销售额”降序排序的分类汇总表

5. 数据透视表

图 3–39 为 5 个省份不同年龄段的销售额统计表，将表中数据全选，按图 3–40 所示，点击“插入”→“数据透视表”后，打开“创建数据透视表”对话框，如图 3–41 所示。

在“创建数据透视表”对话框中，选择“选择一个表或区域（S）”，并选择将数据透视表放置在“新工作表（N）”，如图 3–42 所示。单击“确定”按钮，便建立了数据透视表框架，如图 3–43 所示。将“客户地域”字段拖至“行”，“客户年龄”字段拖至“列”，“销售额”字段拖至“值”，得到不同区域不同年龄段的销售额数据透视表如图 3–44、图 3–45 所示。

客户地域	客户年龄	销售额
江苏	36-45岁	12534
江苏	25岁及以下	18267
江苏	26-35岁	12260
江苏	36-45岁	13031
江苏	45岁以上	36671
江苏	26-35岁	15856
江苏	45岁以上	13069
浙江	26-35岁	13950
浙江	36-45岁	20757
浙江	25岁及以下	29678
浙江	45岁以上	24376
浙江	36-45岁	22224
浙江	26-35岁	28623
江西	45岁以上	30551
江西	26-35岁	32168
江西	25岁及以下	10688
江西	45岁以上	14501
江西	25岁及以下	31730
江西	36-45岁	32008
安徽	45岁以上	29505
安徽	26-35岁	25209
安徽	25岁及以下	16001
安徽	36-45岁	20686
安徽	26-35岁	34121
安徽	45岁以上	36721
上海	25岁及以下	25111
上海	26-35岁	27234
上海	36-45岁	15081
上海	26-35岁	21542
上海	26-35岁	24863
上海	45岁以上	35126

图 3–39　5 个省份不同年龄段的销售额统计表

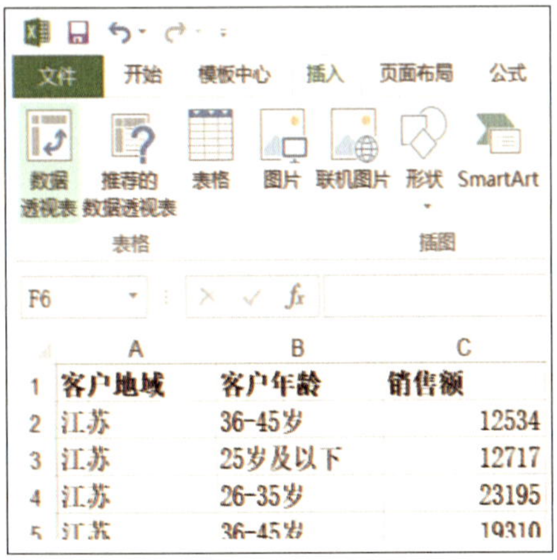

图 3–40　插入“数据透视表”界面

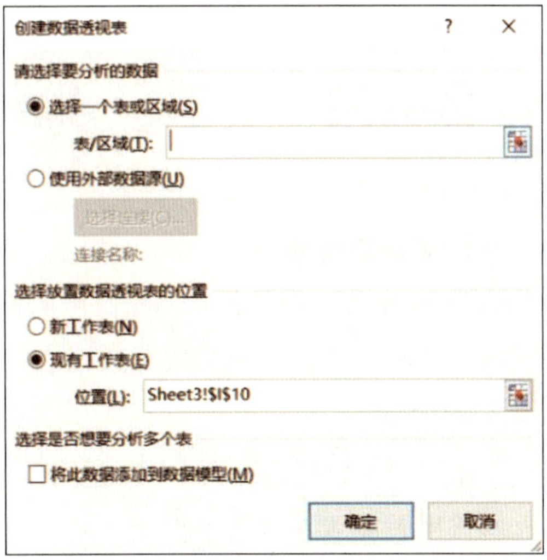

图 3–41　“创建数据透视表”对话框

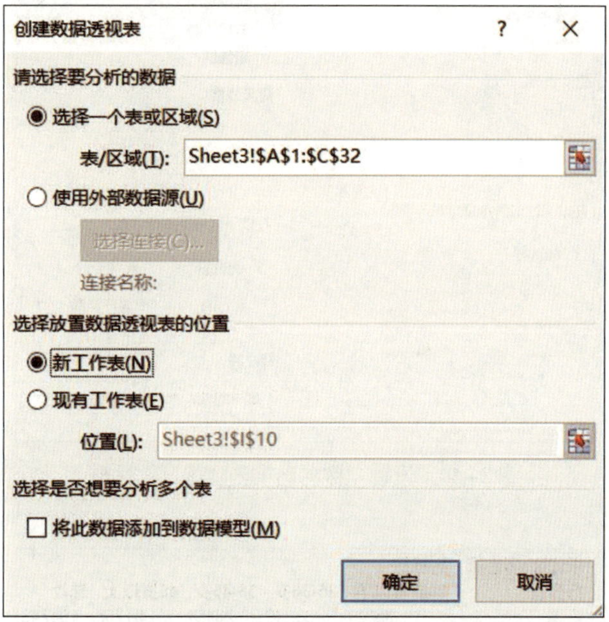

图 3-42 设置“数据透视表”对话框

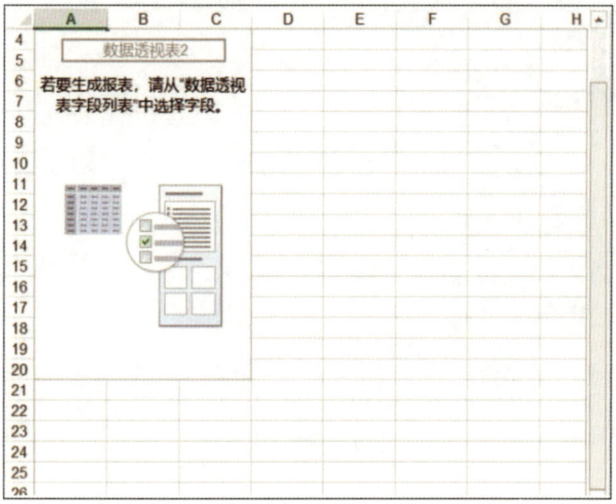

图 3-43 新数据透视表框架

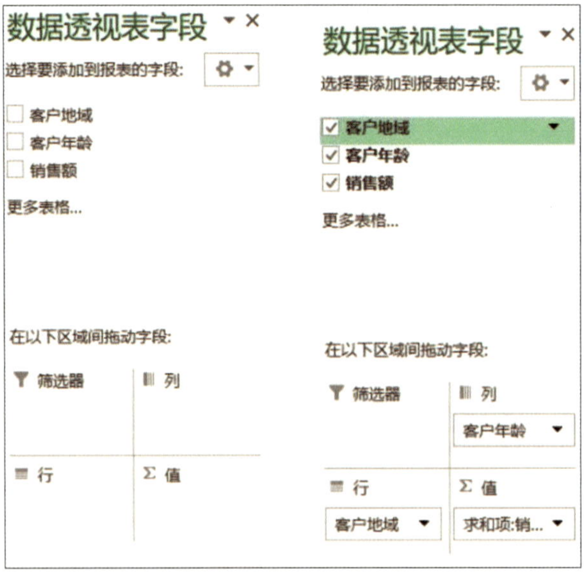

图 3-44　设置“数据透视表字段”对话框

求和项:销售额	列标签				
行标签	25岁及以下	26-35岁	36-45岁	45岁以上	总计
安徽	36327	63260	23451	61705	184743
江苏	12717	50846	31844	57742	153149
江西	40760	28810	38454	41647	149671
上海	10280	64454	26857	18141	119732
浙江	22491	49030	48661	34093	154275
总计	**122575**	**256400**	**169267**	**213328**	**761570**

图 3-45　不同区域不同年龄段的销售额数据透视表

中级

职业模块 四 工作准备

培训项目 1 宣传准备

培训单元 1 制作、发布直播产品专属宣传素材

培训重点

直播产品海报、短视频、文章宣传及制作技巧。

知识要求

直播产品专属宣传素材可以利用媒体的公信力树立一种消费导向和产品品牌形象，向潜在用户宣传产品。常见的宣传素材包括海报、短视频、文章等。

一、直播产品海报宣传及制作技巧

在海报设计中，一般需要写明活动的性质、主办方、时间、地点、对象等基本信息，要求文本简洁明了。直播产品海报制作技巧如下。

1. 装饰元素的使用

点、线、面是最基础的平面设计元素，在海报中添加这些简单又具有设计感的元素可以让画面显得饱满。但对于直播产品宣传海报的设计，选择什么样的装饰元素，要根据直播主题决定，起到衬托画面、烘托促销氛围的作用。

2. 产品图片的使用

产品图片是产品宣传中使用最广泛的一种素材。产品图片可以从多个角度

展现产品的样式和质感，特别是具有较高创意的图片能够激发用户的购买欲望。

直播产品海报中的产品图有两种设计形式：一是堆品，适合品类主题的直播；二是单个产品，适合有明星做客的直播。

3. 嘉宾背书

在设计单人嘉宾的直播产品海报时，人物一般占据版面的 2/3 区域。

二、直播产品短视频宣传及制作技巧

短视频既具有电视短片的优点（如感染力强、形式内容多样、创意新颖），又有互联网营销的优点（如互动性、主动传播性、传播速度快、成本低廉），是一种立体化的宣传方法。制作直播产品短视频技巧如下。

1. 节奏紧凑

直播产品短视频需要在很短的时间内表达尽可能多的信息，节奏尽量紧凑，在短时间内展现出商家想要表达的内容。

2. 避免平剪

在做直播产品短视频剪辑的时候，最好不要运用平剪的手法，避免短视频单调乏味。

3. 配音合适

配音也是短视频剪辑的重要组成部分。在为直播产品短视频配音时，要注意选择与短视频内容相匹配的配音。

三、直播产品文章宣传及制作技巧

专业的发稿公司利用媒体资源可以将文章发布到各大媒体及新闻网站。有的发稿公司甚至以新闻通稿的模式，在数百家网站同时发布。直播产品文章制作技巧如下。

1. 主题被目标用户普遍欢迎

直播产品宣传文章写作之前，要明确主题方向，必须确保主题为相当一部分人群所关心的，才有机会形成高效传播。

2. 标题激发目标用户情感共鸣

标题是直播产品宣传文章创作的重头戏，一个好标题可以带来巨大的流量，根源就在于和目标用户产生了很强的情感共鸣。

3. 正文为用户提供价值

这个价值主要是非产品性的，可以是行业的知识技巧，也可以是社会热点信息，能够给用户带来知识，帮助其建立正确的认知，纠正之前存在的误区，为用户提供实实在在的帮助。商家给予用户的越多，从用户那里得到的回报也越多，从而形成良性循环，不断积累和提升商家的口碑和形象。

4. 产品卖点有效融合主题

直播产品宣传文章的最终目标是服务于产品销售，脱离了这个目标就不能称为“软文营销”，因此内容必须包含产品卖点。这种包含绝不是直截了当的广告式展现，而是在内容中自然而然的展现，成为内容的一部分。

5. 情感碰撞引发共鸣

一篇优质的直播产品宣传文章要与用户产生共情，能照顾到用户内心的感受，突出用户的真实需求，让用户看到文章就有购买产品的冲动。高质量的创作就是要赋予直播产品宣传文章情感意义，与用户的心灵互联互通，进而有效地传递产品价值。

四、直播产品专属宣传素材发布

制作好直播产品专属宣传海报、短视频与文章等素材之后，确定直播时间，然后把直播产品专属宣传素材发布在各类平台，加以推广，达到引流的目的。

技能操作

技能　发布直播产品专属宣传素材

一、操作准备

1. 确定发布直播产品的种类、时间及相关信息。
2. 充分了解直播产品、市场。

二、操作要求

1. 确保宣传素材内容的合法性、真实性，无侵权行为。
2. 宣传素材要明确说明直播信息。

3. 宣传素材要主题清晰、突出卖点、简洁明了。

三、操作程序

1. 基本程序

制作直播产品海报→制作直播产品短视频→制作直播产品宣传文章→发布直播产品专属宣传素材。

2. 具体步骤

步骤 1　制作直播产品海报

如图 4–1 所示，写明直播主题、性质、时间、地点、产品和订阅二维码等基本信息。

图 4–1　直播产品海报

步骤 2　制作直播产品短视频

如图 4–2 所示，制作以内容为核心、创意为导向、精心策划的短视频内容，在各类视频网站进行产品营销与品牌传播。

步骤 3　制作直播产品宣传文章

如图 4–3 所示，宣传文章要主题明确，内容突出产品卖点。

图 4-2　直播产品短视频静态图

图 4-3　直播产品宣传文章

步骤 4　发布直播产品专属宣传素材

如图 4–4 所示，将直播产品专属宣传素材按计划在各大平台发布，注意发布次序、时间、和用户反应等。

图 4–4　发布直播产品专属宣传素材

培训单元 2　制订、执行跨平台宣传计划

培训重点

1. 跨平台宣传计划制订。
2. 直播宣传预热准备。
3. 跨平台宣传计划执行。

知识要求

一、部分宣传平台介绍

1. 社交类

社交类平台让交流不受时间和空间的约束，已渗透到人们的日常生活中，其优势是用户之间可以互动交流，用户黏性强。

（1）微信。微信是为智能终端提供即时通信服务的免费应用程序。微信支持跨通信运营商、跨操作系统平台，通过网络快速发送语音、视频、图片和文字。公众号、朋友圈、视频号等是常用的微信宣传渠道。

（2）微博。微博的用户活跃度和号召力非常强大，是国内最大的网络舆论平台，是品牌营销公关的重要载体。商家可以通过微博热搜话题、图文消息、活动链接、品牌联动、推广代言等信息打造更加年轻化、个性化的形象，强化与用户的交流互动，拉近与用户的距离。

（3）小红书。小红书涵盖护肤、彩妆、时尚穿搭、家居好物等内容，精准的垂直定位和爆款笔记是小红书成功运营的关键。对于做时尚生活产品的商家来说，小红书是不二选择。

（4）论坛。论坛起步于互联网普及初期，也叫 BBS。它是一个和网络技术有关的网上交流场所，发帖是在论坛进行宣传的主要方式。论坛平台主要有百度贴吧、豆瓣、猫扑、天涯等。

2. 问答类

问答类平台可以巧妙地将品牌口碑、服务、广告植入内容，因为针对性强，精准度比较高，主要用于软性植入、推广。

（1）知乎是以知识问答为核心的高质量问答社交平台，以内容营销为主。知乎聚集了高质量的原创内容，用户多数分布在一二线城市，男女比例相当，20 ~ 35 岁为主力军，收入高、学历和文化水平高、购买力强。

（2）其他问答类的平台还有百度知道、悟空问答、360 问答、搜狗问问等。

3. 自媒体类

自媒体类平台是用户获取最新资讯的首选途径，曝光率高，流量巨大，吸引了很多商家和自媒体入驻。

（1）今日头条由北京字节跳动科技有限公司开发，是目前流量最大的自媒体平台，支持内容丰富，包括长图文、短视频、短内容、问答等。

（2）百家号是百度推出的自媒体平台，依靠百度的搜索流量。百家号分发渠道有手机百度、百度浏览器、百度搜索、百度新闻等，也是众多企业号实现营销转化的运营渠道。

（3）大鱼号是阿里旗下的内容创作平台，创作的内容可以分发到土豆、优酷等阿里文娱旗下多端平台。

（4）腾讯内容开放平台是腾讯旗下的自媒体平台，创作的内容可以分发到腾讯新闻、微信新闻、QQ 新闻、QQ 浏览器等平台。

（5）简书是一个优质的创作社区，编辑排版简洁、门槛低，比较适合新手。

4. 短视频

短视频一般介于 15 s ～ 5 min，因为内容短小精悍、易传播等特征成为近几年最火的新媒体。目前比较流行的短视频平台有抖音、快手、腾讯微视、秒拍、美拍等。抖音是一个面向全年龄、全方位的短视频平台。腾讯微视结合了微信和 QQ 等社交平台，用户可以将腾讯微视上的视频分享给好友和社交平台。

5. 直播平台

网络直播最大的特点是直观性、互动性、极强的代入感，可以超越地域限制的特性成为商家引流变现的重要新媒体渠道。直播主要分为讲解类直播、游戏类直播、销售类直播及娱乐类直播。

淘宝、抖音、快手、西瓜视频等主要是销售类直播。

斗鱼、虎牙直播等是游戏类直播。

花椒直播、陌陌、YY 直播是包含音乐、科技、户外、体育、游戏等内容的娱乐类直播。

6. 长视频

长视频区别于国内众多视频分享网站主打的短视频，主要由专业公司完成制作，内容有深度、成本高。长视频相比于短视频更能让用户产生共情，有助于对内容的深度理解。常见的长视频平台有哔哩哔哩（简称 B 站）、爱奇艺、腾讯、优酷等。

二、跨平台宣传计划制订

1. 确定销售目标

根据上一个销售周期的销售额，按照一定的目标增长比例（如 10% 或 20%），确定本周期的销售额。销售目标要合理，不宜过高或过低。同时，销售目标要具体到月度，做到责任到人、量化到人、细分到具体工作。

2. 明确宣传目标

宣传目标要具体、可评可测。例如，此次在某一平台进行宣传，需要完成引流多少的任务，增加多少用户等。

3. 选择宣传平台

选择宣传平台的标准可以是直播产品的潜在用户与宣传平台的用户高度匹配，直播产品的特征与宣传平台的风格比较一致等。

4. 确定宣传内容与形式

商家要根据直播产品的特征、受众人群，确定宣传内容与形式。宣传内容一般涵盖产品功能介绍、优点及直播预告等，宣传形式可以是文章、视频等。

5. 编制宣传预算

商家在进行跨平台宣传时，要合理制定宣传预算，控制宣传成本，特别是要做好多平台资金分配。宣传预算是宣传活动所需费用的计划和控制方法，规定计划期内从事宣传活动所需经费总额和使用范围，是宣传活动得以顺利进行的保证。宣传预算表见表 4–1。

表 4–1 宣传预算表

序号	宣传类型	预计金额（万元）
1	微博	
2	微信	
3	百度	
4	今日头条	
5	小红书	
6	电视媒体	
7	视频网站	
合计		

三、直播宣传预热准备

1. 设置极具吸引力的封面

封面要高清，不得带有营销性质的文字提示，要有视觉冲击，色彩要明亮。

2. 确定一个醒目的标题

标题要尽量从用户最感兴趣的角度入手，可以将产品卖点、促销亮点放在标题上，激起用户对产品的好奇心，字数不要太多，5 ~ 10 个字为宜。

3. 制作直播产品海报、宣传文章和短视频

在确定好宣传平台后，要根据不同宣传平台的用户特点，制作相应的直播产品海报、宣传文章和短视频。

四、直播宣传计划执行

1. 在不同宣传平台发布直播预告

以抖音为例，可以提前 1 ~ 3 h 发布直播预告，平台会把直播预告推荐给不同的用户，把用户引到直播间。所以，在直播预告中，可以说明为用户准备了哪些惊喜。另外，在抖音账号的主页上，添加直播时间，提醒用户即将开播，吸引感兴趣的用户进入直播间。

2. 跟踪宣传活动的反馈效果

由专人跟踪不同平台的宣传效果，统计直播间的流量来源，为今后的宣传工作积累经验。

3. 做好下一场直播预告

保持一定的宣传频次，更新直播预告，保证持续涨粉，避免被用户遗忘。

培训单元 3　汇总统计网络舆情风险信息

培训重点

1. 网络舆情风险等级的判断方法。
2. 网络舆情风险信息汇总统计。

知识要求

一、网络舆情风险等级的判断方法

随着互联网的迅速发展和自媒体的不断涌现，以网络为媒介的互动模式成为反映社会舆论的主要渠道。不同的网络舆情引起的影响截然不同，因此被划分为不同的等级。

1. 网络舆情的界定

网络舆情是现实事件引发的、迅速在网络空间内广泛传播、形成热点舆论、造成或者可能造成社会性风险影响的信息传播活动。

2. 网络舆情事件的分类

根据网络舆情的特点，可以将网络舆情事件划分为：单一事件、连锁事件、一组事件和混合事件。

（1）单一事件。单一事件是指在一段时间内，网络舆情事件虽然发生，但是人们仅就这一件事进行讨论，并没有持续的相关事件发生，也没有与之相类似的事件来进行比较。它是网络舆情最简单的一种形式，属于就事论事型，与其他网络舆情事件关联性较弱。单一事件持续的时间不长，影响较小。

（2）连锁事件。连锁事件类似新闻报道中的连续报道，由于网络舆情具有突发性，当发生某些较大的突发性事件时，人们会对其持续关注，尤其是相关事件在短时期内发生次数较为频繁，更容易引起人们的热议，从而把一连串的事件归为一个集合。

（3）一组事件。一组事件是指不同背景、不同时间、不同地点的事件，因为某种内部相关的联系，引发人们对不同事件相似的观点态度。这些事件有大有小，重要程度也可能有所不同，但是却能引发人们相同的思考。

（4）混合事件。混合事件是连锁事件和一组事件的混合，一般是指重大事件，这类事件影响深远、涉及内容广泛。

3. 网络舆情风险等级的划分

为了针对不同的网络舆情分别采取应对措施，需要根据网络舆情风险的大小对网络舆情进行等级划分，一般可分为以下 4 个等级。

（1）正常级。正常级是指网民正常的、比较分散的信息交流，在网络上引起一定热度，但没有出现对特定事件的聚集性表达或情绪表态。

（2）轻度级。轻度级是指网民对某些网络信息的关注度低，互相之间的表达有一定的重合但重合度不高，传播速度也较慢，属于一般性的、常态化的网络热度形成过程。

（3）中度级。中度级的网络信息一般形成了一定规模，网民的关注度较高，需要引起关注，具有转化为重大级网络舆情的可能。

（4）重大级。重大级的网络热度和公众关注度都已经到了极高的态势，展现出爆发性的网络舆情，还可能从线上舆论引发线下行为的联动。

二、网络舆情风险信息汇总统计

网络舆情传播复杂多变，网络舆情变化也越来越快，面对大量的网络舆情数据，目前主要有以下 2 种汇总统计方式。

1. 专业机构汇总统计

与专业的数据统计机构合作，获得所需的数据信息。

2. 第三方平台汇总统计

通过第三方统计平台或工具，设置关键词，自动搜集汇总统计。对关注的热点事件或者热点话题设置监测关键词，自动搜集全网与之关联的数据，进行整理汇总；自动追踪分析相关网络舆情信息在不同时段的热点趋势变化，生成网络舆情分析图表；自动分析某一网络舆情热点事件的发展趋势，如网络舆情传播声量、传播来源、传播媒体类型、舆论倾向以及情感态度等，并生成网络舆情分析报告。

培训项目 2 直播样品（道具）、出镜者形象准备

培训单元 1 制订样品（道具）搭配计划

培训重点

1. 直播样品陈列的类型。
2. 直播产品配置。
3. 直播样品（道具）搭配计划制订。

知识要求

一、直播样品陈列的类型

恰当的样品陈列有助于烘托直播间的购买氛围。样品陈列的空间设计是直播销售员的舞台，而样品选择是陈列的重点，只有陈列方式、空间设计、样品选择三者合一才能打造出一个完美的直播间。用户进入直播间的第一反应是对样品陈列的视觉感受，样品陈列质量的优劣直接影响用户留存人数和用户的消费意愿。直播间的样品陈列主要有主题式、品类式和组合式 3 个类型。

1. 主题式

主题式样品陈列要求陈列的样品与直播间的主题风格保持一致。例如，销售食品的直播销售员要在直播间陈列某一类食品，如零食、快餐食品等；销售箱

包的直播销售员要在直播间陈列某种特定风格的箱包。主题式样品陈列如图 4–5 所示。

图 4–5　主题式样品陈列

2. 品类式

品类式样品陈列主要是通过多个品类的组合，为用户提供琳琅满目、品类齐全的产品，让用户很容易从中挑选出自己心仪的产品。图 4–6 为某直播销售员的直播间，陈列的产品品类繁多，给用户提供了多种选择。

图 4–6　品类式样品陈列

3. 组合式

组合式样品陈列主要是强调产品与产品之间的紧密联系和搭配，引导用户将产品组合起来同时下单。图 4–7 是某服饰类直播间，直播销售员通过试穿裤子和上衣，并展示不同的颜色搭配方法，引导用户购买套装。对于美食类产品，直播销售员可以把美食和制作美食的设备组合推荐销售，如将面包和面包机进行组合、牛排和红酒进行组合等。但需要注意，尽量不要把品类相似、价格相似的产品在直播间一起陈列。

图 4–7　组合式样品陈列

二、直播产品配置

1. 直播产品类型

（1）引流款。引流款是指为直播间带来流量的产品，也叫留人款。

（2）福利款。福利款是指无利或微利，特别受欢迎，性价比很高的产品。

（3）利润款。利润款是指提高直播间整体利润率的产品。

（4）常规款。常规款是指直播间里按照常规定价销售的产品。

（5）形象款。形象款是指提升直播间格调的产品。

2. 直播产品类型的选择

（1）引流款的选择

1）普适性。普适性是指大多数人都认识，大部分人都需要。

2）性价比高。性价比高是指一眼就能看出来这个产品比其他同类产品具有吸引力和低价高质的特点。

3）采购成本低。采购成本低是指有供应链优势，能实现较低的采购成本。

4）品牌优势。品牌优势是指知名品牌能够吸引用户。

（2）福利款的选择

1）性价比高、大众需求、无利或者微利。

2）市场热门爆款，与利润款不冲突。

3）福利款价格高于引流款，低于利润款。

（3）利润款的选择

1）同行 7 天中热门的爆款和同款，或者相似款。

2）抖音有同款，但相比同行性价比有优势的爆款。

3）符合目标需求，且抖音同行没有或者少有的潜力爆款。

在正常情况下，按照图 4–8 的比例配置直播产品。如果是新账号，在开播前 7 天，可适当提高引流款和福利款的比例，吸引更多的用户关注直播间，尽量促成转化和下单，提升直播间的知名度。

3. 直播产品排序和搭配

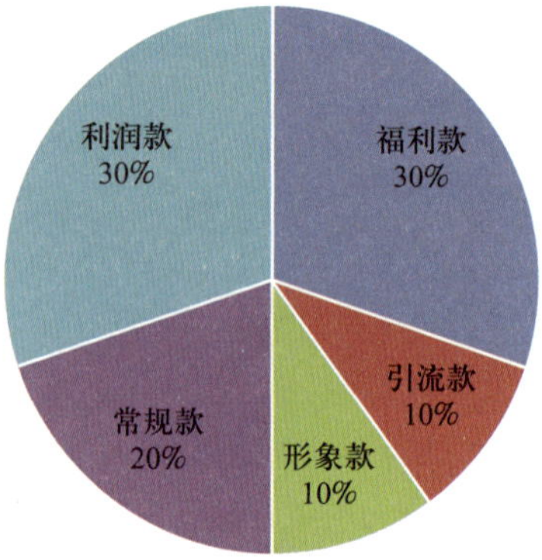

图 4–8　直播产品类型比例示意图

（1）直播产品排序。如图 4–9 所示，按照“引流款→福利款→利润款→常规款”的顺序排品。其逻辑是：首先，在直播开始阶段，用引流款增加直播间的流量、聚集人气；然后，上架福利款，进一步吸引用户留在直播间；通过引流款和福利款把直播间的人气聚集到一定程度，且人数稳定之后，直播销售员便可以推出利润款，利润款客单价较高，可以用来提高销售额和整体利润率；最后，上架常规款，给用户提供更丰富的产品选择，帮助直播间提升整体转化率、销售额和 UV（unique visitor，独立访客）价值。

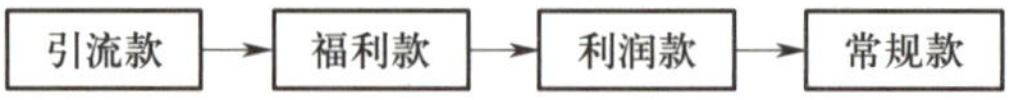

图 4–9　直播产品排序方式（1）

如图 4–10 所示，按照“形象款→引流款→利润款→常规款”的顺序排品。其逻辑是：首先，用形象款在用户心目中塑造良好的品牌价值，让用户认可该品牌；然后，用引流款吸引用户留在直播间，以价格落差促成用户购买；最后，顺利过渡到利润款和常规款，提高直播间的整体利润率。

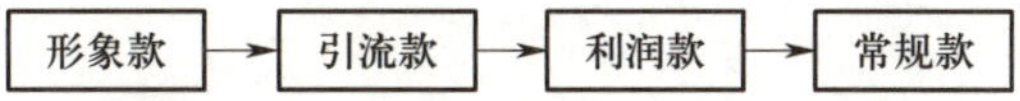

图 4–10 直播产品排序方式（2）

（2）直播产品搭配。直播产品搭配也影响直播间的销量。因为用户的需求是差异化的，不同的用户喜欢不同的产品，如果将它们搭配组合销售，那么就可以相互促进彼此的销量。可以按照产品属性对直播产品进行搭配，一般有 3 种搭配方式：一是单品礼盒套装，二是高低价组合，三是产品小样组合。

三、直播道具搭配使用

除了直播间的灯光和背景外，直播销售员在直播时还可以辅助一些小道具来提升直播间氛围，达到更好的转化效果。

1. 小黑板

小黑板在直播间里是一个非常有用的小道具，可以更加清晰地显示产品卖点、当日福利等信息，减轻直播销售员和客服的压力。如果是服装类直播，可以在小黑板上写下模特的身高体重；如果是彩妆类直播，可以在小黑板上写下口红的热门色号，分别适合什么肤色。

2. 计算器

如果直播的赠品较多，为了显示优惠力度大，直播销售员可以拿出计算器，并配以“我来替你们算笔账，看看今天在我直播间买有多划算”的话术。另外，可以选择有声计算器，用计算器的按键声来营造一种紧张的抢购气氛，促成用户尽快下单。

3. 秒表

秒表是一种非常有用但是很容易被忽略的直播道具。直播销售员一般会用它来营造一种“再不抢就没有了”的紧迫感。

技能操作

技能 制订直播样品（道具）的搭配计划

以化妆品为例，制订直播样品（道具）的搭配计划。

一、操作准备

1. 搭建场景风格。

2. 准备好直播所需的小道具。

二、操作要求

1. 突出化妆品的特点。

2. 道具要体现化妆品的价值。

三、操作程序

1. 基本程序

确定产品直播风格→准备直播道具→搭建直播场景→整体调试。

2. 具体步骤

步骤 1　确定产品直播风格

确定产品直播风格，必须做到陈列方式、空间设计、样品三者合一。化妆品直播风格如图 4–11 所示。

图 4–11　化妆品直播风格

步骤 2　准备直播道具

准备好直播间的灯光和背景，还可以利用小黑板、计算器、秒表等小道具来烘托直播间氛围，达到更好的转化效果。

步骤 3　搭建直播场景

为了做好一场完美的直播，直播场景搭建很关键，包括灯光、设备、线路，以及人、货、场，都需要完美搭配，如图 4–12 所示。

图 4-12 搭建场景

步骤 4 整体调试

在所有直播道具准备和直播场景搭建完成后，需要进行一次整体运营调试，确保各项设备、产品和道具能够符合直播要求，达到较好的效果。

培训单元 2 制定出镜者形象方案

培训重点

1. 出镜者妆容。
2. 出镜者服饰。
3. 出镜者语言。

知识要求

一、出镜者形象概述

出镜者形象是指出镜者的气质、形象、谈吐等表现的总和。要做到出镜者形象的每个细节和直播间的风格相统一。

1. 干净恰当的妆容

干净恰当的妆容胜过浓妆艳抹，因为出镜者代表了品牌形象。

2. 大方得体的配饰

大方得体的配饰会成为出镜者整个形象的画龙点睛之笔。

3. 服装风格与直播间一致

对于用户来说，出镜者和直播间是一体的，其服装风格应该和直播间的风格、色调保持一致。

二、出镜者妆容

1. 化妆前的准备

为了有精致的妆容，出镜者要做好充足的准备，包括化妆台、灯光、化妆品及用具等。

2. 基础打底

根据出镜者的肤色，选择合适的隔离霜，起到提亮肤色、遮瑕、隔离彩妆的作用。

3. 遮瑕

在使用隔离霜之后，要使用遮瑕产品，把脸部比较明显的斑点、痘印痘坑遮住。

4. 粉底

根据出镜者的肤色，选择同肤色一致或亮度稍高的粉底，使肤色白皙、自然。

5. 塑造立体五官

要重视对面部五官的立体塑造，如用彩妆勾勒出深邃的目光，用修容笔或高光棒让鼻子变得高挺。

6. 散粉定妆

使用散粉按压或轻拍面部进行定妆。需要注意，不要涂抹。

7. 眼妆

一般步骤为先画眉毛，再画眼影等，建议先做眼部妆容塑造，再画眉毛。

三、出镜者服饰

1. 出镜者服饰的基本原则

（1）符合平台的规则。国内主要的直播平台都对出镜者的服饰做出了严格规定。例如，禁止出镜者穿着暴露，严禁男出镜者只穿内裤或类似内裤的紧身短裤出镜。作为一名出镜者，应该把更多的精力和心思放在内容打磨上，而不是利用服饰夺人眼球。

（2）符合出镜者的形象。若出镜者的服饰过长、过短、过宽、过紧，都会分散用户对直播重点内容的注意力，所以出镜者的服饰应符合自身的形象。合适的服饰不仅会让出镜者穿着舒适，也能够给人非常精神、自信的感觉。

（3）符合出镜者的人设。每位出镜者都应该清楚地知道自己在直播中所扮演的角色，合理选择符合自己人设特征的服饰，才能在直播中达到更好的效果。

（4）符合活动的需求。出镜者的服饰还应符合直播的要求，根据直播主题来选择合适的服饰。例如，以品牌推广为主题的直播，出镜者可以穿着印有品牌标志的文化衫，给用户留下深刻的印象，有利于引导用户关注品牌店铺及直播间。

2. 出镜者服饰的颜色搭配

在服饰的颜色方面，出镜者要掌握一定的搭配技巧。例如，鲜亮的暖色系更有亲和力，避免搭配黑色系使画面过暗的服饰，尽量不选择与背景颜色相近的服饰。

出镜者在选择服饰的颜色时，应该做到主次分明，主色应当依据出镜者的肤色来定。因为每个人适用的颜色不同，根据肤色的不同，搭配不同的服饰色彩，有助于塑造出镜者的最佳形象。

四、出镜者语言

语言是出镜者的一种特殊力量，是吸引用户的一项重要因素。高品质的语言可以在一字一句之间简短清晰地传达信息，让用户更加欣赏和关注出镜者。

1. 发音练习

出镜者虽然不需要像专业主持人、播音员那样字正腔圆的发音，但是并不意味着发音不用清晰。只有发音清晰准确，出镜者才能获得更多的关注。绝大多数出镜者在发音方面的问题主要表现在咬字和吐字两个方面。前者主要是咬字不准，后者则是吐字无力、含混和不圆润等。

2. 声调语调练习

字有声调，句有语调。字要正音，就必须有准确的声调；句要达意，就必须有正确的语调。

（1）声调。普通话有4个声调：阴平、阳平、上声、去声。声调在普通话中很重要，声调失准，会导致字意被曲解。

（2）语调。语调指说话的腔调，通过抑扬顿挫、轻重缓急、高低强弱等变化，表达说话人的思想、态度、情感。同样的句子，语调不同，意思就会不同，甚至意思可能相差千里。

3. 语速练习

对于出镜者来说，语速是传递信息的关键之一。出镜者应该尽量做到吐字清晰、发音清楚、语速适中。在与用户的交流中，出镜者不可能一口气说完一大段话，中间需要停顿、换气，并不断调整气息。通过训练，出镜者要掌握正确的停顿、换气和调整气息的方法。

技能操作

技能　出镜者礼仪规范

一、操作准备

1. 牢记礼仪训练要领。
2. 做到正确着装。

二、操作要求

1. 符合礼仪要求。
2. 达到规范礼仪标准。

三、操作程序

1. 基本程序

体态训练→表情训练→声音训练。

2. 具体步骤

步骤1　体态训练

规范的站姿：从正面看，全身垂直，精神饱满，两眼正视，两肩平齐，两臂自然下垂，两脚跟并拢，两脚尖打开60°，身体重心落于两腿正中；从侧面看，两眼平视，下颌微收，挺胸收腹，腰背挺直，中指贴裤缝，整个身体庄重挺立。

规范的坐姿：嘴唇微闭，下颌微收，面容平和自然；双肩平正放松，两臂自然弯曲放在腿上，以自然得体为宜，掌心向下；立腰、挺胸，上体自然挺直；双膝自然并拢，双腿正放或侧放，双脚并拢或交叠或成小 V 字形。

步骤 2　表情训练

对着镜子做微笑练习，注意面部肌肉上提，唇齿相依，鼻翼微张。运用面部表情要真诚，忌矫饰；要灵敏，忌呆滞；要鲜明，忌晦涩；要适度，忌夸张；要丰富，忌单调。

步骤 3　声音训练

发音练习时要注意咬字不准、无力、含混和不圆润等问题。

声调练习要注意读准每个字的声调；语调练习要注意抑扬顿挫、轻重缓急、高低强弱等变化，准确表达说话人的思想、态度、情感。

语速练习要注意说话的速度适中，学会停顿、换气和调整气息。

培训项目 3　风险评估

培训单元 1　评估团队协作风险

培训重点

1. 团队协作风险类型。
2. 团队协作风险评估。

知识要求

一、团队协作风险类型

团队协作风险是指直播团队在直播中出现的负面影响，风险来自直播行为或者与直播相关的外界因素。因此，直播中可能存在的团队协作风险可分为以下6个类型。

1. 直播环节设置风险

直播环节设置不合理，导致直播流程不流畅甚至现场混乱、团队配合不默契甚至出现失误等。

2. 直播软硬件搭配风险

直播软硬件搭配不合理，可能会导致直播软件不能使用、直播硬件出现故障、直播团队成员误操作、用户进不了直播间或者直播卡顿等。

3. 直播台词使用风险

直播时，出现违规词语，台词不熟练，说错话，介绍产品出现偏差等。

4. 现场弹幕评论风险

用户发布了内容低俗、过度娱乐化、宣扬拜金主义和崇尚奢华等内容的弹幕；对直播团队或者其他用户言辞激烈，发布了攻击性的弹幕等。

5. 直播素材侵权风险

在直播中，使用了侵害他人版权的素材。

6. 售后服务风险

用户在直播间购买产品具有一定的冲动性，因为直播间火爆的气氛容易让一些用户不加思考地去购买一些对自己无用的产品。用户经过一段时间冷静后，有可能退货，无形中使商家承担了很多不必要的售后服务风险。

二、团队协作风险评估

1. 直播环节设置风险评估

在策划直播时，要对直播环节进行合理性测试和意外风险评估，尤其涉及“转发抽奖”“发送 1 抽奖”“扫码领取红包”等环节时，应采取措施防止被人恶意领取奖品，引发其他用户不满。

2. 直播软硬件搭配风险评估

为了达到最佳的直播效果，在直播前直播团队应对所有软硬件进行反复测试和排查。一方面，熟悉直播软件的使用方法及各环节软硬件配合的流程，防止误操作；另一方面，检测直播系统和服务器的运营流畅性，防止大批用户涌入直播间，造成系统卡顿和服务器瘫痪。

3. 直播台词使用风险评估

直播台词使用风险评估的基本原则是不能突破法律法规底线、社会公德底线，符合大众审美标准，宣传正能量。直播团队要对直播台词进行严格审核，防止信口开河，违反相关法律法规。

4. 现场弹幕评论风险评估

相比于直播台词，直播现场弹幕评论是无法事先审核和评估的，只能依靠现场管理。在直播平台通常可以设置房管，直播销售员在直播间发言的同时，房管负责监督用户的弹幕，评估弹幕是否内容低俗、过度娱乐化、宣扬拜金主义和崇尚奢华等，如果是，立即取消该用户的发言权限。

5. 直播素材侵权风险评估

直播通常需要很多道具的支持，包括背景板、贴图、玩偶、吉祥物等，有时也会在直播间播放背景音乐。在直播前，直播团队必须仔细检查直播素材，防止侵权。

6. 售后服务风险评估

直播容易促使用户冲动购物，引发售后的无理由退货风险；产品质量或者服务没有达到用户的期望而引发退换货，甚至是投诉风险；下单后的物流服务存在未及时发货、运输时间过长、货损等风险。直播团队要评估以上风险，并做好预案。

技能操作

技能　评估团队协作风险

以化妆品直播为例，评估团队协作风险。

一、操作准备

1. 了解化妆品直播的流程。
2. 确定团队协作风险的评估标准。

二、操作要求

1. 对直播中可能涉及的风险进行确认。
2. 对直播中可能发生的风险进行评估。

三、操作程序

1. 基本程序

评估直播环节设置风险→评估直播软硬件搭配风险→评估直播台词使用风险→评估现场弹幕评论风险→评估直播素材侵权风险→评估售后服务风险。

2. 具体步骤

步骤 1　评估直播环节设置风险

在化妆品试用环节，可能出现直播销售员肤色与化妆品色号不符等情况，需事先测试，选择合适的样品。

步骤 2　评估直播软硬件搭配风险

直播前，认真检查和测试电脑、手机、网络、麦克风等硬件设备连接和运行是否正常，测试直播软件的常用功能，确保直播系统运行正常。

步骤 3　评估直播台词使用风险

直播前，查阅《中华人民共和国广告法》《化妆品标识管理规定》《化妆品监督管理条例》等法律法规，了解化妆品涉及的违规用词和违规宣传，避免在脚本和直播中出现。

步骤 4　评估现场弹幕评论风险

采取弹幕检测工具和人工相结合的方式，对现场弹幕的内容进行实时监控，必要时采取禁言措施。

步骤 5　评估直播素材侵权风险

在直播前，仔细核实、评估直播中用到的所有素材是否存在侵权风险。

步骤 6　评估售后服务风险

用户下单后，客服要认真评估物流服务风险，及时跟进发货进度；评估产品质量风险，事先了解化妆品可能存在的问题，做好售后准备。

培训单元 2　制订并执行直播风险应对计划

培训重点

1. 直播主体的风险应对计划。
2. 直播产品风险应对计划。

知识要求

一、直播风险概述

1. 直播法律风险

在直播中，直播销售员可能因为素材使用不当，出现侵犯版权和隐私权等法律问题。

2. 直播内容风险

在直播中，为了打造“好内容”，很多直播销售员采取了一些不合法手段，导致直播内容风险。

3. 直播产品风险

直播产品风险分为产品价格风险和产品质量风险。

（1）产品价格风险。在直播中，为了以更大的折扣力度吸引用户，商家将出厂价提高，导致用户在价格比对中，发现价格虚高，而对商家失去信任。

（2）产品质量风险。电商环境下的产品质量风险不仅仅是产品质量低劣，更多的是产品的实际质量与用户的期望质量存在很大差距。同时，虚假宣传产品质量的现象在直播中也时有发生。因此，很多直播产品没有给用户带来满意的产品体验，而遭到用户的质量投诉。

4. 商业模式风险

当前，直播的商业模式众多，既有商家自播，也有机构代播，以及个人直播等。特别是很多品牌为了能够最大限度地宣传产品，大量孵化和打造“网红”。在培养过程中，不可避免地存在法律风险。

5. 供应链风险

一般的直播供应链可描述为：定品牌→定款式→定销量→定价格→直播→发货→售后。近年来，电子商务和物流技术的发展使国内供应链的响应速度越来越快，如果品牌不能为用户提供快速的服务，则会极大地降低用户的满意度，最终失去用户。

6. 售后风险

直播所特有的低价销售模式导致用户冲动消费，带来后悔购买、产品质量低于预期、尺寸大小不合适等售后问题。

二、直播主体的风险应对计划

1. 严格遵守法律法规

直播销售员及其团队在遵守国家宪法和现行的其他直播相关法律法规之外，应认真学习并遵守国家广播电视总局、文化和旅游部共同制定的《网络主播行为规范》。在直播中，坚决杜绝《网络主播行为规范》中明令禁止的各项行为。

2. 严格把关直播内容

直播销售员及其团队要严把直播内容关，对照《网络主播行为规范》中的每一条规定，认真揣摩、推敲直播内容，聘请专业法律顾问核实直播内容的合法性。

3. 全面了解直播产品

避免直播产品风险的最有效方法是全面了解直播产品。直播销售员及团队应多渠道搜集直播产品的有关信息，亲自体验直播产品，详细了解直播产品的属性，仔细比对直播产品在不同市场和渠道的价格分布，同时做好行业分析和竞品分析，做到知己知彼，才能给用户全方位、真实地展示产品。

4. 成立直播法务部门

必要时，应成立专业的直播法务部门，全面负责直播的法务工作，利用专业的法律知识为直播保驾护航。

三、直播产品的风险应对计划

1. 防范低价效应影响品牌形象

价格是用户判断产品的一个重要维度，在品牌创建中起重要作用。频繁降价促销会导致用户对价格依赖，严重影响品牌的形象。

在直播前，直播销售员要详细了解产品价格是否稳定，而且确保在直播间有较大的降价空间。只有在日常销售中价格稳定，且在直播间有较大降价空间的产品才能兼顾低价效应和品牌形象。

2. 防范夸大宣传引起用户不满

目前，部分直播销售员在直播时对产品功能过度宣传，有时为了达到特定的宣传目的，编造故事和数据，欺骗用户，导致用户对品牌产生负面印象。

3. 防范过度依赖直播销售员

直播销售员的知名度和销售技巧对直播的销售业绩起到重要作用。如果过度依赖直播销售员，忽视产品本身的质量和服务，因质量或服务问题带来的用户投诉将给品牌带来不可挽回的损失。直播销售员本身只是一个销售渠道，品牌成功的最终决定因素仍然是产品质量和服务。

四、直播平台的风险应对计划

当前，我国直播行业空前繁荣，市场前景广阔，发展潜力巨大。但进入门槛较低、市场竞争激烈，监管机制和制度建设相对滞后，直播行业在成长的过程中出现了各种社会问题和法律问题。直播平台作为直播行业的载体，面临的风险是全方位的、综合性的，制订相应的风险应对计划刻不容缓。

1. 内容风险应对计划

数量众多的直播平台为争夺市场而开展恶性竞争，催生了很多新奇、博人眼球的炒作手段。因此，直播平台务必事先对直播内容进行严格的审核，利用大数据技术、人工智能以及人工筛选违规内容。对于内容风险，及时处理相关人员并对外界公布处理结果，同时审查和总结内容风险原因，及时改进直播平台风险预警机制。

2. 隐私风险应对计划

直播行业的快速发展促使直播题材不断更新，部分直播销售员为了吸引用户，在未经他人同意的情况下，私自将其置于直播镜头之下，暴露他人隐私。隐私风险不仅给个人带来声誉损失，给社会稳定也带来不利影响。为此，直播平台需要制定相应的惩罚措施，遏制直播销售员的侵犯隐私权行为，同时也可采用语境完整性规则有效地完善对隐私权的保护。

3. 版权风险应对计划

一场精彩的直播需要脚本、音乐等内容的支撑，直播销售员不加鉴别地照搬照套则可能导致对原创作品的著作权侵权风险。为此，直播平台需要制定相关的知识产权管理制度，建立版权风险的投诉与应诉机制。

4. 舆论风险应对计划

直播具有“人以群分”的特点，具有相同价值观和兴趣爱好的人群形成某个网络社群，很容易就某一话题形成统一的舆论，进而有引发社会问题的风险。为此，直播平台需要对直播间的用户言论进行风险甄别，避免产生舆论风险。

职业模块 五
直播营销

培训项目 1 直播预演

培训单元 1 撰写团队协作直播脚本

培训重点

1. 团队协作直播脚本的内容。
2. 整场直播脚本的撰写方法。

知识要求

一、直播团队人员组成

根据需要和规模的不同，直播团队分为 2 ~ 3 人团队、4 ~ 8 人团队和 8 人以上团队。企业或个人可以根据资金实力、运营能力、产品需要等情况组建不同规模的直播团队。

在预算不多的情况下，可以成立 2 ~ 3 人团队。根据工作需要，2 ~ 3 人团队需要设置至少 1 名直播销售员和 1 名运营者。2 ~ 3 人团队对操作有很高的要求，运营者必须是全面的人才，了解技术、规划、现场控制、业务、销售等。在直播中，他们集操作、规划、现场控制和辅助于一体，可以自由切换角色，轻松工作。只设置 1 名直播销售员的缺点是直播团队无法实现连续直播，直播销售员流失、疾病等问题会影响直播的正常进行。

在资金比较宽裕时，可以组建 4 ~ 8 人团队，将直播工作进一步细化。可以配备 2 名直播销售员，轮流直播，保证整场直播始终保持较为稳定的效果；同时根据工作性质的不同，还可以配置包括运营、策划、场控、客服等在内的多名助手。

随着直播业务的不断扩大和资金的积累，企业可以进一步扩大直播团队的规模，达到 8 人以上，同一岗位可以配置 2 名及以上成员组成团队，确保能够为用户提供更高质量的服务。

二、团队协作直播脚本的内容

团队协作直播脚本就是整场直播具体的流程脚本，一般以表格的形式呈现，是影响直播成功与否的关键。团队协作直播脚本一般包括直播概述和直播流程。

1. 直播概述

直播概述需要说明直播主题、直播目标、直播人员、直播时间、产品准备、道具准备、注意事项等，见表 5–1。

表 5–1　直播概述

直播主题	×××专场	
直播目标	流量目标：	销售目标：
直播人员	直播销售员	
直播时间	年　月　日 20:00—00:00	
产品准备		
道具准备		
注意事项		

2. 直播流程

直播流程是将直播计划分解成若干个时段，每个时段对应不同的直播内容和团队分工，见表 5–2。

表 5–2　直播流程

时　段	直播内容	团队分工		
		直播销售员	直播助理	场控 / 客服
20:00—20:10	开场预热	自我介绍 ……	演示直播间 抽奖方法……	向各平台分享 直播链接……
……	……	……	……	……
……	……	……	……	……

三、整场直播脚本的撰写方法

整场直播脚本撰写即直播团队规划并编写直播中每个特定环节的关键内容。一种简单的规划方法是先规划时长，然后整合工作内容完成脚本规划。规划时长即根据直播目的，确定直播中的各个环节，并按照直播时间预算规划各个环节的时长。下面以推荐 10 款产品、直播 4 h 为例，说明整场直播脚本的撰写方法。

1. 确定非推荐产品环节的时长

在直播中，除了推荐产品外，还有开场问候、暖场、活动预告、抽奖福利、讲故事、下期预告等环节，直播销售员可以先确定各环节时长。例如，4 h 直播，非推荐产品环节的时长约为 40 min。

由于直播时长通常超过 2 h，直播销售员可以适当增加抽奖时长和讲故事时长，以提高用户对直播的热情。

2. 确定每款产品的推荐时长

因为整个直播时长约为 4 h，非推荐产品环节的时长为 40 min，所以 10 款产品的推荐时长为 200 min，则每款产品的平均推荐时长为 20 min。考虑到实际直播的不确定性，每款产品的推荐时长可设计为 15 ~ 25 min。假设 10 款产品包括 2 款引流产品、2 款高性价比产品、4 款低利润产品以及 2 款福利产品，其中对高性价比产品和低利润产品需要做更加全面地介绍。因价格低廉、时间有限，直播销售员可以安排较短的引入时长。

3. 规划每个环节的时长

根据每个环节的特点规划时长。直播环节时长规划见表 5-3。

表 5-3 直播环节时长规划

环节	时长（min）
开场问候	3
暖场	7
活动预告	10
抽奖福利	5
引流产品	20
高性价比产品	30

续表

环　节	时　长（min）
低利润产品	30
讲故事	15
抽奖福利	5
福利产品	30
低利润产品	30
产品返场	45
下期预告	10

4. 确定整场直播脚本的内容

根据直播中各个环节的时长规划，结合直播主题、直播目标和直播人员的工作内容，确定整场直播脚本的内容。

整场直播脚本是为了规划整场直播的内容，整场直播脚本的核心内容是直播产品介绍、用户交流和直播节奏控制。为了控制直播节奏，直播销售员可以根据直播产品属性设计一些互动节目。

技能操作

技能　撰写团队协作直播脚本

一、操作准备

1. 确定直播产品。
2. 收集直播产品信息和竞品信息。

二、操作要求

1. 直播主题明确。
2. 竞品分析合理。
3. 用户痛点分析准确。
4. 直播脚本内容与直播主题一致。

三、操作程序

1. 基本程序

确定非推荐产品环节的时长→确定每款产品的推荐时长→规划每个环节的时间→确定整场直播脚本的内容

2. 具体步骤

步骤 1　确定非推荐产品环节的时长

明确非推荐产品的环节，如开场问候、暖场、活动预告、抽奖福利、讲故事、下期预告等，确定好这些环节的时长，计算出总的非推荐产品环节的时长。

步骤 2　确定每款产品的推荐时长

用直播总时长减去非推荐产品环节的时长，算出推荐产品的总时长，进而求出每款产品的平均推荐时长。每款产品在直播中的作用不一样，如对高性价比产品和低利润产品需要做更加详细的介绍，因此每款产品的实际推荐时长可以在计划时长的基础上上下浮动。

步骤 3　规划每个环节的时间

直播环节具体时间规划见表 5–4（以一场 20:00—24:00 的直播专场为例）。

表 5–4　直播环节具体时间规划

序号	时间	项目	内容
1	20:00—20:03	预热	直播间开播情况、用户反应等
2	20:03—20:10	暖场	热场话术、直播时间、用户反应等
3	20:10—20:25	预告产品和优惠活动	预告时间、用户反应等
4	20:25—23:50	产品介绍和销售	推荐时间、用户评论、交易量、用户人数等
5	23:50—24:00	下期预告	预告内容、用户反应

步骤 4　确定整场直播脚本的内容

直播团队需要在直播脚本中详细标明直播人员的分工，包括小组的分工和直播具体分工。

（1）小组的分工。小组的分工是为了保证直播的顺利实施，直播团队首先需要对直播相关的工作内容进行分组。通常营销类直播需要配备宣传组、道具组、拍摄组、直播销售员组、产品组等。例如，直播前，直播团队需要成立宣传组，宣传直播，预告直播信息；为了确保直播所需的桌子、椅子、文具、装饰品、水杯等道具准备就绪，成立道具组；为了在直播中快速将样品交给直播销售员，需要提前对样品进行检查，将样品整齐陈列并清楚标记，成立产品组等。为了提高直播脚本的可执行性，每个团队需要设置1名负责人和多名执行成员，并在直播脚本中简要描述团队的工作内容。

（2）直播具体分工。直播具体分工是指直播团队在直播脚本中标明每个环节的负责人及其工作内容。直播流程具体安排见表5–5。

表5–5　直播流程具体安排

时段	流程	直播销售员	直播销售员助理	客服	价格/福利	备注
20:00—20:03	开场问候	和用户打招呼，简单自我介绍，开场问候	和用户打招呼，简单自我介绍，引导点赞	推送开播消息		
20:03—20:10	暖场	介绍开场截图抽奖规则，引导用户关注直播间	说明截图抽奖的方法，回复用户问题，引导点赞	收集中奖信息		
20:10—20:20	活动预告	预告今日产品和直播间的优惠活动	补充说明，引导用户点赞	向粉丝群推送本场直播		主打产品重点介绍以及优惠活动
20:20—20:25	抽奖福利	介绍截图抽奖规则，开始抽奖	公布抽奖结果	联系获奖用户，引导点赞		

续表

时段	流程	直播销售员	直播销售员助理	客服	价格/福利	备注
20:25—20:45	引流产品介绍	介绍引流产品，利用FAB销售法则讲解	配合试用产品，引导用户下单	上传产品链接，回复用户问题		
20:45—21:15	高性价比产品介绍	介绍高性价比产品，利用FAB销售法则讲解	配合试用产品，引导用户下单	上传产品链接，回复用户问题		
21:15—21:45	低利润产品	介绍低利润产品，利用FAB销售法则讲解	配合试用产品，引导用户下单	上传产品链接，回复用户问题		
21:45—22:00	讲故事	讲述直播团队故事	配合直播销售员	回复用户问题		
22:00—22:05	抽奖福利	向用户介绍抽奖规则，引导用户抽奖和下单	演示参与抽奖的方法	联系获奖用户		
22:05—22:35	福利产品	介绍福利产品，利用FAB销售法则讲解	配合试用产品，引导用户下单	上传产品链接，回复用户问题		
22:35—23:05	低利润产品	介绍低利润产品，利用FAB销售法则讲解	配合试用产品，引导用户下单	上传产品链接，回复用户问题		
23:05—23:50	产品返场	对10款产品进行返场讲解	配合直播销售员，回复用户问题	回复用户问题		
23:50—00:00	下期预告	预告下期直播时间、福利、产品等	引导用户关注直播间	回复用户订单问题		

培训单元 2　测试直播营销流程

培训重点

直播营销流程规划。

知识要求

一、测试直播营销流程的目的

根据直播脚本测试直播营销流程是直播的一个重要环节，在测试过程中重点关注以下几个方面。

1. 关注直播营销流程顺序合理性测试

测试展示顺序衔接及展示方式的合理性。例如，关联度高的产品适合衔接排序，产品展示准备过程的复杂性不同需要测试直播脚本中的排序是否合理。

2. 关注直播时间及直播节奏测试

测试了解每个产品的介绍时间、展示时间，判断直播脚本中直播整体时间规划是否合理。

3. 关注准备工作完成度测试

准备工作完成度测试包括产品营销话术熟练度、互动话术穿插完成度、产品展示过程熟练度、营销机制（赠品、组合优惠）表述方式测试。

二、直播营销流程规划

一般来说，直播营销的时间比较长，因此必须做好直播营销的前期规划工作。合理编排直播营销流程有助于直播销售员掌握直播节奏，保证直播顺利进行。

1. 过款式流程

过款式流程是指在直播中按照一定的顺序，一款一款地讲解产品。由于一场直播持续的时间较长，在直播期间不断有用户离开直播间，也不断有新用户进入直播间。因此，在直播结束前 20 min 左右，直播销售员可以将所有产品再快速地过一遍。不仅可以让新进入直播间的用户了解直播产品，还可以通过捡漏形成一些订单，提升直播的成交额。表 5–6 为一场时长 120 min 的过款式流程的示例。

表 5–6 过款式流程

开始时间	内　容
20:00	暖场
20:10	介绍第一款产品
20:30	介绍第二款产品
20:50	抽奖福利
21:00	介绍第三款产品
21:20	介绍第四款产品
21:40	复述各款产品

2. 循环式流程

循环式流程是指在直播中以循环的方式介绍产品。如果直播销售员希望在直播中推荐 3 款产品，可以在 180 min 的直播中循环介绍 3 款产品 3 ~ 4 次，间隔时间为 30 ~ 40 min。表 5–7 为一场时长 180 min 循环式流程的示例。

表 5–7 循环式流程

开始时间	内　容
20:00	暖场
20:10	介绍 3 款直播产品
20:40	介绍 1 款福利产品
20:50	介绍 3 款直播产品（循环 1 次）
21:20	介绍 1 款福利产品（循环 1 次）
21:30	介绍 3 款直播产品（循环 2 次）
22:00	介绍 1 款福利产品（循环 2 次）
22:10	介绍 3 款直播产品（循环 3 次）
22:40	介绍 1 款福利产品（循环 3 次）

三、直播营销流程的测试方法

1. 测试环节设置的合理性

把直播脚本设计的环节与实际预演做对比，测试环节设置是否合理。例如，没有区分过款式流程和循环式流程，环节设置混乱影响用户对产品的认知；产品介绍思路不清晰，不能清楚表达产品的卖点。

2. 测试每个环节时间设置的合理性

把直播脚本规定的时间和实际预演耗时做对比，是设置的时间不合理，还是预演问题。例如，开场时间过长，自我介绍没有抓住重点，使用户失去耐心而退出直播间。

3. 测试团队配合的默契程度

通过查看直播预演，发现可能存在的配合问题。例如，在上链接时没有配合好，导致现场混乱。

4. 测试互动设计的合理性

测试互动设计的合理性，能否达到提高转化率的效果。例如，互动形式单一，导致用户视觉疲劳，不愿意参加互动。

培训项目 2 直播销售

培训单元 1 使用直播营销话术介绍产品特点

培训重点

1. 直播营销话术遵循的原则。
2. 直播营销产品介绍话术。
3. 各类产品直播营销话术。

知识要求

一、直播营销话术概述

直播营销话术是提升直播间营销效果的关键。直播销售员运用适当的直播营销话术可以快速引起用户的注意与兴趣，打消其顾虑，激发购买欲望，促成下单购买。

对于直播销售员来说，直播营销话术水平的高低直接影响直播产品的销售效果。直播营销话术是产品特点、功效、材质的口语化表达，是直播销售员吸引用户停留的关键，也是促使成交的关键，因此在直播营销中，巧妙地设计直播营销话术至关重要。

除此之外，直播销售员与用户的交流沟通能力直接决定了直播的效果。可以说，直播在很大程度上是一次语言表达艺术的展现，直播营销的核心就是直播营销话术的体现。1 名合格的直播销售员必须掌握基本的直播营销话术。直播营销话术一般遵循以下 3 个原则。

1. 专业性

直播营销话术的专业性体现在两个方面。一是直播销售员对产品的认知程度。直播销售员对产品认知得越全面、越深刻，在进行产品介绍时就越游刃有余，越能彰显自己的专业程度，让用户产生信任感。二是直播销售员语言表达方式的成熟度。同样的话，由经验丰富的直播销售员说出来，往往比由新手（直播销售员）说出来更容易赢得用户的认同和信任，因为经验丰富的直播销售员有更成熟的语言表达方式，知道如何说才能让自己的语言更具说服力。

2. 真诚性

真诚的力量是不可估量的。真诚的态度和语言容易激发用户的情感共鸣，提高直播销售员与用户的亲密度，拉近双方的心理距离，从而提高用户的黏性和忠诚度。

在直播中，直播销售员不要总想着如何讨好用户，而应该与用户交朋友，站在用户的角度，以真诚的态度进行沟通和互动。直播销售员要以朋友的身份给出自己最真实的建议。

3. 趣味性

直播营销话术的趣味性是指直播销售员要让直播语言具有幽默感，不能让用户觉得直播内容枯燥无味。幽默能够展现直播销售员的开朗、自信与智慧，使用趣味性的语言更容易拉近直播销售员与用户的距离，提升用户的参与度。同时，趣味性的语言还是直播间的气氛调节剂，帮助营造良好、和谐的氛围，并促使直播销售员与用户建立友好关系。

二、直播营销常用话术

直播营销话术分为很多种，如开场话术、感谢话术、互动话术、逼单话术、产品介绍话术等，下面主要介绍产品介绍话术。

产品介绍话术是对每一款产品的多种属性信息进行归纳。产品介绍话术可以拉近直播销售员与用户间的距离，建立信任，方便用户做出购买决策，拉动产品销售，实现变现。除了产品本身的特点之外，直播销售员还可以通过数据告知用户产品的优势，如回购率、好评率、销售数据、用户评分等，有数据的支撑会显得介绍更加真实。介绍产品特点的直播营销话术主要分为以下 10 个部分。

1. 产品名称

直播介绍产品时，直播销售员首先要说明这是什么产品，什么品牌，避免介绍很多内容，用户都不知道介绍的是什么产品。

2. 适用人群

直播销售员要让用户清楚这款产品是否真正适合自己。

3. 直击痛点

直播销售员要针对用户需求，直击用户痛点，激发用户的购买欲望。

【话术范例】

“下面给大家上这款 ×× 大粉水，相信很多朋友都用过吧，没有用过应该也听说过，非常火。这款特别适合敏感皮肤的姐妹，干燥皮肤可以闭眼拍，油性皮肤可以先看看。干燥皮肤的姐妹们，你们有没有每天早上睡醒脸上很干，或者洗完脸没多久，脸超级干，一张嘴就脸疼的，敷多少片面膜都感觉在无效补水，并没有深入肌肤基底层，化妆涂粉底液卡粉起皮的，在公屏上发送 1。”

4. 产品对比

直播时，直播销售员可以拿直播产品与其他竞品做对比，突出直播产品的优势和特点，告诉用户为什么选择直播产品。注意：在对比时，不可暴露其他竞品的品牌名称。

5. 达人背书

通过 ×× 代言、×× 同款、×× 推荐等，或者销量第 ××、99% 好评等，让用户对这款产品产生信任。

6. 质量演示

直播销售员可以将产品的制作流程、成分表或者安全指标等，在直播时展示给用户，让用户更直观地感受到产品质量。

【话术范例】

“其他产品，比如 ×× 产品（不可直接暴露竞品品牌名称，只可用 ×× 替代），只是帮助你暂时补水，或者表面补水，并不能达到肌肤深层补水的效果。这款 ×× 大粉水，是真正能够渗入肌肤底层，帮你调节改善的，并且是有国家认证的，很多明星都在用的，还有 ×× 平台的明星都在推的一款产品，成分指标全项绿灯通过。”

7. 代替用户做出决定

直播销售员再次重复适用人群，打消用户的购买疑虑，可反复加强购买需求焦虑，从而提高转化率。

【话术范例】

“如果你也有类似的缺水问题，那真的要注意了，因为脸部皮肤出现细纹和干皮的现象，让皮肤更加敏感。咱们家的这款产品可以帮你很好地改善脸部缺水的情况。这款也是我的自留款，购买这款不会踩雷，放心大胆入手，一定要买！”

8. 说明活动优惠力度

直播时，直播销售员展示这款产品在直播间的优惠力度，告诉用户为什么要在直播间购买，要让用户有一种不买就是损失的心理。

【话术范例】

“干皮肤的姐妹，一定要去拍它，盲拍保证你不会踩雷！这款 ×× 大粉水，平时在线下专柜，或者官方店铺一瓶就要 499 元。今天在我的直播间，不要 499 元，不要 399 元，更不要 299 元，只需 259 元，给你 1 瓶正装，4 瓶小样，相当于 2 瓶正装了。还有 2 袋小样，回家之后先用这 2 袋小样，不合适，剩下的给我退回来，这 2 袋小样就当是我送你的。数量有限，只有

1 000单啊。姐妹们，准备好了吗？三、二、一，上车，1号链接，闭眼拍，这个价格太合适了，而且在我直播间保证正品，假一赔十。”

9. 引导用户抢购

直播销售员告诉用户产品在几号链接，引导用户直接点击链接购买。直播时，向用户实操演示怎么拍。

10. 答疑解惑

直播时，直播销售员一定要回答用户在公屏上的问题。

三、各类产品直播营销话术

大多数直播销售员在一次直播中要推荐数十款产品，对一些时长较长的直播，可能会推荐更多的产品。要想把这些产品都打造成爆款，几乎是不可能的。直播销售员可以合理安排产品的推荐顺序，用产品调动直播间的人气，带动销量。

根据多场直播及直播内容，可以将直播产品划分为以下六类（以服饰类产品为例）。

1. 主推款

主推款是直播销售员向用户推荐的主要产品品类，简单地说就是直播间最有潜力的产品，具有可塑性，具备后期培养成爆款的潜力。主推款一般满足3个条件，即符合市场需要、有竞争力和有利润。

将产品与市面上同品类产品进行对比，在直播中更加注重产品的独特性，重点介绍产品的特点、适用人群，能更好地让用户对号入座。主推款直播营销话术见表5–8。

表5–8 主推款直播营销话术

话术框架（占比）	营销方法（以服饰类产品举例）
场景营造（5%）	结合产品特点，模拟产品使用场景、适用人群，让用户对号入座，激发用户需求
同类品对比（15%）	列举市面上一些一线品牌的产品，比较流行的风格与直播产品，凸显直播产品的优势

续表

话术框架（占比）	营销方法（以服饰类产品举例）
卖点介绍（30%）	直播销售员阐述产品的设计、材质、细节的卖点，并现场展示，分享穿着体验效果和细节特点。 1. 针对产品的设计，介绍为什么这么设计，能带来什么样的感觉 2. 针对产品的材质，介绍适合什么样的场景穿 3. 针对产品的细节，介绍领子、帽子、袖子是什么样，穿上什么感觉
搭配推荐（20%）	通过多种搭配的方式，实现一衣多穿的效果，增强产品的实用性，激发用户的购买欲望
福利优惠（15%）	通过强互动、福利放送、福利折扣预告、爆款新品预告等方式引导用户下单
卖点强调（15%）	常用在产品链接上架之后，等待购买期间。多次重复重要卖点，并说明品牌的优势，增强用户对产品的印象，帮助用户下决心购买

2. 福利款

福利款作为主推款的补充或用来承接流量，目的是稍微提高 UV 价值，有引流的作用，其特点是性价比高。

在直播中，直播销售员要将重点放在福利、数量上，不断提醒用户限时销量，营造出一种不容错过的氛围。福利款直播营销话术见表 5-9。

表 5-9　福利款直播营销话术

话术框架（占比）	营销方法
产品概述（10%）	介绍产品基本信息、市场反响程度、库存、适用场景 / 人群等，引出后方产品介绍
卖点介绍（40%）	介绍产品的材质或技术上的卖点，让用户有种“用得上，值得买”的感觉

续表

话术框架（占比）	营销方法
场景营造（30%）	展示产品在不同搭配时的穿着效果，适用场景以及适用人群，让用户对号入座，激发购买需求
福利优惠（20%）	通过福利放送、折扣、优惠券、库存量等方式不停地刺激用户，让用户产生“真的很实惠，不买是不是亏了”的心理感受，从而促使用户下单

3. 爆款

爆款是区别于一般产品而销量相对较好的产品。爆款不仅会持续热销，还会受到用户的一致追捧，是拳头产品，可以为直播创造更多利润。

爆款适用于辨识度较高且在市面上有一定热度的产品，通常有明星/品牌背书，价格方面不一定有优惠，但是数量一般偏少。直播销售员在直播中，有明星做背书的要强调是某明星同款；若没有，则要强调在市面上火爆以及难以购买的程度，指出“数量有限，抓紧购买”。爆款直播营销话术见表 5-10。

表 5-10 爆款直播营销话术

话术框架（占比）	营销方法
产品引入（5%）	强调此产品在市面上的火爆程度（或稀缺程度），从一开始就引导用户不要错过这款产品
卖点介绍（40% ~ 50%）	1. 展示产品独特卖点的同时，继续穿插“库存量、销售火爆”等具有“刺激用户购买”的内容 2. 若产品知名度高，用户已经非常了解，来直播间只是为了抢货，那么对于产品特点的介绍部分可以相应减少 3. 若品牌知名度高而产品知名度相对较低，或者产品品质和市场反响好，为了打造成爆款，可以在产品特点介绍部分加大篇幅
引导下单（45% ~ 55%）	依据活动情况，引导用户下单，可以穿插库存量的变动，营造出紧张感，加快用户下单速度

4. 基础款

基础款一般是直播间价格、品质、利润中等的产品，作为不同定位产品之间的过渡，用于调整用户的购买节奏。基础款自身以及价格存在优势较小，常利用品牌背书、店铺优势来推动购买。但基础款的介绍部分和组合套装本质相似，都是以介绍产品特点、上身展示为主，整体营销话术偏短，但是产品部分讲解细致。基础款直播营销话术见表 5–11。

表 5–11 基础款直播营销话术

话术框架（占比）	营销方法
卖点介绍（50%）	展示产品穿着效果、细节、材质、适用场景、人群等基础信息
引导下单（50%）	由于基础款几乎不存在优惠信息，所以一般会以店铺优势（或品牌背书）消除用户的顾虑，从而推动购买，如运费险、7 天无理由退换货等

5. 组合款

组合款是指人为地将几个单独售卖的产品组合在一起，合并售卖的产品。为了促进销售，很多直播销售员会利用“捆绑销售”的策略。组合款产品相对于基础款产品来说，组合出售时的价格有一定优势，既可以是买多件产品满减，也可以是购买套装产品组合有优惠。组合款直播营销话术见表 5–12。

表 5–12 组合款直播营销话术

话术框架（占比）	营销方法
单品卖点介绍（20%）	介绍组合内更加热销的产品，从材质、穿着效果、细节等方面介绍并展示
优惠福利（25%）	介绍直接购买组合款主推品的价格，让那些不希望买套装的用户也能够入手产品
组合卖点介绍（20%）	介绍组合搭配品的材质或技术上的卖点并展示，分享上身体验效果和细节特点
引导下单（35%）	指出若购买套装能得到什么优惠或福利，增加用户的购买决心

6. 高端款

高端款又称形象款，就像人的外表一样，气质好、形象好的人总是会吸引他人的关注。直播销售也一样，一个好的形象可以在无形中给产品增添好感和信任感。高端款一般是能代表该品牌新一季产品主要特点的款式，具有新颖性、时尚性、抢眼性、高价性、唯一性等特点。高端款产品的品质较好，客单价相对于其他产品较高。在直播中，直播销售员利用品牌背书介绍产品，内容侧重产品的品质并反复提及。高端款直播营销话术见表 5–13。

表 5–13 高端款直播营销话术

话术框架（占比）	营销方法
卖点介绍（40%）	主要利用品牌背书，讲述产品的品质，让用户明白为何价格相对于同类产品有差别，如“专柜橱窗款”“××× 联名款”“××× 同款”等
其他延伸（20%）	增加一些场景营造、与平价品质量的对比等，增强用户下单的决心
引导下单（40%）	通过福利放送、折扣等方式不停刺激用户，让用户产生“真的很实惠，不买是不是亏了”的心理感受，促其成功下单

相关链接

常用直播营销话术拓展

根据直播流程和产品推广流程，可以将常用的直播营销话术分为欢迎话术、关注话术、感谢话术、互动话术、购物车点击话术、引导成交话术、促单话术、促付话术、下播话术等。

一、欢迎话术

一名直播销售员首先要关注新进入直播间的用户，此时应该采用的话术是：欢迎 ×× 进入直播间。注意这类欢迎语不宜太过机械化，可根据直播当天的实际情况适当做一些优化和改良。

欢迎话术的基本原则是让用户知道进入直播间后，直播销售员在关注他们，让用户有被尊重的感觉，并且可以通过欢迎话术介绍直播间的活动，从而提升用户的体验感。

【话术范例】

1.“欢迎 ×× 大驾光临，你的名字也太有个性了吧，看来是位有个性、有故事的老兄。”

2.“欢迎 ×× 进来捧场，看名字应该是老乡 / 喜欢旅游 / 喜欢游戏，是吗？”

3.“欢迎 ×× 进我的直播间，你的名字居然和我以前取过的名字一模一样，我们俩是多有缘分！”

4.“欢迎 ×× 来到直播间，点击关注，关注我，不迷路！”

5.“欢迎大家来到我的直播间，希望朋友们多多支持，多多捧场！”

6.“进来的帅哥美女，刷刷弹幕，让我看到你们！”

7.“欢迎大家来到我的直播间，我是一名新手，请支持我 20 min，停留 20 min 送 300 个亲密值！”

8.“关注我，加入我的粉丝团，立刻活跃你的账号，增加你账号的权重，让你发布作品的时候，更加容易上热门。”

9.“欢迎 ×× 来到我的直播间，他们都是因为我的歌声 / 舞姿 / 幽默感留下来的，你也是吗？”

10.“刚进来的小伙伴，可以等一下后面的朋友，没有点关注的，给我点点关注。”

11.“欢迎新来的朋友，不要着急马上走，人间自有真情在，点点红心都是爱，天若有情天亦老，来波关注好不好？”

二、关注话术

用户进入直播间后，直播销售员可以通过话术引导其关注直播间，为直播间涨粉。在此过程中，直播销售员要注重自我宣传，不断给新用户介绍自己能够提供的服务和价值，展现个人的直播风格。这不仅能吸引新用户关注，还会让用户有先入为主的感觉，从而留下深刻的印象。

【话术范例】

1.“来到直播间的小可爱们，注意了，接下来我就要推出今天优惠力度非常大的产品了，错过了要等一年哦！”

2.“客官，请少安毋躁，马上我们就来一波抽奖，抽中10位粉丝，我把手里的 ×× 直接送给你！”

3.“小伙伴们，怎么都不吱声啦！看来是我给的红包还不够，接下来我们就来一波抽奖，发送666，我来截屏！”

4.“咦，这位小伙伴，提出了一个有意思的问题。”

5.“感谢所有进直播间的朋友，没关注的点个关注，点完关注我就送你们一波福利！”

6.“欢迎刚刚产品秒杀完了才进来的小伙伴，非常可惜你错过了一波大福利，不过不用担心，还剩最后6个，抽中了就免费送给你！”

三、感谢话术

用户进入直播间后，逐渐会打赏、关注或者购买直播销售员推荐的产品。对这些行为，直播销售员一定要真诚地感谢。感谢话术是对用户心意的回馈，真诚地感谢会让用户更有存在感，有更多的用户加入直播。

【话术范例】

1.“感谢各位的喜爱，是我的才华或是我卖货的技巧，让你忍不住出手吧？不接受任何反驳哦！”

2.“感谢朋友们今天的陪伴，感谢所有进入直播间的朋友，谢谢你们的关注、点赞哦，今天很开心！”

3.“感谢所有进入直播间的朋友，还要感谢很多人从我一开播就来了，一直陪我到下播。陪伴是最长情的告白，你们的爱意我收到了！”

四、互动话术

1. 提问式互动

对于提问式互动，答案只能是肯定或否定，用户发送1个或2个字就能发言了，直播销售员也能快速得到用户的答案，不至于在等答复时冷场。

2. 选择题式互动

选择题式互动就是给用户抛一个选择题，答案是ABCD都可以，发言成本很低，能够迅速让用户参与直播互动。

3. 刷屏式互动

刷屏式互动就是让用户灌水发言，让新进来的用户看到直播间很活跃，好奇为什么那么多人发送666，直播销售员到底表演了什么。

在直播中，用户可能提各种各样的问题。如果用户问到了产品，说明他们对产品产生了兴趣，一定要耐心细致地解答，并且可以有针对性地引导用户购买产品。互动话术的关键在于细致耐心，一个问题可能有很多人问，每个人问的问题可能也有很大差异，有时候需要反复回答相同的问题，所以直播销售员务必要有耐心。

【话术范例】

1. “刚刚给大家分享的小技巧，大家学会了吗？”

2. “你们能听到我的声音吗？”

3. “这款口红大家以前用过吗？”

4. “想吃的发送1，想看我吃的发送2。”

5. “想要的宝宝在评论区发送1，有多少个1，我就给大家上多少件产品。”

五、购物车点击话术

购物车点击话术是指用户对直播销售员的介绍产生了兴趣，直播销售员实时引导用户点击购物车。购物车点击是一个很重要的维度，一般在销售前和销售中都可以引导用户点击。直播销售员需要不断向用户强化点击购物车，用户在多次提醒下一般会有想要了解的冲动，从而完成点击购物车的行为。

【话术范例】

1. “宝宝们，1号链接，本场福利，折扣后只要99元，三、二、一，开始！”

2. “宝宝们，目前介绍的是1号链接产品，感兴趣的点击购物车了解详情！”

3. “抢到优惠券的宝宝们，点击1号链接，可以直接购买！”

六、引导成交话术

引导成交话术是指用户从购物车进入产品详情介绍页面之后，直播销售员使用话术激发用户产生下单的欲望。

在一般情况下，用户在购买产品之前都会对产品的质量、功效或者售后服务等有所顾虑。引导成交话术就是打消用户的所有顾虑，使用的方法不再是从产品特点上打动用户，而是用互动的方法转移用户的注意力。这类话术的本质是把用户对产品的担忧或疑虑转移到限时优惠或福利上。

【话术范例】

1.“就在今晚，1号链接鞋子的价格到手只有5折，购买后再送你们一双袜子！”

2.“7天无理由退货，前100名用户还送运费险！”

3.“1号链接，今天只有100份，卖光就没了，宝宝们靠手速了，赶紧抢！”

4.“今天这款限时产品，我们只卖5 min，真的只有5 min，运营到时候一定会准时撤下链接，需要的宝宝们千万不要错过！”

七、促单话术

促单话术是指使用话术促使用户提交订单。促单话术的关键是调动用户“抢”的心态，把“物以稀为贵”的道理用一句话传递给用户。即使是普普通通的价格，也要让用户感到这是一年内仅有的一次机会，促使用户立即下单。这时候用户考虑的不再是产品是否需要，而是如果不买就是损失，这就是促单话术需要营造的氛围。

【话术范例】

1.“数量有限，如果你看中了一定要及时下单，马上就要卖完了！”

2.“抢到就是赚到，单品数量有限！”

3.“先付先得、最后2 min！”

4.“活动马上结束了，要下单的朋友们抓紧！”

八、促付话术

促付话术是指促使用户尽快完成付款。下单未付款会影响付款率和成交转化率，损失掉这种订单是非常可惜的，直播销售员需要促使用户尽快付款。用已购买者对未付款者进行引导，让用户觉得，已经有这么多人买了，估计自己买了也不会吃亏，反正到时候不满意就退货。

【话术范例】

1.“拍下就抓紧时间付款啊，宝宝们！机会难得，稍纵即逝！”

2.“刚拍下拼团产品的宝宝们，3 min没有付款，将失去预占名额！”

3.“已经买到的宝宝们在公屏发送“买了”！”

九、下播话术

每一场直播都要有始有终，每天临近下播的时候，都需要有一套完整的下播话术，这不仅是表达对用户不舍之情，也是直播销售员对本次直播的总结。下播话术可以是感谢型结尾、预告型结尾和才艺展示型结尾。完整的下播流程会让用户有非常好的观看体验，并且可以通过下播话术告知用户一些关键性的营销信息，所以不可草草结束。

【话术范例】

1.“现在是晚上 10 点 10 分了，不早了，非常感谢关注的宝宝和送礼物的宝宝，谢谢大家！宝宝们也要早点休息喔！”

2.“还有 20 min 下播了，非常感谢大家的陪伴，今天和你们度过了非常愉快的时光，我再给大家唱首歌好不好？你们要记得想我，我也会想念大家！”

3.“今天的直播接近尾声了，明天晚上 8 点，同样时间直播！”

4.“我马上就要下播了，感谢大家的陪伴，想跟我学拿货、做代理的，还没点关注的亲们点关注，明天晚上 8 点我会直播春季新品，一定要再来啊！”

5.“感谢宝宝们的陪伴，谢谢你们的关注、点赞！”

6.“我马上要下播了，今天和大家聊得特别开心，明晚 8 点我在直播间等着你们！一定要记得赴约哟！”

7.“最后给大家播放一首好听的歌曲，播完就下播了，感谢大家！好梦！”

8.“感谢大家，明天好好工作，明晚 8 点再聚！”

技能操作

技能　产品直播营销话术的技巧

一、操作准备

1. 提前熟悉本次直播产品。

2. 确定好主推款、福利款、爆款等不同品类产品。

二、操作要求

1. 利用爆款或福利款吸引足够多的用户在线观看直播。

2. 有意识地引导用户关注主推款。

3. 主推款的介绍时间要长于其他品类的产品。

三、操作程序（以主推款为例）

1. 基本程序

场景营造→同品类比对→卖点介绍→搭配推荐→福利优惠→卖点强调。

2. 具体步骤

步骤 1　场景营造

“下面，给大家介绍一款我们家的王牌产品！真的很值得购买！这件产品就是我身上同款的中大童速干衣。直播间姐妹们家里有没有夏天运动容易出汗的小朋友，如果有，那这件你一定要看看！”

步骤 2　同品类对比

“今年非常流行这种冰丝材质的衣服，小朋友穿上非常舒服，冰冰凉凉的，像某些大品牌都有出，怎么能不给自己家的小朋友带一件呢？”

步骤 3　卖点介绍

“来，宝宝们，我给大家走近一点看一下衣服的面料。虽然我们平时说棉质的更亲肤，但是夏天温度高，一定要备几件这种冰丝材质面料的衣服，家里的小朋友爱运动出汗的一定要买！小朋友夏天运动容易出汗，如果穿湿衣服，再吹空调或者吃冷饮，很容易着凉。像我们家这个速干衣，出汗之后，衣服很快就干了，不会黏在身上，清清爽爽的，很舒服！”

“这种衣服亲肤、柔软、透气，还吸湿、速干，夏天穿在身上真的很舒服。你看一下这种面料，像这种丝绸般滑滑的感觉，真的非常好。给你们看一下这个效果，是不是只有我们的速干衣才有？只有我们的速干衣才有这种丝绸一样的效果，带你感受凉爽舒适。”

步骤 4　搭配推荐

“来，我们看一下搭配，像这一件随便搭配运动裤、休闲裤、牛仔裤，板鞋、运动鞋、凉鞋。我直接拿我们家的搭配给大家展示了，穿上随便拍照都会显得非常青春、有活力。”

“它是一个正肩的版型，非常修饰腰部，完全不会觉得勒或者紧。”

步骤 5　福利优惠

“更重要的是，这款是新品，你们可以去官方旗舰店看一下，要 299 元一件。今天在我的直播间领了左上角的优惠券，只要 99 元，好划算。99 元拿到 ××× 正品的新款 T 恤。”

“你们准备好没有？五、四、三、二、一，1 号链接，刷新去拍！”

步骤 6　卖点强调

“给你们看一下这个效果，是不是只有我们的速干衣才有。只有我们家的速干衣才有这种丝绸一样的效果，带你感受凉爽舒适。”可以再加上抗皱的功能讲一下，配合扭转动作、1 s 平整无皱等演示。

培训单元 2　介绍平台优惠及产品折扣信息

培训重点

1. 直播常用的促销方式。
2. 常用的福利营销方式。
3. 直播促销常用的引导话术。

知识要求

一、直播常用的促销方式

促销就是营销者向用户传递有关企业及产品的各种信息，说服或吸引用户购买其产品，以达到扩大销量目的的一种活动。促销实质上是一种沟通活动，即营销者发出刺激消费的各种信息，传递到一个或更多的目标对象（信息接收者，如听众、读者、消费者等），以影响其态度和行为。

在 5G 网络普及和媒体融合的进程中，直播与其他行业呈现加速融合态势。在抖音上，有各种不同类型的直播形式，航空航天、汽车、美食、化妆品等多个行业都加入直播的行列。

直播属于一种新的营销方式，有多种不同的促销方法。直播中，比较常用的促销方式分别是纪念式促销、借势促销、时令促销和限定式促销。

1. 纪念式促销

纪念式促销是直播销售员开展促销的重要方式。在节假日、纪念日等重要的日子里，用户的购物需求会空前高涨。如果直播销售员在此时积极开展各种促销，就可以顺利地实现产品销售。直播销售员还可以设立会员日、制定特定周期，为用户购物制造理由。

在周年庆或者用户生日期间赠送福利是较为常用的纪念式促销方式。一般来说，在周年庆当天促销，可以给用户一种产品优惠力度大，错过了就买不到的感觉。在用户生日当天为其发放福利，可以让用户感觉自己被重视，从而让用户有不一样的消费体验。

对粉丝来说，直播销售员的重视可以使其持续迸发出购物的热情，所以直播销售员更要用心维护，让这些粉丝继续留在自己的私域流量池内。例如，直播销售员可以确定一个粉丝回馈日，以回馈粉丝的方式促销。除此之外，一些直播销售员还会设置会员日，在会员日内促销。但直播销售员在进行纪念式促销时，需要注意以下几点。

（1）做好促销预热。纪念式促销具有时效性，优惠的时间一般不能太长，否则用户感受不到促销带来的紧迫感。因此，直播销售员在促销开始前的一星期，就要做好促销预热。直播销售员可以在直播间提前告知用户纪念日促销，或者在直播间内设置一个提示，提示用户纪念日的时间以及优惠的力度。

（2）做好促销准备。在纪念式促销前，直播销售员除了做好促销预热以外，还要做好促销准备，提前准备好优惠券和赠品。

（3）赠品要有创意性。直播销售员在纪念式促销时，赠送具有特色创意的礼品更能体现出对用户的用心。例如，直播销售员可以定制带有个人特色的礼品，不仅能顺势推广直播间，还能显示赠品的创意性，有效地刺激用户购买产品的欲望。

（4）在节假日促销。一般来说，用户在节假日的购买需求比较强烈。例如，许多用户会在过年购买年货。此时，如果直播销售员在直播间促销，只要促销方式得当，就很有可能刺激用户的购买欲望，从而提高产品的销量。

（5）设置特定的促销周期。一般来说，大多数用户在购买产品时，比较倾向于购买有折扣的产品。而直播销售员做纪念日、节假日促销的频次一般不高，所以直播销售员除了纪念日、节假日促销以外，还会指定特定的促销周期。例如，

"每周上新""每周日全场九折"等促销，满足用户追求优惠的心理。需要注意的是，直播销售员在周期促销时，需要提前推荐新品、打造爆品，才能吸引用户关注促销。直播销售员确定好产品之后，需要在周期促销前进行直播预热。一般来说，直播销售员会在某些平台提前发布每周直播促销推出的产品，并告诉用户直播的时间，与用户保持黏性。

2. 借势促销

借势促销的核心就是四两拨千斤，以更少的成本达到更好的效果。借时事热点和借主题促销都是十分有效的促销方式，能够帮助直播销售员提高产品销量。下面介绍借势促销的具体方式。

（1）时事热点促销。直播销售员在直播时，可以运用时事热点进行促销。例如，直播销售员可以挑选娱乐类或行业类的时事热点，进行促销。

1）娱乐热点促销。一般来说，娱乐八卦以及明星趣事是许多用户关注的热点，直播销售员将娱乐热点作为促销的理由，可以带来更多流量。直播销售员在利用娱乐热点促销时，需要注意两点：一是分析娱乐热点与直播产品是否匹配；二是对娱乐热点做前期调研，规避风险。

2）平台购物节促销。利用购物节进行促销是许多商家与品牌常用的促销方式。每当电商平台购物节开始时，直播销售员和商家就会借机促销，营造购物的氛围，吸引用户购买产品。

（2）主题促销。一般来说，节假日或电商平台的购物节是直播销售员或商家实现产品销量暴涨的好时机。直播销售员也会在这个时段做各种各样的主题促销，目的是吸引用户购买产品，提升销量。

需要注意的是，由于主题促销的内容是由直播销售员或直播团队自行策划的，所以促销的效果与直播销售员选品以及在直播间的表现息息相关，要求直播销售员在主题促销时，做到以下 3 个方面：一是选择质量优良、种类丰富、性价比高的产品；二是直播时多与用户互动，提高用户在直播间停留并观看直播的概率；三是坚持定期举办同一主题促销，形成直播间的特色。

3. 时令促销

直播销售员可以根据时令变化制订不同的促销计划，开展反季清仓和当季清仓促销。无论是反季清仓，还是当季清仓，都是以清仓为由甩卖产品，从而吸引大量追求实惠的用户关注。同时，在反季清仓、当季清仓等时令促销时，直播销售员要使用合适的促销方式，以便提升产品销量。

（1）反季清仓。反季清仓是指直播销售员通过促销反季节产品刺激用户的购买欲望，实现产品销售目的的一种促销方式。不是所有的产品都适合反季清仓，通常库存多、活动力度大的产品，直播销售员会利用反季清仓销售产品。例如，直播销售员在夏季时，会利用反季清仓的方式销售毛衣、羽绒服等，清理积压的库存。直播销售员在反季清仓时，需要注意以下三个方面：一是要把握产品的优惠力度；二是要确保产品质量；三是对不退不换的清仓产品要做好售后工作。

（2）当季清仓。以销售服装为例，当冬天快要过去，春天还没有来临时，对于冬季的衣服，直播销售员便会采取当季清仓的促销方式清理库存。这样不仅可以为初春的新款服装留出仓储空间，还可以回笼部分资金。

4. 限定式促销

限定式促销就是限制某些要素，如数量、时间、产品或折扣等，促使用户尽快做出消费决策。

（1）限量促销。限量促销是指直播销售员直播时，通过制造产品的稀缺性，突出产品的价值，激发用户购买热情的促销方式。例如，直播销售员销售一款饰品时，在讲解了饰品的外形设计和材质后，利用“限量出售500件”的话术营造紧迫的购物氛围，让用户认为产品的数量有限，从而刺激用户的购物欲望。

（2）限时促销。限时促销是指直播销售员在特定时间，降低价格销售产品的一种促销方式。例如，“今日特价”“2小时内下单立享9折优惠”等都是典型的限时促销。直播销售员在限时促销时，只要适当地加大优惠力度，就可以有效地激发用户的购买欲。由于限时促销的时间较短促，所以直播销售员在限时促销前，一定要做好准备。例如，直播销售员需要明确限时促销的产品、促销的时间以及促销的方式，还要在直播平台、社交平台或其他平台做好宣传工作，让更多的用户知道促销，并引导用户参与促销。

二、福利营销

直播销售员直播的目的是销售产品，所以为了提高产品的销量，需要全方位激发用户的购买欲望。而要做到这一点，直播销售员只有开展各种福利营销，才能吸引更多用户购买产品。下面介绍几种常用的福利营销方式。

1. 特价优惠

特价优惠是指让用户可以用低于正常的价格获得某种特定的产品或利益的促销。在抖音、快手等直播平台，大多数的促销方式都是以特别低廉的价格，向用户出售特定数量的产品。

（1）特价优惠的作用

1）利用低价在竞争中取得优势。成规模的商家往往主打价格优势，以特价的形式赢得市场空间。在竞争激烈的市场中，薄利多销成为众多商家制胜的法宝。

2）提高销量，扩大市场占有率。商家采用特价优惠策略是在一定期限内将产品降价出售，以使用户产生产品便宜的心理，从而购买产品，然后缓慢提高产品价格，直至恢复到原有价格。特价优惠策略，通过一“降”一“升”，无形之中提高了销量、扩大了市场占有率。

（2）特价优惠的注意事项

1）常用产品特价优惠更具吸引力。一般情况下，特价优惠的产品必须是用户常使用的或适合每一个家庭的产品。

2）低价格优势要真实。特价优惠产品的价格必须是真正低价，才能取信于用户。

3）产品数量及销售时间需要限制。数量太大、销售时间太长，影响总的利润水平；数量太小，又不能满足需要，往往导致多数用户失望，造成相反的效果。

2. 发放优惠券

优惠券可降低产品的价格，是一种常用的营销推广工具。直播销售员在直播间发放优惠券，可以在一定程度上提升销量。

（1）优惠券的作用

1）刺激消费。一般来说，直播销售员在销售种类单一且单价较高的产品时，发放优惠券是刺激用户下单的福利营销方式。例如，直播销售员在介绍一款单价较高的护肤品时，可以向用户发放优惠券，并且告诉用户邀请一位朋友观看直播，还可以获得额外的优惠券。通过发放优惠券的方式，直播销售员不仅可以激起用户的购买热情，还可以为直播间带来更多用户。

2）提高转化率。发放优惠券的成本一般较低，而且吸引的用户较精准。直播销售员介绍完产品的优势和卖点之后，如果用户对产品比较满意，直播销售员就可以发放优惠券，将用户的购买欲望转化为下单行为。

（2）发放优惠券的注意事项

1）让利的幅度必须适度。让利幅度需要足够大才能吸引用户，但也不可过分让利而损害总销售利润。如果让利带来的新增利润（即新增用户身上的利润）不及在老用户身上损失的利润，总销售利润就会下降。这样的让利，对于商家来讲不叫让利，叫割肉。所谓让利，应该是在单位数量的产品或服务上让利，但总销售利润不应该减少。

2）让利必须是短期的。直播销售员必须让用户对这一点有清楚的认识，否则如果用户把优惠促销当成了降价，让利就从短期变成了长期，以后商家就不可能再把价格提升回原有的水平了，因为用户已经把降下来的价格当成了理所应当。

3. 购买即赠

购买即赠是通过向用户赠送小包装的新产品、金额较低的小件产品、买 ×× 件则送 ×× 件等形式，使用户快速地熟悉商家的产品，刺激他们的购买欲望，让产品迅速打开市场，为商家赢得稳定的利润。

（1）购买即赠的作用

1）刺激用户的购买欲。用户购买产品犹豫的时候，赠品让用户认为获得了更多的价值，突出优势是产品超值、实惠，吸引力很强，能引起立即购买行为，明显提升产品的销量。

2）增强促销力度。用户在购买促销产品时可以立即得到赠品，对用户有直观的引导作用，对商家来说操作简单方便。

3）宣传品牌气势。在品牌宣传上有很好的作用，让利会让用户对品牌产生好印象。

（2）购买即赠的注意事项

1）赠品与产品有相关性。选择的赠品和产品有关联，容易给用户带来最直接的价值感。如果赠品与产品相互依存、配合得当，效果更佳。

2）赠品要重质量。赠品体现商家的诚信。不要以为“赠”就是“白送”，便可随意。赠品质量是赠品能否起作用的基础，甚至影响到品牌的生存和发展。因为赠品不仅代表了商家的信誉，而且代表了产品质量、品牌信誉，与产品和品牌存在着一损俱损的唇齿关系。当赠品选择别家品牌产品时，赠品的质量问题还可能会侵犯赠品品牌权益，引起法律问题，扰乱正常的市场秩序。

3）送在明处。有时明确地告诉用户赠品的价格，也有非常好的效果。因为用户是冲着产品去的，赠品是给用户的一个购买诱因。赠品可以增加用户的认同感，让用户感受到直播销售员的真诚，比通过广告等方式提高用户的忠诚度要省钱得多。

4. 限时限量购

限时限量购是指在一定时间内规定用户的购买行为，对产品打折销售，到期后恢复原价。例如，可以设置 24 h 内产品五折，24 h 之后恢复原价。

（1）限时限量购的作用

1）提高产品下单率。一般限时限量购的产品种类比较丰富，同时也会推出一些名牌产品，刺激用户购买。

2）营造紧张氛围。时间短暂，一般限时 2 h 左右，先到先买，限时限量售卖。折扣较低，以低于产品原价五折的价格销售，折扣力度大。

（2）限时限量购的注意事项

1）确认限定时间与折扣力度。

2）发布消息，召集目标用户。限时限量购一定要提前跟用户打好招呼，在官网、各平台尽早进行宣传，吸引足够多的用户前来抢购。

5. 预售

预售是指在产品还没正式进入市场前进行的营销行为。

（1）预售的作用。对于一些设计、发明类的产品，可以通过预售来了解产品是否有市场。特别是针对一些只能通过批量化生产的产品，通过预售达到一定数量后才可以投入生产，有效规避了生产风险。没有预售成功，表明该产品的实用性以及受欢迎程度有待考究与论证，也可以从侧面看出用户的关注度。

（2）预售的注意事项。不是所有的产品都适合预售，预售的产品一般是新产品，而且是使用价值比较高的产品，如手机、汽车、电脑等更容易引起用户注意，生活用品类不太适合预售。用户认可的品牌更适合预售，知名度比较高的品牌预售新产品会受到用户关注。

6. 抽奖

抽奖是指根据一定的规则，用抽签法决定中奖者，包括福袋抽奖、红包抽奖、下单抽奖等。

（1）抽奖的作用

1）吸引用户眼球。抽奖能够吸引感兴趣的用户进入直播间，增加在线观看直播的人数。

2）提高产品下单率。抽奖一般是在直播中和结束的时候公布下单中奖的手机尾号。在奖品足够吸引人的情况下，有些用户可能原本对促销的产品不感兴趣，也因为奖品发生购买行为。

3）扩大品牌宣传力度。抽奖也是一种反馈给用户的信息，商家用产品作为奖品，在一定程度上提高了产品的宣传力度。

（2）抽奖的注意事项

1）通知下单成功的用户获得抽奖机会。很多用户可能只是来观看直播，但是并没有发生购买行为，而抽奖在一定程度上可以促进购买。通知下单成功的用户获得抽奖机会，刺激用户下单。

2）奖品一般选择价格比较高的产品。中奖的概率一般很低，如果奖品的吸引力不够，用户可能兴趣不大。

三、直播促销常用的引导话术

直播促销的引导话术是指直播中的语言带有营销色彩，目的是让用户下单。直播销售员需要借助一定的销售技巧和引导话术，突破用户最后的心理防线，引导其下单。直播促销引导话术有助于直播销售员提升销售能力，创造高销量和高成交额。本处介绍抽奖促销引导话术。

抽奖促销是指利用各种福利、抽奖活动留住用户。不仅在直播开头送出各种福利，如限量 1 元（9.9 元）、包邮秒杀、送 ×××、三折促销、买 2 送 2 等，而且福利贯穿全场。大概 5 ～ 10 min 提醒一次，用福利留住用户。因为不断有新用户进入直播间，如果不重复前面的福利，后进入的用户就没办法留住。

技能操作

技能　介绍平台优惠及产品折扣信息

以抖音直播间发放优惠券为例，介绍平台优惠及产品折扣信息。

一、操作准备

1. 直播销售员提前熟悉直播的优惠活动，从各类平台尽可能全方位了解产品信息，并做好相关准备。

2. 制作相应的直播背景，用户只要进入直播间，即可了解优惠内容。

二、操作要求

直播销售员使用的引导话术尽量多强调优惠活动，引导用户下单。

三、操作程序

1. 基本程序

创建优惠券→开始直播→活动预热→开始发放优惠券→结束发放优惠券

2. 具体步骤

步骤 1　创建优惠券

（1）点击“优惠券管理”→“添加”，如图 5–1 所示。

图 5–1　选择“优惠券管理”

（2）支持筛选

1）优惠券类型：默认全部选中。

2）优惠券渠道：默认全部选中。

3）优惠券名称：支持精确搜索，输入优惠券名称进行搜索。

（3）勾选要添加到直播的优惠券（支持多选），点击右下角“添加到直播”，如图 5–2 所示。

步骤 2　开始直播

设置直播封面、直播标题，上架直播产品，点击“开始视频直播”，如图 5–3 所示。

步骤 3　活动预热

在直播中，直播销售员告知用户直播福利及发放时间，如图 5–4 所示。

步骤 4　开始发放优惠券

已添加优惠券未发券：点击“优惠券管理”→优惠券对应的“立即发券”，优惠券就会变成“发放中”状态，如图 5–5 所示。

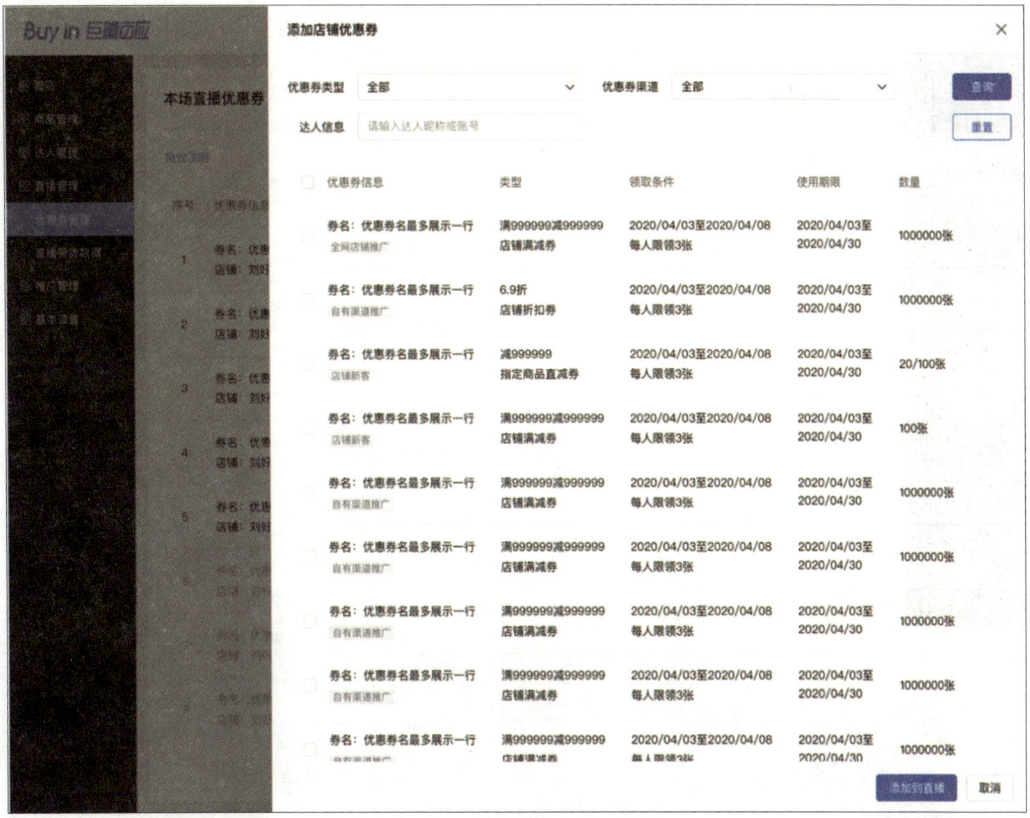

图 5-2　将优惠券添加到直播

图 5-3　点击“开始视频直播”

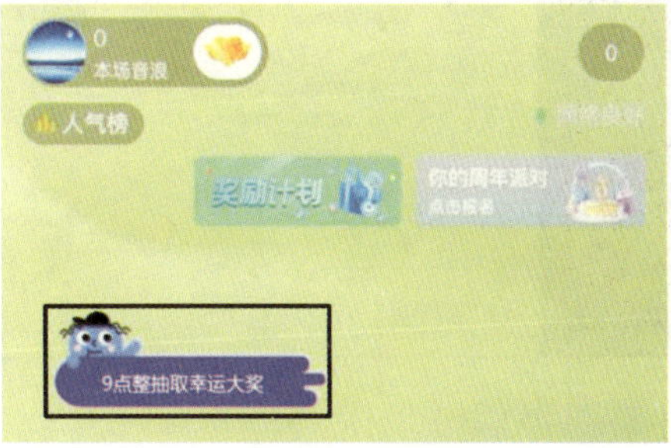

图 5-4　告知直播福利截图

图 5-5　发放优惠券

步骤 5　结束发放优惠券

点击“优惠券管理”→优惠券对应的“停止发券”，优惠券就会停止发放，如图 5-6 所示。

图 5-6　停止发放优惠券

职业模块 六 售后与复盘

培训项目 1 售后

培训单元 1 分析异常数据

培训重点

异常数据的分析方法。

知识要求

一、异常数据的类型

直播过程当中难免会遇到异常数据的情况，如遇到常见如下几类流量突然下滑、转化率波动、销售额大幅下降，实时在线人数陡增，但产品支付转化率非常低等情况。

1. 流量异常

一场直播的在线人数、观看人次、进场人数等流量指标是随时间而波动的，如果出现陡增或陡降，直播销售员就要分析其中的原因。

2. 销售异常

销售异常反映了用户对直播产品的认可程度，特别是当天的购买人数变化体现了直播销售员的引导效果。

3. 互动异常

互动异常说明直播销售员与用户互动不够，需要通过引导来增加互动，提高互动率，同时增加直播间平均停留时长。

4. 转化异常

选品问题、比价问题、产品非刚需、流量不精准、卖点形容不突出都会造成转化差。如果产品的转化率较低，直播销售员可以分析是不是选择的产品与用户画像存在差别，无法吸引用户购买，或者是客单价、性价比出现了问题，需要更新产品活动。

5. 停留时长过短

用户在直播间的停留时长过短，可能与很多原因有关。例如，直播内容无趣、直播销售员没有激情、节奏过慢、存在同类别的竞品直播，都会使用户在直播间停留时间短。要想解决这个问题，就要错开高峰，或者在直播中把整体的话术节奏加快，还可以通过场景布置增加直播间的吸引力。

6. 访客数下跌

访客数下跌的主要原因包括市场淡季、店铺或者单品违规以及流量渠道缺失。

7. 支付下跌

支付下跌是指最近 7 天支付金额较上一个 7 天下跌 30% 以上，这就需要优化产品标题和描述，加强引流，同时利用促销优惠提升用户下单转化率。

二、异常数据的分析方法

导致异常数据的原因有很多，本处仅对流量异常、销售异常、互动异常、转化异常的分析方法进行介绍。

1. 流量异常分析

流量异常的主要原因是直播数据值波动比较大，直播间承接完成得不好。好的直播数据是在开播前通过付费流量或用户开场福利，将直播间在线人数及进入直播间人数快速拉高，然后在保证在线人数平稳后销售产品。在产品销售过程中，如果出现在线人数下滑，再通过活动或福利产品将人气承接住，保证在整个过程中在线人数相对稳定。流量异常分析如图 6–1 所示，波动值在 0 ~ 6 000。

2. 销售异常分析

成交转化率 =（成交数 ÷ 访客数）× 100%，直观反映了商家吸引用户的能力、产品质量和商家的服务态度。依据成交转化率，可以判定在特定时间内商家的盈利情况。一般情况下，成交转化率越高，商家的收益就越高；成交转化率越低，商家的收益就越小。成交转化率在 1% 以上为合格，5% 以上为优秀（见图 6–2）。

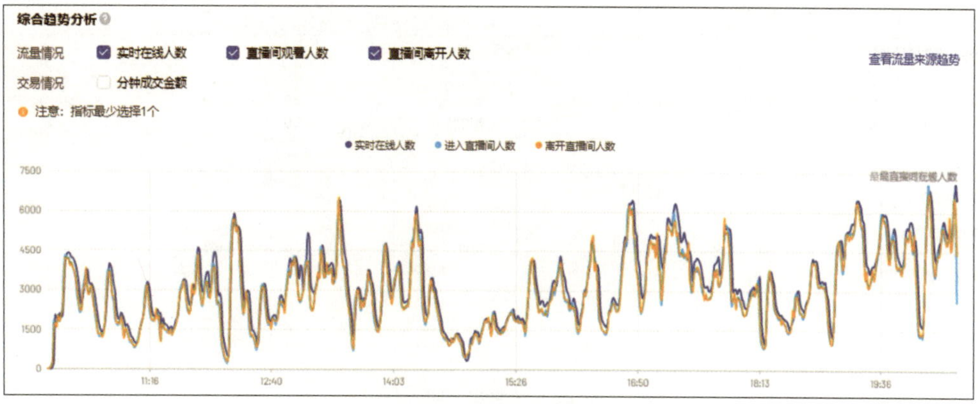

图 6–1　流量异常分析

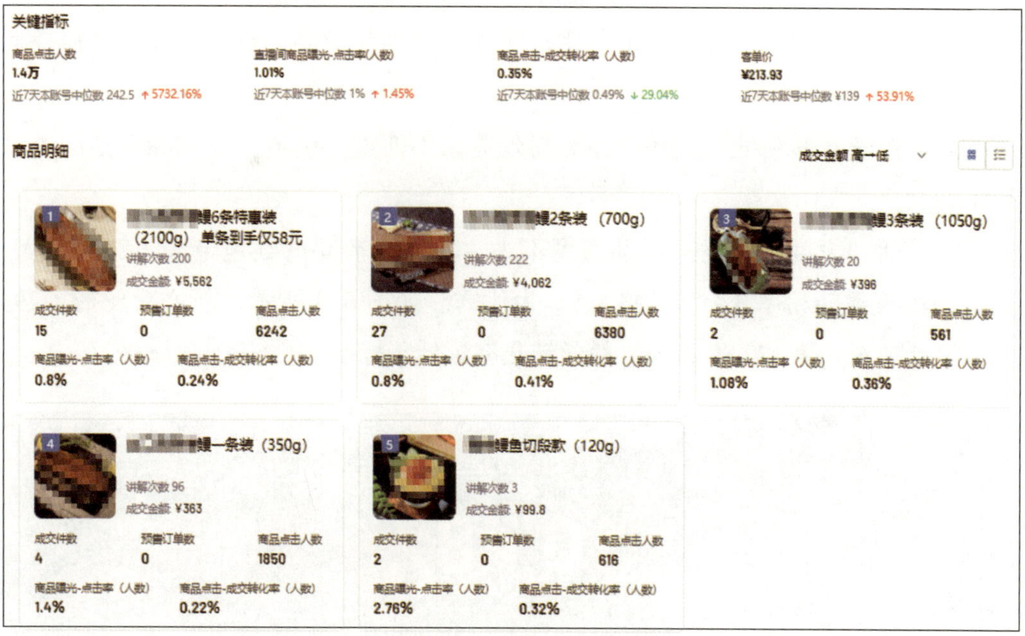

图 6–2　销售异常分析

3. 互动异常分析

互动率主要是指直播弹幕人数占比，占比越高，直播间活跃度越高，直播氛围越好。产品场控与直播销售员配合默契，产品相关弹幕数占比越高，说明用户对产品的认可度越高。通常直播互动率 5% 为及格、10% 为优秀。如图 6–3 所示，在直播中，互动率仅为 0.19%，达不到一般要求，属于互动率不及格的直播。

4. 转化异常分析

粉丝转化率（转粉率）=（新增粉丝数 / 累计观看人数）×100%。粉丝转化率越高，直播间转化潜力越大。粉丝转粉化低主要有以下几方面原因。

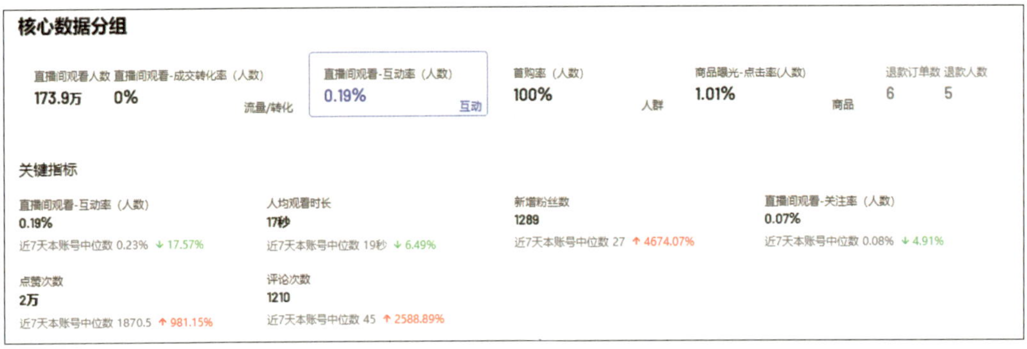

图 6–3　互动异常分析

（1）直播销售员人设问题。直播销售员人设塑造以及价值引导存在问题。

（2）直播销售员没有做好引导用户关注、添加粉丝团、点击购物车的口播话术。

（3）粉丝不够精准。直播产品和粉丝需求不匹配，引流短视频和直播间关联性不高。

（4）活动力度小。优惠活动力度不大，转发直播间的红包金额不够吸引人。通常一场直播转粉率 3% 为及格、5% 为优秀。如图 6–4 所示，新增粉丝数 1 294 人，累计观看人数 173.89 万人，粉丝转化率远低于标准。

图 6–4　转化异常分析

培训单元 2　建立直播售后标准工作流程

培训重点

1. 直播售后服务规范制定。
2. 投诉处理流程建立。

知识要求

一、直播售后工作的主要内容

1. 收集用户信息，开展用户关系管理工作。
2. 回答解决用户反馈的常规问题，指导用户正确使用产品。
3. 与其他部门合作确定并执行售后问题解决方案。
4. 整理每次售后服务的详细记录并存档。
5. 做好售后问题分类汇总和分析工作。

二、直播售后服务规范制定

1. 售后服务管理

商家和直播团体应建立投诉处理制度，明确处理流程、节点和各方责任，见表 6–1。

表 6–1　投诉处理制度

主体	内　容
商家	1. 依法经营，履行用户权益保护、知识产权保护、网络安全与个人信息保护等方面的义务 2. 应根据服务方案、平台规则、与直播销售员签订的售后协议及相关法律法规要求等，履行交易承诺，积极解决用户诉求

续表

主体	内　容
商家	3. 应建立不低于一种的用户投诉渠道，受理并解决用户诉求 4. 对不属于自身职责内的投诉应告知用户实际情况并协调处理 5. 出现违背承诺、要求赔偿等严重情况时，与直播销售员共同商议解决方案，推动问题解决 6. 应及时处理产品促销活动的内容、服务承诺、领取方式等咨询 7. 应及时处理产品支付、物流配送、退换货承诺等服务流程的咨询
直播团体	1. 应积极履行直播间的交易承诺，并督促商家履行对用户的交易承诺 2. 应监控商家的服务能力，通过直播账号和其他渠道了解用户的诉求，并推动商家履行交易承诺，提升服务质量 3. 应建立不低于一种的用户投诉渠道，受理并解决用户诉求 4. 当无法及时处理用户投诉时，应积极协调平台和商家，推动问题解决，必要时启动应急处理机制解决问题 5. 当商家服务能力不能满足用户需求时，直播销售员可督促商家调整服务方案。必要时，可介入商家的服务过程管理，调派人员协助，确保商家的售后服务质量，积极保护用户权益 6. 帮助处理用户的投诉问题，有效避免用户进一步投诉或差评现象的发生 7. 出现违背承诺、要求赔偿等严重情况时，及时核实情况，与用户协商处理，并与商家共同商议解决方案，推动问题解决

2. 舆情监控与处理方案

直播团队应该对各类传播媒介和平台的用户诉求进行监察和预警。监控内容主要包括直播销售员表现、用户互动、直播内容，当发现不良言行或舆情危机时，需要及时采取处理措施。处理措施包括以下 3 个方面。

（1）及时回应。对于用户反映的问题和诉求，需要及时向用户了解来龙去脉，并做出积极回应。

（2）调整直播策略。在监控直播内容时，需要及时发现直播过程中存在误导用户消费的行为，积极调整直播策略、优化直播内容，避免出现诱导消费的嫌疑。

（3）危机公关。在发生舆情危机时，需要及时采取公关措施，避免舆情扩散和品牌受损。

3. 直播电商服务评价处理

（1）直播团队应给予用户合理评价的权益，为用户提供服务评价的途径，提升用户满意度。

（2）直播团队通过销售平台、直播平台持续监控用户评价，并根据用户的评价提升服务质量。

三、投诉处理流程建立

1. 记录投诉内容

根据用户投诉登记表，详细记录用户投诉的全部内容，如投诉人、投诉时间、投诉对象、投诉要求等。

2. 判断投诉是否成立

在了解用户投诉的内容后，判断用户投诉的理由是否充分、投诉要求是否合理。如果投诉并不成立，应以委婉的方式答复用户，取得用户的谅解，消除误会。

3. 确定投诉受理责任部门

依据用户投诉的内容，确定相关的受理单位和受理负责人。如果是运输问题，交储运部门处理；如果是质量问题，则交质量管理部门处理。

4. 责任部门分析投诉原因

要查明用户投诉的具体原因及造成用户投诉的具体责任人。

5. 提出处理方案

依据实际情况，参照用户的投诉要求，提出解决投诉的处理方案，如退货、换货、维修、折价、赔偿等。

6. 提交主管领导批示

针对用户投诉问题，主管领导应审核投诉的处理方案，并及时做出批示。根据实际情况，采取一切可能的措施，尽力挽回损失。

7. 实施处理方案

按照处理方案要求处理投诉，达到用户满意的目标。

8. 总结与评价

对投诉处理过程进行总结与评价，吸取经验教训，并提出改善对策，从而提高用户服务质量和服务水平，降低投诉率。

培训项目 2 复盘

培训单元 1　复核售前预测数据

培训重点

售前预测数据的复核方法。

知识要求

一、售前预测数据的作用

售前预测数据可以让直播团队对直播情况做一个全面的复盘和分析，找出直播存在的问题并提出解决方案，最后预测和制定接下来的直播目标。

二、售前预测的关键数据指标

1. 流量指标

流量指标包括直播间观看人数、自然流量观看人数、付费流量观看人数、评价在线人数、最高在线人数等，体现了直播间的引流能力。

2. 互动指标

互动指标包括评论数、点赞数、互动率等，体现了直播间的人气情况，也反映了直播销售员互动的实时表现水平和调动直播间气氛的能力。

3. 产品指标

产品指标包括产品点击人数、直播间产品曝光点击率、产品点击成交率、客单价等，体现了产品对用户的吸引程度，也反映了直播销售员的销售能力。

4. 订单指标

订单指标包括成交量、成交额等，反映了每笔订单的详细成交情况。

三、售前预测数据的复核方法

1. 流量指标复核

通过将流量指标的数据与预测数据进行比较，分析直播间引流效果和直播销售员的直播状态。如图 6–5 所示，可以看到，直播的自然流量比较理想，而付费引流人数为 0，可能是因为店铺未进行付费引流。

图 6–5 流量指标复核

2. 互动指标复核

如图 6–6 所示，新增粉丝数较多，点赞和评论次数增长也很快，但是互动率和人均观看时长有所下降，说明直播间人数增长速度高于互动人数增长速度。

图 6–6 互动指标复核

3. 产品指标复核

如图 6–7 所示，产品点击人数和直播间产品曝光点击率都有所增长，但是产品点击成交率下降，说明产品对用户有一定的吸引力，但是直播销售员的引导还不够。产品点击成交率的行业平均水平在 1% 左右，好的直播销售员可以达到 3%。

关键指标

产品点击人数	直播间产品曝光-点击率(人数)	产品点击-成交转化率（人数）	客单价
1.4万	1.01%	0.35%	¥213.93
近7天本账号中位数 242.5 ↑5732.16%	近7天本账号中位数 1% ↑1.45%	近7天本账号中位数 0.49% ↓29.04%	近7天本账号中位数 ¥139 ↑53.91%

图 6–7　产品指标复核

4. 订单指标复核

如图 6–8 所示，通过订单指标，直播销售员可清晰明了每笔订单成交的状况，以及当日直播间的流量承接效率。当点击率和付款率之间存在明显差异时，可能是产品 SKU（stock keeping unit，最小库存单位）不丰富、产品价格没有优势、直播销售员的销售话术有待优化。

图 6–8　订单指标复核

培训单元 2　分析、优化营销方案

培训重点

1. 营销方案分析。
2. 营销方案优化。

知识要求

一、营销方案优化的目标

直播复盘的目的是通过直播数据对直播前制定的营销方案进行验证，分析营销方案在直播间的完成效果，找出营销方案的问题，并制定营销方案优化的策略，为后续的直播提供方法指导和建议，以达到拓宽销售渠道、提高产品销量和销售额以及提升企业品牌的目的。

1. 拓宽销售渠道

当前是很多企业数字化转型的关键期，线上销售是不可避免的，仅仅通过传统电商平台销售，中小企业难以获得流量，而直播销售相对传统电商平台更容易获得流量。

2. 提高产品销量

在直播中，直播销售员可以利用促销、大额优惠券、限时优惠等营销活动增加产品在直播间的曝光点击率，吸引更多用户进入直播间购买，同时还可以通过直播互动来引导用户下单购买。直播营销方案要围绕提高销量的目标，精心设计优惠促销和用户互动方案。

3. 推广企业品牌

直播营销可以帮助企业推广企业品牌，持续提升目标用户对品牌的认可度和忠诚度。除了线上投放广告之外，直播也是企业品牌推广的有效方法。企业可以与直播销售员合作开展直播营销，推广产品，扩大企业品牌的知名度。

二、营销方案分析

直播结束后，直播团队需要对直播间数据进行复盘，通过分析具体的数据指标，总结直播存在的问题，为优化营销方案提供依据。

1. 数据概况

分析直播间数据指标时，首先应对直播间的核心数据有一个大致了解。虽然每个平台对直播间核心数据的归类有一定的差别，但是一般都包含以下指标：商品交易总额（gross merchandise volume，GMV）、累计观看数、在线人数（峰值）、平均在线人数、转粉率、销售转化率、用户平均停留时长、客单价、预估销量、预估销售额等。这些指标是优化营销方案的基础，对这些数据的复盘，对于提升销售转化率至关重要。例如，GMV 是最能体现直播销售能力的数据指标。又如，从每场直播的预估销量和预估销售额，可以看出一段时间内的直播销售效果是否稳定。此外，还要关注累计观看人数、转粉率等人气类数据指标和销售转化率、客单价等销售数据指标，一旦数据出现下滑的趋势，就要找出原因，尽快调整策略，以保证直播的稳定性。某直播间全天的实时大屏如图 6–9 所示。

图 6–9　某直播间实时大屏

（1）在线人数。在线人数是指某时刻同时观看直播的总人数，后台的在线人数是实时变动的，不会一直增长。在线人数是直播间流量的核心指标，是最值得关注的流量指标。在线人数变化可以最直观地反映直播间的内容质量。

如图 6–10 所示，该直播间在上午 8 点开播之后，在线人数不断波动，在 13 点左右，在线人数达到峰值，随后逐渐波动递减。直播团队需要分析在线人数递减的原因，并有针对性地调整营销方案。

（2）累计观看数。累计观看数是指在某个时段内累计观看直播的人数，反映了直播间的受关注程度。可以通过比较一个较长周期（7 天或者以上）的每天累计观看数分析直播间的周期性表现，如果发现在一个周期内累计观看数呈现下降趋势，就需要分析下降的原因，尽快调整营销方案。累计观看数趋势图如图 6–11 所示。

（3）进场人数。进场人数是指每个时刻进入直播间的人数，结合流量投放时间节点，反映整个直播间的动态流量变化。进场人数趋势图如图 6–12 所示。

（4）离场人数。离场人数是指每个时刻离开直播间的人数，反映了直播间对用户的吸引程度。如果离场人数逐渐增加，直播销售员就要想办法提高用户的在线时长，把用户留在直播间。离场人数趋势图如图 6–13 所示。

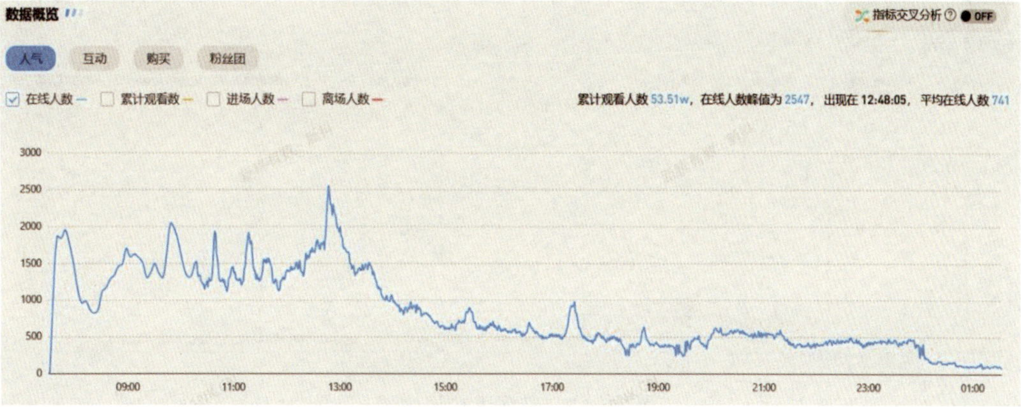

图 6-10　在线人数趋势图

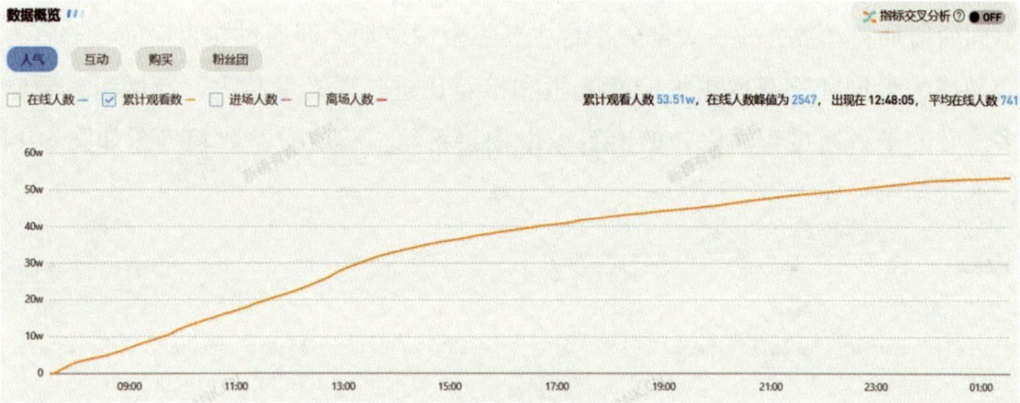

图 6-11　累计观看数趋势图

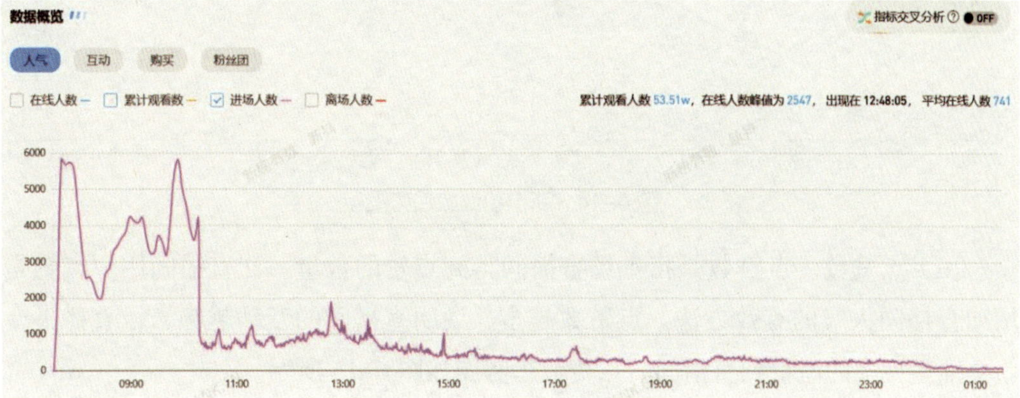

图 6-12　进场人数趋势图

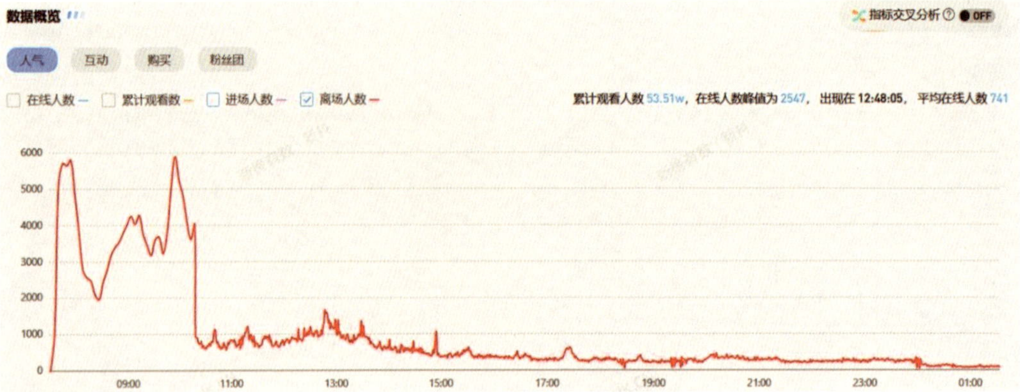

图 6–13　离场人数趋势图

（5）新增粉丝数。新增粉丝数是指直播间新关注的人数。不同的直播平台有不同的增加粉丝数方式。大部分平台主要靠资源驱动，即通过在直播间参与官方活动或大量刷礼物获取更大的曝光量和推荐比重。曝光量越大，新增粉丝数越多。有的平台通过直播以外的内容输出积累粉丝。新增粉丝数趋势图如图 6–14 所示。

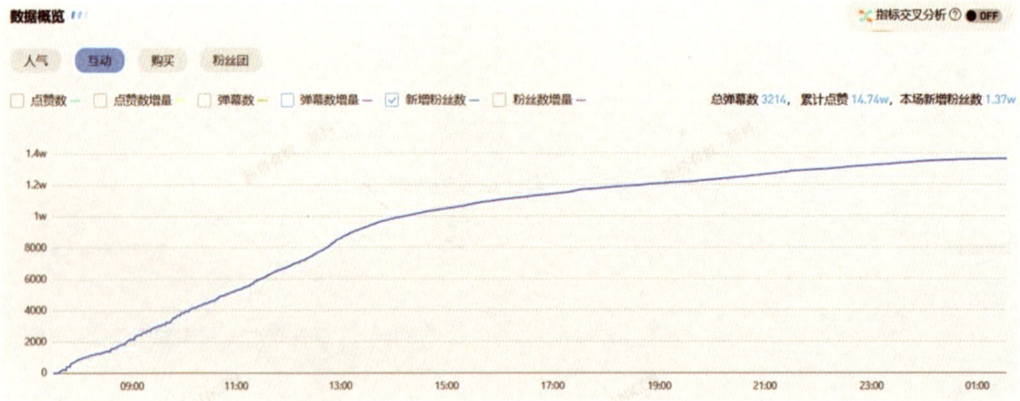

图 6–14　新增粉丝数趋势图

（6）点赞数。点赞数是指本场直播间得到点赞的数量。让直播间用户点赞是增加直播间人气的有效方法。点赞数越多，说明直播间的互动越频繁，直播平台就会推送更多的流量到直播间。点赞数趋势图如图 6–15 所示。

（7）弹幕数。从直播用户的互动数据可以看出用户的需求和购买倾向，最主要的指标就是弹幕数。弹幕数可以衡量直播间的互动情况，弹幕数越多，互动率越高，说明直播间的氛围越好，也就越有利于直播销售员引导转化。

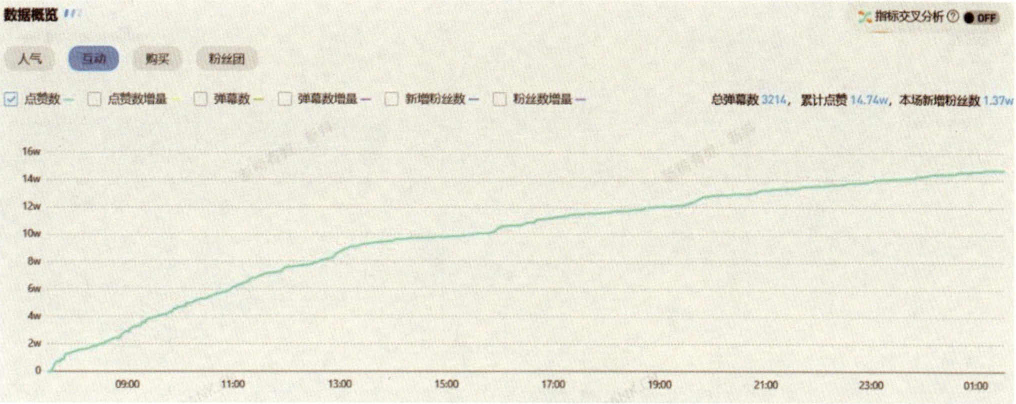

图 6-15 点赞数趋势图

通过弹幕可以知道用户喜欢聊什么，下次直播的时候就可以多准备一些相关的话题来调动直播间气氛；也可以知道用户对哪些产品的兴趣比较高，并在之后的直播中重点推荐。弹幕数趋势图如图 6-16 所示。

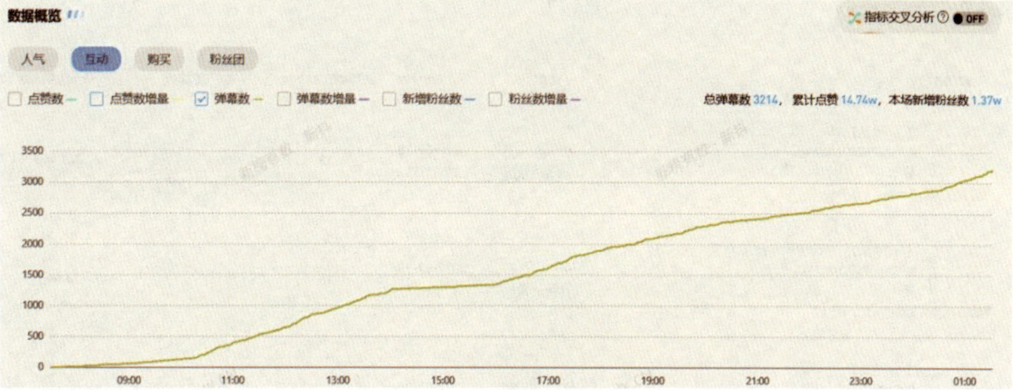

图 6-16 弹幕数趋势图

（8）正在购买人数。正在购买人数反映了直播间的购买吸引力。直播间用户如果对产品感兴趣，一定会点击查看产品详情。通过正在购买人数变化趋势，可以快速了解哪一款产品上架期间的购买人数较多，直播销售员在直播时，就可以反复强调产品的价格优势或活动，同时在返场时再次介绍，提高销售转化率。正在购买人数趋势图如图 6-17 所示。

2. 产品分析

（1）产品列表。直播间的产品列表显示了直播间所售卖的具体产品信息，包括产品标题、产品图片、直播价、优惠价、上架时间、上架时在线人数、预估销量、预估销售额等。产品列表界面如图 6-18 所示。

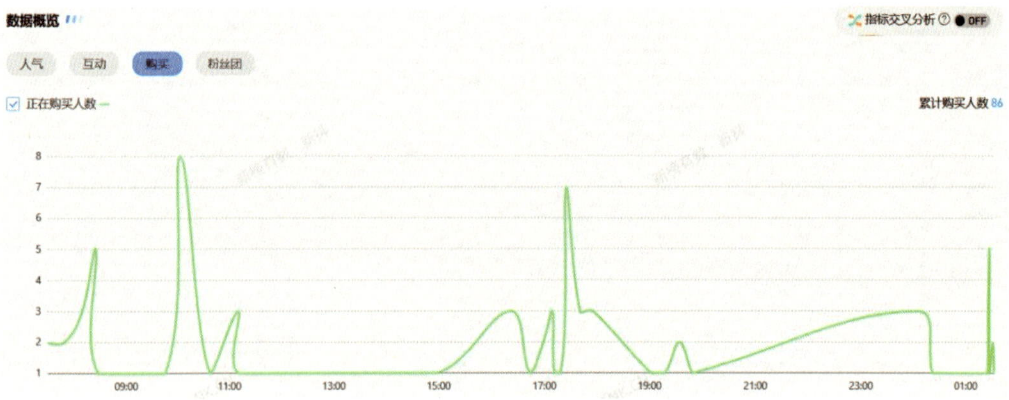

图 6-17　正在购买人数趋势图

图 6-18　产品列表界面

（2）销售分析

1）销售分析指标柱状图。销售分析指标柱状图反映了直播间中各品类产品的销售情况。因为直播间的产品可以涵盖很多品类，将销售的产品按照品类划分统计，可以帮助直播团队分析直播间的热卖品类以及销售额相对较低的品类，为运营做出指导。销售额 TOP 产品品类如图 6–19 所示。

2）产品价格分布。产品价格分布是指按照价格区间分类，然后分别对应销量，反映哪个价格区间的销量最高，以及直播间的用户经常购买和能接受的价格区间，可以帮助直播销售员更好地选品和定价。产品价格分布如图 6–20 所示。

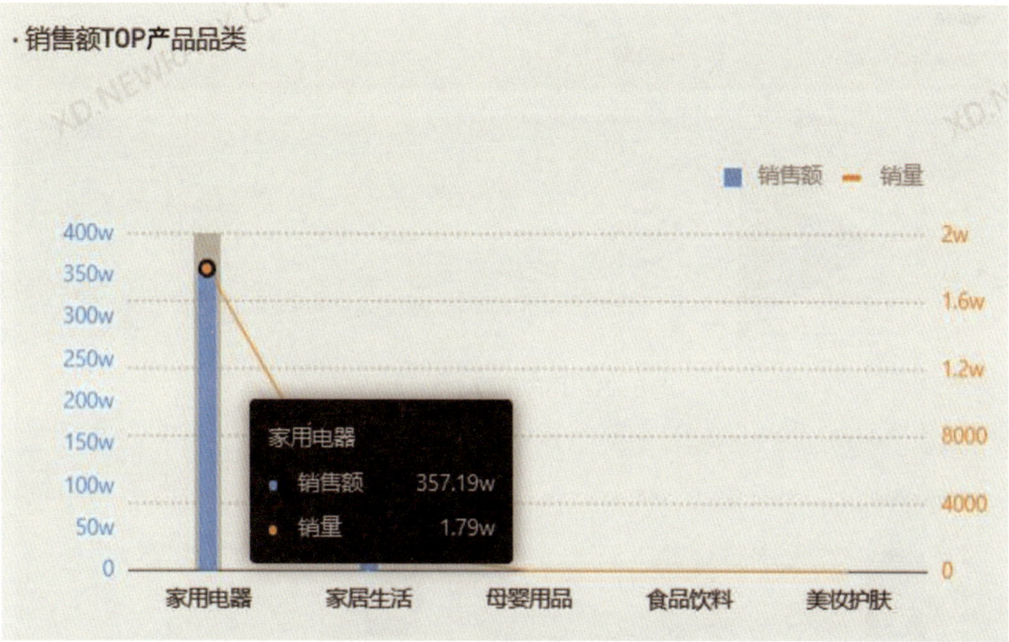

图 6-19　销售额 TOP 产品品类

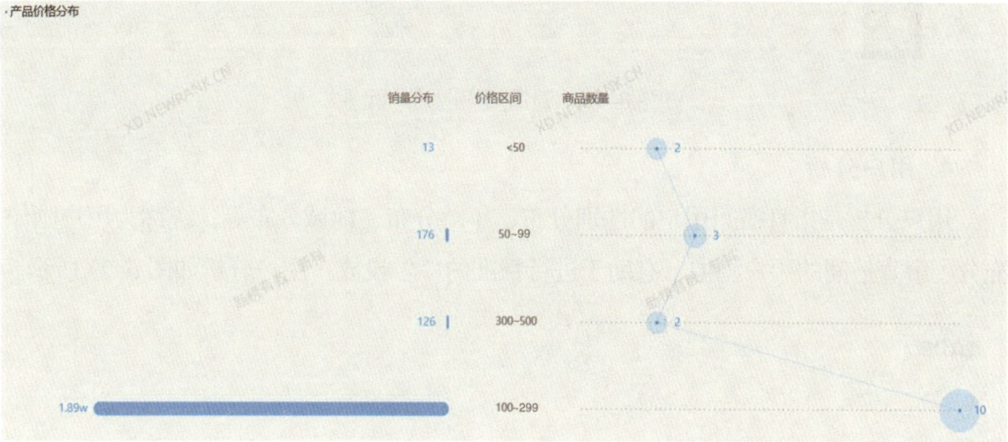

图 6-20　产品价格分布

3. 流量分析

如图 6-21、图 6-22 所示，用户图 6-21、图 6-23 中称为（观众）来源占比与趋势、直播期间视频点赞增量、视频引流占比、视频引流人次等指标主要反映视频推荐的引流效果。视频推荐是直播间引流的重要渠道。直播间发布的直播预热视频质量决定了直播平台推荐用户数。推荐的用户越多，进入直播间的人数越多，购买直播产品的可能性越大。图 6-22 说明第一个预热视频的引流人次远远多于其他 3 个视频，因此直播团队要分析第一个视频的优点以及另外 3 个视频存在的问题。

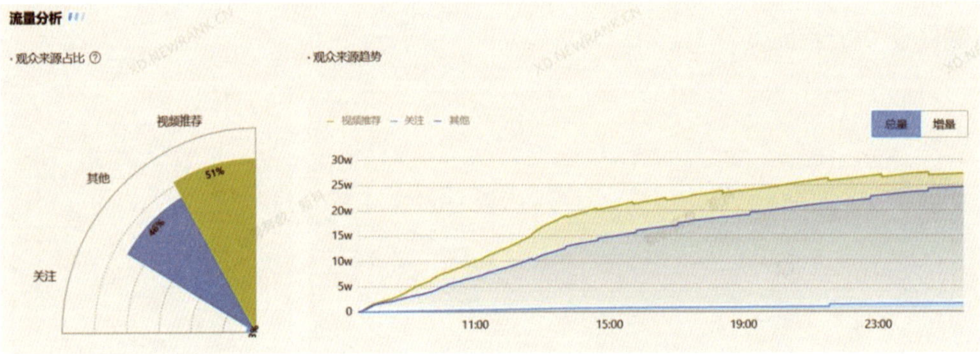

图 6–21　用户来源占比与趋势图

图 6–22　直播预热视频分析图

4. 用户分析

用户分析是指直播间用户的性别分布、年龄分布、地域分布等，统称为用户画像。充分了解直播间的用户画像，有助于进行精准的广告投放。用户分析如图 6–23 所示。

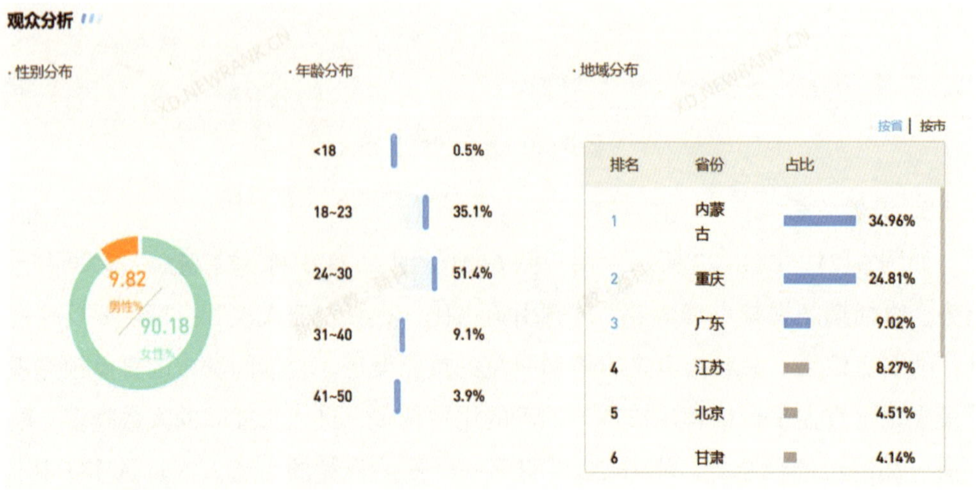

图 6–23　用户分析

5. 互动分析

互动分析是指对用户在直播间里的评论内容进行分析，直播销售员可以通过弹幕内容及时了解用户最关心的问题和需求。互动分析如图 6–24 所示。

图 6–24　互动分析

三、营销方案优化

1. 价值吸引，注重停留

用户在直播间停留的时间越长，说明直播间的吸引力越强，后续转化的可能性越高。直播停留时长是数据优化的起点，可以从以下几个方面来增加用户在直播间的停留时长。

（1）在制作预热视频时，直播团队可以通过特色产品、特色互动、多重优惠福利等方式告知用户，进入直播间能获得什么利益，使用户带着期待进入直播间。

（2）用户进入直播间的第一感受非常重要，专业的直播间布置能够快速吸引用户眼球，赢得用户好感。布置直播间时，要注意产品台的高度、产品出现的页面位置、打光的方向、直播销售员出现的位置、货架的陈列、道具的使用以及背景墙的展示等。另外，除了视觉方面，背景音乐、喊麦等听觉方面也要精心设计。从视觉和听觉两个维度，提升直播间的专业性和趣味性，能够有效增加用户停留时长。

（3）按照产品的属性、优势和益处等 3 个维度设计话术。话术既要具备专业性，还要具备一定的感染力，从而吸引用户停留。当直播间人数比较少时，新进入直播间的用户容易很快退出直播间，所以此时直播销售员一定要和新进入的用户打招呼。人越少越要打招呼，提升用户的存在感，让用户愿意停留在直播间。

（4）在直播间，可以使用各种福利小工具，如福袋、定点秒杀、抽奖、福利放送等。直播福利要贯穿整个直播过程，让不同时段进来的用户都能够享受到不同阶段的福利。另外，为了让福利内容更加突显，可以将其展示在直播背景上，让用户进入直播间就能一眼看到直播福利，从而增加用户对于直播间的黏性。

（5）在直播中，用户会随时看弹幕内容，所以优质的直播间一定要安排专人回答弹幕区的问题、屏蔽不良的弹幕消息、踢出乱带节奏的用户等，也可以让专人在直播间刷弹幕，正向引导用户，营造直播间氛围等。

2. 主动交流、引导互动

（1）当直播间人数较少时，直播销售员可以和直播间内的每个用户逐一互动，回答每个用户的问题，并且可以针对一些代表性的问题着重讲解。当直播间人数较多时，可以引导用户点赞、关注或者加入粉丝团，并且告知用户点赞到一定量级，会发放红包、秒杀款等福利。

（2）直播销售员在直播中可以经常问用户一些简单问题，让用户参与互动。例如，卖衣服的直播销售员会说："想要粉色款的可以直接在评论区发送1。"或者在介绍产品价格之前卖个关子，问用户："大家觉得这款条纹经典款呢绒大衣需要多少钱？"

（3）在直播过程中，直播销售员可以适当开一些玩笑，或者讲到某些有关联性的内容时，加入自己经历的趣事等，通过这些话题引导评论区互动。

3. "人""货""场"风格匹配，引导下单购买

（1）每个产品品类与直播销售员的风格以及直播间背景要有适配感、一致性，这样用户对产品的信任度会大大提升，转化率也会随之提升。例如，卖文玩用品的直播销售员会穿上传统服饰，同时直播间的布置要有文化气息，彰显产品的文化属性。又如，卖珠宝的直播销售员选择华丽庄重的衣着打扮，直播间也被各种珠宝道具布置得琳琅满目，以突显直播间雍容华贵的氛围。

（2）当直播销售员讲解完某件产品后，要告知用户下单的流程。直播销售员可以通过手机把下单购买的步骤演示给用户看，即使用户不下单，也能够起到心理暗示和引导用户的作用，提升转化率。

高级

职业模块 七

工作准备

培训项目 1 宣传准备

培训单元 1　建立第三方宣传供应商资源库

培训重点

1. 第三方宣传供应商选择和评价方法。
2. 第三方宣传供应商资源库建立。

知识要求

一、第三方宣传供应商概述

1. 第三方宣传供应商的概念与分类

第三方宣传供应商是指为直播进行宣传、引流和推广策划的第三方服务企业。

根据在直播宣传中的作用，可以将第三方宣传供应商分成两类。第一类是直播宣传内容制作公司，如广告传媒公司、短视频拍摄制作公司等；第二类是直播宣传策划公司，进行直播宣传推广的方案策划与运营。

2. 第三方宣传供应商的功能和作用

第三方宣传供应商的主要功能包括宣传方案策划、宣传内容制作、推广引流等。

直播宣传推广的灵魂是策划，核心是内容。目前直播平台众多，各平台流量竞争激烈。一方面，只有深入人心的创意和制作精良的内容才能得到更多的流量，因此要与精于创意策划和内容制作的第三方宣传供应商开展合作，才能够真正地用好宣传推广平台。另一方面，随着直播行业的发展，直播宣传需求日益增长，伴随而来的宣传费用也逐年提高，选择专业的第三方宣传供应商也可以为直播节约相应的成本。

二、第三方宣传供应商的选择和评价方法

1. 第三方宣传供应商的选择方法

根据第三方宣传供应商的功能和作用，直播团队选择第三方宣传供应商的方法主要有以下 3 点。

（1）直播团队的经济实力。每个直播团队的经济实力不同决定了其宣传需求也不同。资金不足的直播团队可能会自行承担宣传方案策划和宣传内容制作，只是把推广引流交给第三方宣传供应商；资金雄厚的直播团队为了达到更好的直播效果，可能需要第三方宣传供应商提供宣传方案策划、宣传内容制作和推广引流的一站式服务。

（2）直播团队的宣传需求。每个直播团队都具有自己的优势和特点。例如，擅长宣传策划的直播团队，如果不具备视频拍摄、制作能力，则可以选择内容制作类的第三方宣传供应商。

（3）直播团队所在的平台。目前直播平台众多，不同平台的宣传手段和方法不同，不同的第三方宣传供应商专注的平台也不同。因此，直播团队在选择第三方宣传供应商时，事先要了解该供应商的业务领域与自己的需求是否匹配。

2. 第三方宣传供应商的评价方法

评价一个第三方宣传供应商是否达到了直播团队所期望的宣传目标，取决于直播要达到的目标，如预期的引流人数、粉丝人数、转粉率、销量和销售额等能够量化的指标。

直播团队可以通过直播后台或者第三方数据分析平台对以上指标进行统计汇总，作为第三方宣传供应商绩效评价的依据。

三、第三方宣传供应商资源库建立

为了合理利用资金，达到预期宣传目标，直播团队需要建立一个第三方宣传供应商资源库，通过制定一套完善的第三方宣传供应商管理制度，优化配置现有资金，合理选择和评价第三方宣传供应商，并加快对各类供应商的培养。

1. 制定第三方宣传供应商资格预审制度

制定合理的第三方宣传供应商资格预审制度，从财务状况、合作意愿、专业研发设计能力、公司声誉等方面，对候选第三方宣传供应商进行综合评分，确保第三方宣传供应商符合直播宣传需求，节约采购成本，提升采购效率。

2. 制定第三方宣传供应商开发流程

第三方宣传供应商开发可以按照以下流程：公开招标→接收投标文件→资格初审→确定入围名单→现场评审→确定终审候选名单→现场考察→综合评价并确定最终中标名单。另外，将没有中标但是符合直播需求的第三方宣传供应商纳入公司的第三方宣传供应商备选库。

3. 深化第三方宣传供应商动态管理

定期对第三方宣传供应商合同履行情况进行考核，从专业能力、宣传质量、服务水平、目标达成率等方面进行综合评价，并将评价结果记入第三方宣传供应商档案。

4. 推行第三方宣传供应商分级管理

在与第三方宣传供应商合作过程中，按照业务范围、合同履行情况对第三方宣传供应商进行分类、分级，不断优化对第三方宣传供应商的日常管理和质量考核，从而实现对第三方宣传供应商资源的科学管理和高效利用。

5. 完善第三方宣传供应商档案资料管理

加强对第三方宣传供应商的档案资料收集、分类和汇总工作，动态更新合作过程的资料，定期撰写第三方宣传供应商合作总结分析报告并归档。

培训单元 2 计算直播预热投入产出比

培训重点

1. 直播预热的方式。
2. 直播预热投入产出比的计算方法。

知识要求

一、直播预热的方式

直播预热可以让直播间获得更多的关注和流量，因此是直播必不可少的一个环节。直播预热的方式有很多，不同的直播预热方式针对不同的受众人群，所以一般会选择两个以上的直播预热方式。

1. 站外预热

站外预热是指通过微博、微信公众号、社群等第三方平台，对直播进行预热宣传。微博预热如图 7–1 所示。

图 7–1　微博预热

2. 个人简介预热

个人简介预热是指在直播前将直播销售员的账号昵称、直播时间、直播内容写在简介上，让用户养成定时观看的习惯，如图 7–2 所示。

3. 短视频植入预告预热

短视频植入预告预热是指在日常发布的视频结尾植入直播预告，让用户在不知不觉中记住直播时间，从而达到引流的效果，如图 7–3 所示。

图 7–2 个人简介预热

图 7–3 短视频植入预告预热

4. 福利引导预热

福利引导预热是指把福利放在直播预告里，如拍 1 发 2、1 元抢购、送手机、送大牌化妆品等。福利引导预热的直播预告不需要太长时间，15 s 的视频足够激发用户的好奇心进入直播间。福利引导预热如图 7–4 所示。

5. 直播预告预热

直播预告预热主要是为了让用户知道直播时间，通常在直播前 1 h 或前 0.5 h 发布，如图 7–5 所示。

6. 直播片段预热

直播片段预热类似于影视剧中的花絮，可引起用户兴趣。可以截取直播中的福利或有趣、精彩的片段发布短视频，为直播进行引流。

当然，除了选择合适的直播预热方式外，有节奏地向用户传达预热信息也很重要。例如，个人简介预热（简介、昵称等）需要提前 1 ~ 3 天预告直播时间。

图 7-4　福利引导预热

图 7-5　直播预告预热

二、投入产出比的测算方法

投入产出比（return on investment，ROI），也叫投入产出率或投资回报率，是指投入产生的收益与投入的比值。投入产出比的计算公式如下：

$$投入产出比=（收益/投入）\times 100\%$$

从以上公式可以看出，投入产出比与收益成正比，与投入成反比，即在投入一定的情况下，收益越高，投入产出比越大；反之，在收益一定的情况下，投入越少，投入产出比越大。

在会计学中，投入产出比反映了一个企业投资的经济效益，投入产出比越大说明企业投资的经济效益越好。因此，对于直播来说，要提高投入产出比，就要在投入资金确定的前提下，尽可能提高直播收益；或者在明确直播收益目标的情况下，尽可能压缩直播投入成本。

三、直播预热投入产出比的计算方法

预热是直播引流的重要方法，直播通过直播预热投入增加流量，提升销售额。

直播预热投入产出比反映了直播预热投入的经济效益。直播预热投入产出比的计算公式如下：

直播预热投入产出比 =（直播销售额 ÷ 直播预热投入）× 100%

例如，通过某平台推广一件衣服，一周后后台统计出推广费用 10 000 元，营业额 20 000 元，那么直播预热投入产出比为：20 000 元 ÷ 10 000 元 × 100%=200%。

因为，直播销售额 = 点击次数 × 转化率 × 客单价，直播预热投入 = 点击次数 × 平均点击成本，所以可以得出：

直播预热投入产出比 =（点击次数 × 转化率 × 客单价）÷（点击次数 × 平均点击成本）× 100%
=（转化率 × 客单价 ÷ 平均点击成本）× 100%

因此，直播销售员要提高直播预热投入产出比的方法是提高转化率或客单价。

培训单元 3　协调引流资源、扩大宣传渠道

培训重点

1. 引流渠道的类型。
2. 引流渠道扩展。

知识要求

流量是决定直播成败的关键要素，无论是免费流量还是付费流量都需要通过一定的渠道将其引入直播间。不同的引流渠道有不同的引流方式，引流效果也不尽相同。因此，直播销售员要根据自己的直播特点选择合适的引流渠道，并充分协调和利用各种引流资源，扩大直播宣传渠道。

一、引流渠道的类型

1. 站内引流渠道

以抖音为例，抖音给直播间提供了很多曝光渠道，只有得到曝光的直播间，

用户才能点击、观看。抖音的站内引流渠道包括预热短视频、直播广场、同城定位、用户关注、直播 DOU+ 投放等。

（1）在直播前，发布预热短视频。用户看到视频并被内容吸引，则可能关注直播间。预热短视频静态图如图 7–6 所示。用户进入直播间主页，从主页简介里观看直播预告，并定时进入直播间。

（2）如图 7–7 所示，用户可以点击直播间右上角的“更多关注”进入直播广场，选择感兴趣的直播间。直播广场界面如图 7–8 所示。

图 7–6　预热短视频

图 7–7　直播间界面

直播广场主要依靠直播间点击率、观看时长、直播同时段竞争、好的直播封面 / 标题 / 内容等形式，吸引用户进入直播间。

（3）开启“同城展示”功能，吸引同城的人进入直播间，如图 7–9 所示。

（4）在用户群告知用户开播时间，并在开播前几分钟提醒用户进入直播间。

（5）直播 DOU+ 是抖音直播平台为直播间提供的一种付费推广工具，主要是进行直播间预热，以提升直播间的曝光效果。如图 7–10 所示，直播销售员点击“DOU+ 上热门”按钮，进入“DOU+ 上热门”充值界面，如图 7–11 所示，充值成功后便可对直播间进行预热。

图 7–8　直播广场界面

图 7–9　“同城展示”开启界面

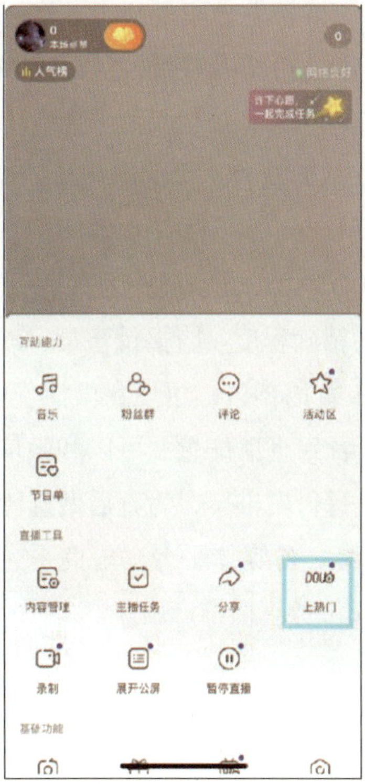

图 7–10　“DOU+ 上热门”设置界面

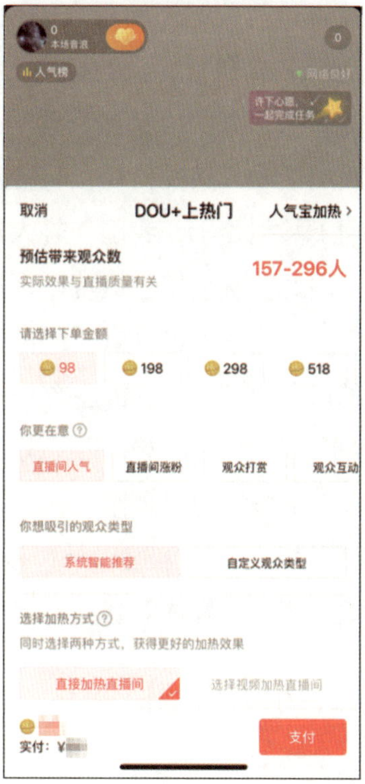

图 7–11　“DOU+ 上热门”充值界面

如果有预热短视频，可以投放付费的 DOU+ 广告，增加预热短视频的曝光量，然后在投放 DOU+ 的时段开始直播。当用户看到预热短视频后，点击直播销售员的头像即可进入直播间。

2. 站外引流渠道

站外引流就是在直播平台以外的渠道进行引流。常用的站外引流渠道有论坛、贴吧、社区、微信、微博、QQ 等。

（1）论坛、贴吧、社区是人气聚集的地方。以贴吧为例，直播销售员可以参与发帖，讨论热门话题，积累一定的人气后，创建属于自己的贴吧，之后便可以在贴吧发布直播信息。

（2）微信是目前国内用户最多的社交平台，为直播推广引流提供了巨大的流量来源。直播销售员可以在微信朋友圈、微信群发布“图片 + 文字”或者“视频 + 文字”等形式的内容，引起微信好友关注直播间；也可以开通微信公众号，发布一些热门、有价值的内容，吸引更多的用户关注直播间。

（3）微博是活跃用户众多的社交网络平台，具备热门搜索、热门话题等属性。直播销售员可以通过发布有意思的微博内容，特别是包含当下热门话题的关键词，吸引搜索热门关键词的用户关注自己的微博，增加被转发分享的机会；还可以通过评论知名直播销售员的微博，引来知名直播销售员粉丝的点赞，从而增加自己的曝光量。另外，直播销售员可以在微博开展有奖转发、有奖征集、抽取幸运儿等形式的活动，激发粉丝参与转发、评论、点赞，从而获得更大的曝光量。

（4）数据显示，我国年轻人很喜欢用 QQ 开展社交，特别是 QQ 空间用户非常活跃，因此，直播销售员可以将直播预告分享到 QQ 群、QQ 空间，为直播引流。

以上引流渠道也可以通过付费方式提升引流的精确程度。直播销售员可以与人数多的微信群或 QQ 群群主合作推广，在群里发布直播预告；可以在微博、微信、QQ 等平台以付费形式精准投放广告，让目标用户看到直播信息；可以和微信公众号、知名的微博博主合作，利用其庞大粉丝群体进行付费推广，为直播做宣传。

除了以上引流渠道以外，搜索引擎、问答平台、自媒体平台、电商平台、视频网站、音频自媒体等各类渠道都可以进行免费或付费直播推广引流。

二、引流资源协调

众多的引流渠道为直播销售员的推广引流工作提供了很多选择，与此同时，如何选择合适的引流渠道也给直播销售员带来很多困惑。引流渠道并不是越多越好，关键要通过不同引流渠道的组合和引流资源的协调，最大化直播流量，避免投入和资源的浪费。为此，直播销售员要针对直播的内容和目标，选择合适的引流渠道进行组合式引流。表 7–1 为针对某次直播制订的引流资源协调计划。根据表 7–1 的计划，在抖音和新浪微博发布直播预热视频，在微信朋友圈和新浪微博发布直播预告海报，在知乎、百度贴吧和今日头条发布直播预告宣传文章，最后在喜马拉雅预告直播的开播时间。

表 7–1 引流资源协调计划

引流形式	渠道类型	渠道举例
短视频	短视频平台、自媒体平台	抖音、新浪微博
图文	社交平台、自媒体平台	微信朋友圈、新浪微博
宣传文章	问答平台、贴吧、自媒体平台	知乎、百度贴吧、今日头条
音频	音频自媒体	喜马拉雅

三、引流渠道扩展

信息化高度发展的今天，智能手机已经越来越普及，手机应用占据了每一个人生活的大部分领域。因此，越来越多的企业和商家开始开发自己的电商平台。电商平台开发完成后，进行有效的新用户引流与转化非常重要。

1. 电商平台用户引流思维

（1）人们对于信息的渴求始终不会改变，而最好的获取信息的方式就是搜索引擎，因此，人们使用搜索引擎的频率不会下降。搜索引擎具有引流成本低、流量持续和免费的优势，所以搜索引擎是电商平台推广引流的主要方式。

（2）不管是什么类型的企业，优质内容是吸引用户非常有用的方式，并且通过内容吸引来的用户也非常精准和优质。

（3）如果预算允许，采取付费引流的方式，会比免费引流的效果好。通常，免费策略重在推广引流，付费策略重在转化变现。

（4）要有裂变思维。裂变思维就是快速获得并使资源价值迅速最大化的思维方法。通过策划活动，用已有的流量去吸引更多的流量，获取更多的用户。

（5）在电商平台推广引流与转化中，商家一定要有多渠道导流思维，渠道包括内部渠道和外部渠道。

（6）善于使用逆向引流思维。例如，一些商家在各类平台进行广告推广引流时，会留下联系方式，这些联系方式实际上就是流量，而且通过率很高，可以借助这些联系方式实现引流与转化，这就是一种逆向思维。

2. 电商平台新用户引流步骤

（1）确定目标用户，也就是确定电商平台主要针对的用户群体，只有这样才能开展后续工作，才知道去哪里找这些人。用户画像要生动描绘用户的特点，把一类用户抽象成一个人，然后用介绍一个人的方式来描绘一类人。

（2）确定目标用户之后，要去寻找目标用户，也就是找准流量渠道。商家可以根据产品不同的生命周期来选择不同的流量渠道。例如，在产品导入期，可以以搜索流量渠道为主，因为其精准度比较高；在产品成长期，可以参考同行业优秀竞品的流量结构来选择流量渠道；在产品成熟期，则要在产品已经使用过的多个流量渠道中选择性价比最高的流量渠道。

（3）找好流量渠道之后，通过发布有价值的内容吸引精准用户，帮助用户解决实际问题，并把用户吸引到电商平台。有价值的内容一定要围绕用户的痛点和需求，明确他们需要解决的问题是什么，而一切成功的转化都是建立在解决用户实际问题的基础上。

（4）电商平台需要与用户建立信任，才能更好地达成转化。信任关系不是短时间内建立的。在某些渠道中，需要长期的经营，才会打消用户的顾虑，让用户产生信任。

（5）电商平台引流之后要进行流量的转化。给新用户设置特殊的福利政策是最常见的流量转化方法，包括发券、新人专区、免费资料、试听课、首单奖励。但要实现真正的首次转化是一个长期的过程。因此，要通过产品、活动、内容来构建用户对直播销售员的认可和信任。

（6）积极引导用户成为企业的推广人员。帮助分享裂变是促进电商平台引流与转化的重要途径，而做裂变活动的时候，也要注意筛选人群，关注自己的核心用户，提高他们分享裂变的积极性。有些用户可能自发地分享，但绝大多数用户裂变都需要电商平台的鼓励和引导。

3. 电商平台用户引流与转化常用的方法

（1）利用评论引流与转化。使用评论引流，要注意以下两点：一是评论要有选择性和策略性，想吸引什么类型的人群，就要选择这些人聚集的平台；二是留言评论进行推广引流，越快，机会越大，效果越好。

（2）利用搜索引擎引流与转化。通过搜索引擎进来的流量是很精准的，所以要好好利用，进行引流与转化。用搜索排名引流，关键在于选择利于排名的关键词。一定要精选关键词，先选择最热门的关键词，再逐渐覆盖次热门的关键词和不热门的关键词。

（3）利用社群引流与转化。社群引流就是根据电商平台的目标群体，找到或者建立合适的社群，进行引流与转化。企业可以根据产品，选择、搜索 QQ 群，分地区查找。如果没有合适的社群，就想办法找新的社群，可以在豆瓣、知乎、贴吧、微博等撒网式搜索。

（4）利用福利引流与转化。福利是最常用的吸引用户下载电商平台并实现转化的方法，除了实物福利外，在运营前期还可以免费赠送电子版的福利，如电子书、优质知识视频、教程等。只要选对了福利，就能收到比较好的引流效果。例如，可以找一些好的资源发布到网站，通过资源分享吸引更多的用户。

培训单元 4　分析研判网络舆情风险信息

培训重点

网络舆情分析报告的撰写。

知识要求

一、网络舆情风险分析与研判

如今，网民通过互联网发表观点已成为常态，也常出现由此引发的网络舆情。然而，无论是破坏网络秩序的网络水军和网络推手，还是污染网络环境的信息异化和网络谣言，都严重阻碍民意表达，使得网络舆情风险激增。如何在海量网络舆情数据中快速监测风险隐患，提前开展风险防控，是网络舆情监控的关键。

通过跟踪网络舆情的起源和演变，研判网络舆情风险，最终提出建议性结论，是所有企业都需要的网络舆情应对基础。网络舆情分析有以下两个工作重点：一是还原网络舆情发展过程，找到网络舆情产生的根源；二是预测分析网络舆情的未来走向，再根据预测结果提出应对方案。网络舆情分析面临与传统舆情分析完全不同的问题和研究难点。传统舆情分析存在内容有效性较高但样本数量少的问题，而网络舆情分析存在信息数量巨大但信息有效性差的问题。

为了准确研判网络舆情风险，企业需要依靠专业的团队和工具。首先要建立一支专业的舆情监测团队，负责收集、整理和分析网络上的舆情信息；然后利用舆情监测工具对海量的数据进行筛选和分析，找出潜在风险和危机，并同时关注舆情发展趋势；最后结合专业的判断和经验，形成准确的研判结果，并制定相应的危机应对策略。

二、网络舆情分析报告撰写

1. 网络舆情分析的切入方法

网络舆情分析首先从事件最明显的表面现象着手，再分析网络舆情构成的各个主体及结合时间维度的整体舆论演化过程。

2. 网络舆情分析报告的构成要素

网络舆情分析的构成要素包括事件（主题）概述、传播情况、舆论观点、舆情点评或宣传效果评估等。

（1）事件（主题）概述。事件（主题）概述是指对报告主题及正文内容的总结概括，即用最短的篇幅提炼出最核心的内容。一般要求做到凝练精华，与后文相比更能高度概括报告的中心思想，起到提纲挈领的作用，成为报告内容的入门指南。

（2）传播情况。传播情况是指目标事件的网络舆情在各传播渠道上的分布状况、演绎路径、传播节点、事件热度等。既要厘清网络舆情传播路径，又要通过图表、数据等形式对网络舆情热度进行直观呈现，便于有关方面感知网络舆情事件的热度值。

（3）舆论观点。舆论观点主要是对媒体、专家、网民等多个群体就某一网络舆情事件或网络舆情话题所持态度、意见，进行聚类分析和归纳总结，是网络舆情分析报告最核心的部分。条理清晰、逻辑鲜明、观点总结准确、信息来源真实，都是最基本的要求。需要注意的是，商业门户网站没有新闻采访权，因此报道或评论，原则上不能视为媒体观点。

（4）舆情点评或宣传效果评估。舆情点评或宣传效果评估是一份网络舆情分析报告最闪亮的部分。舆情点评与宣传效果评估在思路上有所不同。舆情点评偏向对网络舆情危机全方位“诊疗”后，从时效性角度对网络舆情应对的利弊进行剖析；宣传效果评估则倾向于对正面宣传效果进行评估，对传播的现状进行分析。

培训项目 2 设备、软件和材料准备

培训单元 1　依据直播营销计划选购硬件设备

培训重点

1. 直播营销计划。
2. 硬件设备需求。

知识要求

一、预算管理概述

预算管理是指企业在战略目标的指导下，对未来的经营活动和相应财务结果进行充分、全面的预测和筹划，并通过对执行过程的监控，将实际完成情况与预算目标不断对照和分析，从而及时指导经营活动的改善和调整，以帮助管理者更加有效地管理企业和最大程度地实现战略目标。

二、直播营销计划

1. 确定直播主题

确定直播主题就是确定直播性质，如游戏直播、秀场直播、生活直播或者电商直播。直播销售员根据账号定位，确定合适的直播主题之后，便可围绕直播主题展开直播内容和流程策划。

2. 确定直播产品

正确的选品方式应该根据直播账号定位、以往点击数据和成交数据、受众人群、产品特点和卖点、产品卖点关联性等进行多维度评估选择。

3. 制定直播预热方案

（1）利用抖音的个人昵称和个人主页进行预热。

（2）直播前，发抖音站内的预热视频。

（3）直播前，进行预直播。

（4）在微信群、微博等各个渠道预热。

4. 编制硬件设备清单

虽然只需要一部手机就能完成直播，但不能保证直播质量。一场高质量的直播除了手机之外，还需要很多辅助工具来提升直播质量，主要包括灯光、支架、背景墙、声卡、麦克风、产品陈列架等。编制一份硬件设备清单对于完成一场高质量直播是必须列入计划中的重要工作。

三、硬件设备需求

1. 电脑

电脑对于直播是非常必要的，可以用来查看用户留言，方便及时互动。

2. 手机

随着手游和户外直播的兴起，很多直播销售员用手机直播，对手机前置摄像头的拍摄功能有非常高的要求。

3. 电容麦克风

电容麦克风能录下更多的泛音元素以及更多细节，适合无杂音的环境。

4. 监听耳机

监听耳机一般选用全封闭的，功能简单、没有音量调节按钮和麦克风功能，专用于直播时的监听。

5. 摄像头

高清摄像头能改善直播销售员的形象气质，为直播带来更多的用户和流量。

6. 专业声卡

专业声卡能改变声音烘托氛围，是直播必备的硬件设备。

7. 补光灯

补光灯可以调节光线氛围，保证直播画面光线充足。

8. 自拍杆

自拍杆多用于户外手机直播，可以帮助直播销售员多角度取景。

9. 手机支架

手机支架帮助直播销售员固定手机，是室内手机直播必备的直播配件。

10. 话筒支架

话筒支架是录音过程中必不可少的配件之一，可以解放双手。

11. 手持云台

手持云台可以保证拍摄效果和画面的稳定性。

12. 防喷罩

防喷罩可以罩在麦克风上，有效避免气流喷到麦克风上，影响麦克风效果。

四、硬件设备采购预算表制定

硬件设备采购预算表包括硬件类别、设备详情（硬件的名称、规格和价格）、用途等，见表 7–2。

表 7–2　硬件设备采购预算表

采购时间：　　　　　　　　　　　　　　　　采购总价：　　　　元

序号	硬件类别	设备详情			用途	备注
		硬件名称	规格	价格		

技能操作

技能　依据直播营销计划选购硬件设备

以直播某产品为例，依据直播营销计划选购相应的硬件设备。

一、操作准备

1. 制定预算。

2. 选择硬件设备。

二、操作要求

1. 硬件设备契合直播主题。

2. 采购的硬件设备符合直播需求。

三、操作程序

1. 基本程序

分析直播营销计划→分析直播硬件设备需求→编制硬件设备采购预算表。

2. 具体步骤

步骤 1　分析直播营销计划（见表 7-3）

表 7-3　直播营销计划表

序号	项目	说明
1	确定直播主题	
2	确定直播产品	
3	制定直播预热方案	
4	编制直播设备清单	

步骤 2　分析硬件设备需求

不局限于表中内容，可根据直播需求，增删表中的硬件设备，见表 7-4。

步骤 3　编制硬件设备采购预算表（见表 7-5）

表 7-4　硬件设备需求表

序号	设备名称	配置要求
1	电脑	
2	手机	
3	电容麦克风	
4	监听耳机	
5	摄像头	

续表

序号	设备名称	配置要求
6	专业声卡	
7	补光灯	
8	自拍杆	
9	手机支架	
10	话筒支架	
11	手持云台	
12	防喷罩	

表 7–5　硬件设备采购预算表

采购时间：　　　　　　　　　　　　　　　　　采购总价：　　　元

序号	硬件类别	设备详情			用途	备注
		硬件名称	规格	价格		
1	电子设备	电脑				
2		外置声卡				
3		音响				
4		电容麦克风				
5		美颜摄像头				
6		监听耳机				
7		补光灯				
8		手机				
9		手机支架				

续表

序号	硬件类别	设备详情			用途	备注
		硬件名称	规格	价格		
10	家具	电脑桌				
11		电脑椅				
12	直播间装修	整体简装				
13		背景置物架				
14		装饰物				
……	……	……				
合计						——

培训单元 2　制定道具采购预算表

培训重点

1. 直播道具需求分析。
2. 道具采购预算表制定。

知识要求

一、直播道具需求分析

直播道具的选择一般根据直播主题和直播计划确定，直播常用的道具及功能见表 7–6。

表 7-6　直播常用道具及功能

序号	名称	功　　能
1	桌椅	展示样品，供直播销售员休息
2	产品陈列架	陈列整理好的直播样品（含赠品）
3	道具架	统一放置道具的架子，方便随时取用
4	插线板	为各类用电设备提供插电接口
5	白板	用于提示直播销售员或场控
6	记号笔	直播销售员或场控写提示信息
7	大力胶	贴贴固定各类连接线
8	各类连接线	连接各类硬件设备
9	电池	给无线麦克风、遥控器等供电
10	小黑板	方便书写产品信息
11	计算器	辅助计算价格

二、道具采购预算表制定

1. 明确直播主题和产品

直播前需要确定直播的主题和产品是什么，要符合账号的定位。同时，要明确直播的目的，是推新款、清仓，还是限时秒杀、品牌推广等。

2. 分析直播的道具需求

直播道具由产品、周边产品及宣传物料组成。产品作为直播的主角，需要在直播的各个方面均有所展现。周边产品包括直播时使用的产品、产品陈列架，产品宣传海报、产品玩偶等一系列以产品为中心的道具。提前对场地进行考察和测量，有助于制作规范适用的道具。直播中的宣传物料范围较广，包括企业定制化的海报、台标、胸卡、贴纸、气球等一系列出现在直播镜头中的宣传物料。

3. 编制道具采购预算表（见表 7–7）

表 7–7　道具采购预算表

序号	采购详情			用途	备注
	名称	规格	价格		
1					
2					
3					
4					
5					
合计					——

技能操作

技能　制定道具采购预算表

以牛排产品为例，制定道具采购预算表。

一、操作准备

1. 确定直播所需道具。

2. 制定道具采购预算表。

二、操作要求

1. 道具准备充分。

2. 道具采购预算表制定规范。

三、操作程序

1. 基本程序

明确直播主题和产品→分析直播的道具需求→编制道具采购预算表。

2. 具体步骤

步骤 1　明确直播主题和产品

牛排属于食品类产品，应该以促销和食材质量为直播销售的重点和主题。直播的主要目的是提高产品的销量和打造账号、品牌的知名度。

步骤 2　分析直播的道具需求

食品类直播需要陈列架和桌子，方便直播销售员对食品进行处理，更好地展示出食品的质量情况。需要烹饪工具，对销售产品进行加工并且安排试吃环节，在一定程度上可以提高用户的购买欲望，如图 7–14 所示。

图 7–14　食品类直播

步骤 3　编制道具采购预算表（见表 7–8）

在编制道具采购预算表之前要注意以下 4 点。

（1）按照复式预算方法编制。

（2）坚持量入为出、收支平衡的原则。

（3）统筹兼顾，确保重点，妥善安排。

（4）按规定设置预算周转金。

表 7–8　道具采购预算表

序号	采购详情			用途	备注
	名称	数量	价格		
1	桌子	1		方便展示	
2	电磁炉	1		烹饪食材	
3	烹饪材料	1		展现产品	
4	牛排	多份		样品	
合计				——	

培训项目3 风险评估

培训单元1 制定直播风险管理奖惩制度

培训重点

直播风险管理奖惩制度制定。

知识要求

一、直播风险管理概述

当前，直播已成为电子商务产业重要的组成部分，但是，信息不对称、法律法规不完善等问题使直播存在一定的风险。直播风险管理是基于互利共享的理念，对直播中的各个环节执行风险管理，通过强化风险管理意识，建立健全风险管理体系，保障商家和用户的利益。

1. 直播中用户的风险管理措施

在直播中，虽然直播产品经过严格的把关，但不优化生产环节和售后环节，就很难保障直播产品的质量。一旦用户收货后发现产品质量问题，便可能产生退货或维权风险。

（1）用户在直播平台购物时，一般采用“逛＋搜”的方式寻找产品，但是目标不明确的用户容易受到外部刺激而进行冲动性购买。所以，用户在观看直播时，要有较为明确的目标，理性消费。

（2）用户在观看直播时，需要保存相关证据，如采用截屏、录像保留销售图像等方式进行取证。

（3）用户在收到产品尤其是贵重产品后，需要立即查验产品质量，若发现产品有质量问题，可及时与商家进行协商，同时申请直播平台介入处理。未协商一致的，可以结合自身具体情况进行维权。

2. 直播中直播销售员的风险管理措施

（1）直播销售员在直播前要进行活动筹备，还要对直播各环节的设置进行反复推演，防止出现问题，如产品名称、价格、规范等错误，以免引发用户不满。

（2）直播行业竞争较为激烈，直播销售员即使再有号召力，用户最终关心的还是产品质量，只有推荐真正高质量的产品才能提高用户黏性。

（3）影响直播销量的不仅是产品本身，还与整个直播过程效果密切相关。为了达到最佳的直播效果，直播需要设备、软件的支持。直播团队需要在直播前对所有相关设备、软件进行反复排查与测试。一方面，熟悉直播设备、软件的使用与配合；另一方面，对设备进行测试，避免在直播中出现故障。

二、直播风险管理奖惩制度制定

直播风险管理奖惩制度是对直播销售员在直播中的行为给予奖励和惩罚的统称。直播风险管理奖惩制度需要和经济责任相关联，达到奖优罚劣的目的。直播风险管理奖惩制度是将直播销售员置于利与害的中间区域，进行持续驱动，以达成最终目标。

1. 直播风险管理奖惩制度的制定原则

（1）直播风险管理奖惩制度重在执行。不能执行的直播风险管理奖惩制度，空有其表，浪费时间和精力。只有做到实际、及时、诚信，才能发挥其应有的作用。

（2）在制定直播风险管理奖惩制度时，内容要详细，语言必须严谨，以免产生歧义。

（3）奖励不能过大，以免导致骄傲自满；惩罚不宜过重，以免打击积极性。任何奖惩措施不应违反法律法规。

（4）奖惩必须有依据，只有真正做到公开、公平、公正，才能提升直播的公信力，增加用户的信任感。

（5）对于怎样奖惩、怎样执行，都需要进行明确的公示，同时通过新人培训、会议强调等方式做到全员皆知。

2. 直播风险管理奖惩制度制定的注意事项

（1）直播风险管理奖惩制度的制定必须符合企业文化和企业战略方向。

（2）直播风险管理奖惩制度的制定必须明确奖惩的主体对象和目标。

（3）直播风险管理奖惩制度的制定必须明确奖惩期限，可以根据月度、季度、年度设定，也可以根据项目周期而定。

（4）直播风险管理奖惩制度需要包含奖惩流程，明确奖惩责任人和奖惩环节，同时应说明奖惩对象、奖惩事项、奖惩条件、奖惩措施、奖惩流程、申诉通道等。

（5）直播风险管理奖惩制度制定后，要自上而下，全员签字确认。

（6）直播风险管理奖惩制度制定后，要设定试运行周期。对于试运行期间产生的问题要及时解决。

（7）直播风险管理奖惩制度制定后，要公开颁布、广泛宣传。

培训单元 2　制定和评估风险防控方案

培训重点

1. 风险防控方案制定。
2. 风险防控方案评估。

知识要求

一、风险防控方案制定

1. 审核直播脚本

直播用语不得含有《中华人民共和国广告法》禁止的内容，如在介绍产品时，应避免使用过分夸张的词语。依据《中华人民共和国广告法》的规定，不得使用“国家级”“最高级”“最佳”等用语。另外，相关推广用语所表述的内容应当真实、合法，不得含有虚假或者引人误解的内容。

2. 试用相关产品

依据《中华人民共和国广告法》的规定，广告代言人在广告中对商品、服务作推荐、证明，应当依据事实，符合本法和有关法律、行政法规规定，并不得为其未使用过的商品或者未接受过的服务作推荐、证明。直播销售员在直播中不可避免地会推荐、证明产品及服务，因此应当在直播前或直播中进行试用，以符合法律的规定。

3. 审核产品信息

开播前，要认真选品，充分了解产品的基本信息、销售数据、专利信息、使用效果等内容。直播销售员可要求品牌方就产品的下列信息提供相应的说明或者资质证明文件：产品的性能、功能、产地、用途、质量、规格、成分、价格、生产者、有效期限、销售状况、曾获荣誉等信息，或者服务的内容、提供者、形式、质量、价格、销售状况、曾获荣誉等信息。直播机构应设立专门岗位，负责初步审查、核实品牌方提供信息的真实性，尽到合理的注意义务。

4. 避免推荐特殊产品

相比其他产品，医疗、药品、医疗器械、保健食品、烟酒等产品涉及生物医药或人体健康，所以无论是审批手续还是推广过程均比其他产品要求高。直播销售员在开展商务合作时，尽量避免与敏感行业的品牌方合作。若合作，应当要求其提供相关资质证明文件，确保其具有相应的生产、销售资质，产品已取得相应的批文，要履行广告审批机关的审批程序，对照产品的推广规范，拟定特定的推广、直播脚本，进行合规性审查。

5. 办理市场主体登记手续

自建店铺进行销售，应当符合《中华人民共和国电子商务法》的相关规定，依法办理市场主体登记。销售产品或者提供服务应当依法出具发票等购货凭证或者服务单据，并在网店首页显著位置持续公示营业执照信息、与其经营业务有关的行政许可信息等。

6. 完善与品牌方之间的合作合同

需要视情况对品牌方进行一定的背景调查，关注品牌方的资信情况、产品的合规问题，要求品牌方提供相应的资质证明文件和资料，避免出现违反相关规定、侵犯第三方权益的情况。

7. 依法纳税

根据相关规定，个人独资企业需缴纳个人所得税、增值税和增值税附加。个人独资企业中个人所得税税率按照5% ~ 35%超额累进税率执行，比较常用的是核定征收。如果个人独资企业设在某些特殊地区，还可以合规合法地享受税收优惠政策。

二、风险防控方案评估

1. 直播内容合法性评估

在直播准备阶段，直播销售员要对直播内容进行合法性评估。规范直播产品描述，客观公正评价推荐的产品，谨慎评价其他同类产品，不能出现对其他同类产品进行诋毁的情况，也不能做出让用户误解是他人产品或者与他人存在特定联系的混淆行为。

2. 直播产品试用体验评估

在直播前或者直播中，直播销售员试用直播产品，对其功效进行客观评估并告知用户。

3. 直播产品信息真实性评估

在直播前，直播销售员要对直播产品的基本信息、销售数据、专利信息、使用效果等信息进行搜集汇总，对品牌方提供的产品说明或者资质证明文件进行完整性评估。

4. 市场主体资质评估

定期开展经营状况自查，对营业执照、与其经营业务有关的行政许可证等材料期限进行检查；定期办理或补充，并提交相关资质证明文件。

5. 与品牌方合作的合法性评估

定期对品牌方提供的资质证明文件和资料以及合作合同进行合规性检查，持续更新品牌方合作合同信息。

6. 纳税结果评估

定期对企业经营收入进行盘点，配合税务部门开展纳税评估工作。

职业模块 八
直播营销

培训项目 1 直播预演

培训单元 1 不同需求下直播团队人员分工

培训重点

1. 直播团队人员分工。
2. 直播预演团队管理。

知识要求

根据直播规模的大小，一般可将直播团队划分为 3 类，分别为 2 ~ 3 人直播团队、4 ~ 8 人直播团队和 8 人以上直播团队。

一、2 ~ 3 人直播团队人员分工

1. 直播销售员

在 2 ~ 3 人直播团队中，直播销售员的主要工作是参与直播主题的制定、产品选择、产品测评、脚本策划、复盘直播等。

（1）在直播前，直播销售员需要熟悉直播脚本和直播产品，并记住每场直播的产品信息、价格信息、优惠方案、产品卖点、库存信息、活动方案、合作方式等。

（2）在直播中，直播销售员要加强互动，注意调动直播间的气氛，及时回答用户的提问，合理使用营销话术，消除用户的顾虑，采用销售策略提高销量，始

终关注用户的反馈，吸引新用户的关注。

（3）在直播结束后，直播销售员要全面复盘整个直播，总结自己的直播状态，分析和优化直播营销话术、与用户的互动表现。

2. 运营

在 2 ~ 3 人直播团队中，运营是全能型选手。运营的主要工作包括总体规划、团队协调和直播复盘。

（1）总体规划。运营需要根据直播业务的发展阶段，制订直播销售员的培养和成长计划。在日常运营中，根据日常安排、假日安排、直播平台要求等要素规划直播销售员工作，同时负责选择和规划直播脚本。

（2）团队协调。运营通常扮演组织者的角色，需要与直播销售员进行协调，配合完成直播。

（3）直播复盘。运营需要对直播数据进行实时监控，对产品、时间和活动进行调整。不断改进直播内容和播放方式，以达到提高直播效果的目的。

运营还需要将业务资源与直播销售员联系起来，负责选择和培训新的直播销售员，承担更多的责任。

2 ~ 3 人直播团队人员分工见表 8–1。

表 8–1　2 ~ 3 人直播团队人员分工

人员	职　　责
直播销售员（1 ~ 2 人）	熟悉并掌握直播脚本，讲解产品与互动，复盘直播过程
运营（1 人）	产品规划（选品等），设计直播活动，撰写直播脚本，分析直播数据，测试直播设备和软件，配合直播销售员

二、4 ~ 8 人直播团队人员分工

4 ~ 8 人直播团队除了直播销售员、运营外，还加入了策划、场控等职能人员。

1. 策划

如果场控是直播的现场导演，那么策划就是直播的幕后导演和全局规划者。策划的主要工作包括撰写直播脚本、设计优惠活动、设计直播场景、准备直播道具以及制作与分发各种内容。例如，根据用户的不同属性和等级制定不同的福利方案。同时，策划还需要对接供应商，协调直播团队和供应商之间的关系，如组织拍摄预热视频、进行产品抽样、负责与供应商仓库部门的协调等。

2. 场控

场控的主要工作包括设备和软件调试、后台操作、提示、指令接收和传输等。

（1）设备和软件调试。在直播前，应对相关的设备和软件进行调试，如摄像机角度、图像分辨率、光照强度、音频输出、背景音乐等。

（2）后台操作。在直播中，场控负责后台操作，包括直播推送、公告栏信息、产品上架、优惠活动等。

（3）提示。场控实际上相当于直播销售员的助理，帮助直播销售员进行要点提示、流量提示、产品爆单提示、活动时间提示、产品信息提示、优惠产品提示等。

（4）指令接收和传输。场控应及时将实时活动或添加新的直播产品等信息发送给直播销售员。

4 ~ 8 人直播团队人员分工见表 8–2。

表 8–2　4 ~ 8 人直播团队人员分工

人员	职　责
直播销售员（1 ~ 2 人）	熟悉并掌握直播脚本，讲解产品与互动，复盘直播过程
运营（1 ~ 2 人）	产品规划（选品等），直播数据分析
策划（1 ~ 2 人）	撰写直播脚本，设计优惠活动，直播场景设计，直播道具准备等
场控（1 ~ 2 人）	测试直播设备和软件，维护直播间网络，配合直播销售员

三、8 人以上直播团队人员分工

8 人以上直播团队除了直播销售员、运营、场控等常规配置外，还加入了直播助理、编导、店长导购、视频运营、客服等职能人员，分工更加细致明确。8 人以上直播团队人员分工见表 8–3。

表 8–3　8 人以上直播团队人员分工

人员	职　责
主直播销售员（1 人）	熟悉并掌握直播脚本，讲解产品与互动，复盘直播过程
直播助理（1 人）	准备直播产品和道具，协助直播销售员，协调出镜者及画外音等

续表

人员	职　责
运营（2人）	产品规划（选品等），直播数据分析，直播引流及用户管理
策划（1人）	确定直播主题及直播产品，宣传直播，设计直播活动，拟定直播时间
场控（1人）	直播设备和软件调试，指导直播过程，负责直播后台操作，直播数据监控
编导（1人）	撰写直播脚本，设计直播场景，负责主副直播销售员的服装、妆容和直播道具
店长导购（2人）	辅助直播销售员进行产品介绍，强调产品卖点，临时顶替直播
视频运营（1人）	直播短视频、花絮、产品介绍等视频的拍摄及剪辑
客服（2人）	解答用户问题，修改价格，售后服务等

四、直播预演团队管理

1. 确定直播营销目标

直播团队的选择应该适合企业的直播营销目标，可以根据 SMART 分析法确定直播营销目标。

（1）明确性。明确性是指用特定的语言清楚地表明要实现的直播营销目标，直播营销目标应该是具体的，而不是笼统的。例如，“通过直播营销提高全年销售额”不是一个具体的目标，而“通过直播营销全年销售额突破 5 000 万元”是一个具体的目标。

（2）可衡量性。可衡量性是指直播营销目标应该是数量化或行为化的，应该有一组明确的数据作为衡量标准。例如，“通过直播营销，提高店铺的影响力”不是一个可衡量的目标，而“通过直播营销，让店铺的转化率达到 20% 以上”则是一个可衡量的目标。

（3）可达成性。可达成性意味着直播营销目标应该是客观的，并且可以通过努力实现。例如，企业上一场直播有 10 万用户，因此企业将直播吸引的用户数定为 50 万，显然是不切实际的，而将观看的用户数设定为 12 万 ~ 15 万是相对合理的。

（4）相关性。相关性是指直播营销目标要与企业设定的其他营销目标相关。

例如，很多企业会在电商平台运营网店，如果将直播营销目标设定为“网店首页在 24 h 内的访问量提高 80%”，是符合相关性要求的；如果企业将直播营销目标设定为“将产品合格率由 91% 提高至 96%”，是不符合相关性要求的，因为直播无法帮助企业提升产品合格率。

（5）时限性。时限性是指直播营销目标的实现应有截止时间，使直播营销目标能够起到监督作用，避免直播营销目标的实现被延误。例如，直播营销使新产品销售额超过 20 万元，缺乏时限；在直播后 24 h 内销售额超过 20 万元，符合时限性要求。

2. 选择合适的直播团队

一场成功的直播不是直播销售员一个人可以完成的，而是需要一个直播团队的默契配合与精诚合作。在确定直播营销目标后，企业需要选择一个适合的直播团队。一个直播团队一般由直播销售员、场控、运营等基本岗位组成。

3. 做好直播间分工

直播间分工分为小组分工和具体工作分工。

（1）小组分工。小组分工是为了保证直播的顺利实施。直播团队首先需要对直播相关的工作内容进行分组。例如，为了引流，成立宣传组，宣传直播，预告直播信息；为了准备直播所需的道具，成立道具组；为了在直播中快速将样品递给直播销售员，提前检查样品，整齐放置并清楚标记，建立产品组。为了提高直播脚本的可执行性，每个团队需要设置 1 名负责人和多名执行成员，并在直播脚本正文中简要描述直播团队的工作内容。

（2）具体工作分工。具体工作分工一是明确在直播中每个细节的负责人及工作要点；二是根据直播脚本，明确每个工作环节的负责人及工作内容。

培训单元 2　依据直播预演效果调整营销方案

培训重点

1. 直播预演效果分析。
2. 直播营销方案调整。

知识要求

一、直播预演效果分析

直播预演相当于正式直播前的试播，最大限度避免正式直播时出错，同时更加熟悉直播流程，使直播更加流畅。如果条件允许，可邀请品牌方一同观看。

1. 直播预演前的准备工作

（1）直播销售员要安装相应的录音、录像软件，方便直播结束后回看直播预演，发现直播中的一些细微问题。另外，可以准备一个笔记本，及时记录在直播中出现的问题。

（2）布置直播设备、灯光、提词板、手机支架等；调试软件、网络等；提前准备产品，摆放好。

（3）准备直播营销话术，可以使用提词板记录产品知识要点大纲，用于提醒。在直播间放一块黑板，运营可以随时提醒直播销售员做出微调，如声音大一些、坐得靠近中心区域、与用户互动等。

2. 直播预演效果

一般情况下，可以从以下几方面对直播预演效果进行分析。

（1）环节设置的合理性。将直播脚本设计的环节和直播预演效果对比，分析直播预演效果和预设环节是否一致，能否优化完善内容。

（2）每个环节时间设置的合理性。把直播脚本预定的时间和直播预演耗时对比，进一步优化时间设置。

（3）直播团队的配合度。回看直播预演，分析直播团队是否存在配合问题，能否进一步优化配合方案。

（4）互动性。分析用户互动设计是否达到提高转化的效果，能否设计更好的互动问题。

（5）直播销售员的出镜状态。观察直播销售员的出镜状态，分析是否有一些不好的视觉感官体验，语言表达是否存在卡壳等情况。

3. 影响直播预演效果的原因

（1）直播方面

1）直播状态。因为是直播预演，不是真实的，直播销售员无法进入状态；直播间人气不足，间接导致直播销售员在没人观看的时候状态不佳，没有激情。

2）流程。直播前，没有准备好产品，导致在直播中不停地找货，没有秩序。

3）平台规则。直播封面制作问题；直播销售员口播出现部分违禁词。

4）产品熟悉度。对产品不熟悉，介绍产品不深入，营销话术重复、卡壳，给用户一种不自信的感觉。

5）直播间气氛。整个直播间没有购买气氛，只有直播销售员在不停地说话，直播团队其他成员没有任何互动，直播间不热闹。

6）直播时长。直播时长控制不好，产品介绍时间过长或过短，重点不突出。

（2）视频方面

1）花屏 / 黑屏。播放画面出现图像紊乱，大面积异常颜色的方块图，或者出现绿屏及黑屏现象。

2）马赛克。画面中出现多处类似小方块的图像（马赛克），导致画面的局部或者整体看不清楚。

3）色调。直播销售员在镜头前展示效果不佳，颜色显示不正确，饱和度偏高或者偏低。

4）动态模糊。画面突然模糊，看不清直播销售员的形象。

5）卡顿及微卡顿。直播端或者服务端网络信号不好，画面播放不流畅。

6）音视频不同步。声音和图像画面显示不同步。

7）视频文件。在直播背景中，插入视频文件，播放卡顿。

（3）声音方面

1）出现电流音、吱吱声等噪声。

2）出现回声，能听到自己说话的声音。

3）声音断断续续，听不清楚。

4）没有声音，只有画面。

5）有的音乐文件格式不支持，有的出现杂音。

二、直播营销方案调整

直播预演时如果出现上述问题，需要及时进行调整，可以一边观看直播回放，一边记录问题。只有经过直播预演，直播团队才能够分辨出直播脚本对人员分工和环节设置是否恰当。针对直播预演中出现的问题，包括企业对营销话术中提出的一些问题，直播团队需要逐一解决。

1. 直播问题调整

（1）针对产品讲解不到位、没有激情、讲解过程无逻辑等情况，直播销售员需要反复演练，也可以参考同行业的3类直播，用于提高营销话术的水平。一是销量非常高的直播；二是销量在整个行业中等偏上的直播；三是新的直播。因为成熟的直播销售员，一般注重产品细节的讲解，可以给没有经验的直播销售员提供好的展示方法；销量中等偏上的直播销售员一般更加注重塑造产品价值，这类直播面临的问题是从中客单价往高客单价转换；新入行的直播销售员，一般以一些话术模板为主，可以从中借鉴一些思路。

（2）如果对于平台规则不熟悉，直播销售员应熟悉违禁词，了解《中华人民共和国广告法》。尽量避免在正式直播时用到这些词语，导致账号被封禁。

（3）如果是直播间气氛问题，直播销售员需要与场控、直播助理反复磨合以达到默契。直播团队可以共同观看一些好的直播，进行模仿。场控和直播助理对产品也要有所了解，不能认为出镜者只有直播销售员，直播就是直播销售员一个人的工作。

2. 视频问题调整

（1）如果出现花屏或黑屏的现象，可能是推流端的问题，也可能是播放器的问题。遇到这些问题，直播团队要第一时间用别的播放器播放，如果依然出现同样的问题，那么多半是推流本身的问题。反之，则可能是播放器的问题。

（2）如果出现卡顿，第一个原因可能是网络问题，检查上行或下行带宽是否够用。除此之外，查看播放视频的清晰度。清晰度越高，码率越大，文件越大，所需带宽就越大，可以根据当前带宽，合理调整视频的清晰度。第二个原因是播放设备的问题。检查播放设备内存是否已满，有时设备后台程序运行过多也会影响播放效果。

（3）如果出现色调问题，可以在直播软件后台调整参数，边调整边测试，最终达到满意的效果即可。

（4）如果出现音视频不同步现象，可能是采集源距离太远。如果音频源离麦克风距离太远，那么摄像头采集到画面后给出的时间戳远小于麦克风采集到同一时刻音频给出的时间戳。因此，当产生音视频不同步问题时，让音频源尽可能离麦克风设备近一点。

3. 声音问题调整

音频涉及许多参数配置，一旦配置不匹配，就会导致声音异常。例如，采样率是 32 000 Hz 的音频，播放器配置为 8 000 Hz 或 44 100 Hz，就会出现音频慢放或快放的效果。

（1）如果出现回声或啸叫声等问题，一般是因为同时有音频采集和播放两种场景叠加。例如，连麦互动、混音返听等，采集到的音频通过扬声器又播放出来，同时又被采集了进去，产生了回声或啸叫声。在这样的场景下，一般需要通过系统的回声消除，或者第三方回声消除库进行处理。

（2）如果是没有声音的问题，可能是麦克风、多媒体平台或监听没有声音。

1）麦克风。如果麦克风没有声音，主要有两种可能：一是设备的连接问题，二是系统和软件的设置问题。需要先检查麦克风连接是否错误，然后检查 USB 麦克风线缆是否正常。

2）多媒体平台。如果多媒体平台没有声音，如游戏、播放音乐等，则需要在系统中开启桌面音频。开启桌面音频时，需要注意是否产生回声，如果产生回声，需要在音频源的高级音频属性中关闭音频监听。

3）监听。如果监听没有声音，则需要在系统音频设置中选择输出设备，并在推流软件中开启监听。在系统的音频中，找到默认输出设备，如果监听耳机连接在电脑上，选择对应的设备即可。

一般给出相应的解决方案之后，在直播前，直播团队要进行二次预演，排查在第一次预演中出现的问题是否已解决，以及有无出现新的问题。

相关链接

常见的直播违禁词

1. 极限词

直播违禁词比较常见的就是极限词，主要包括：国家级、世界级、最高级、第一、唯一、首个、首选、顶级、最新、最先进、全网销量第一、全球首发、顶级工艺、极致、独一无二等。

还有一些绝对化用语也不要用，包括：最高、最低、最先进、最大程度、最新技术、最佳、最时尚、最受欢迎、最先等。

除此之外，也不要用 100%、高档等虚假或者无法判断真伪的夸张性表述词语。

2. 不文明用语

直播违禁词还包括不文明用语，带有辱骂性质，或者是人身攻击，带有不文明色彩的用语。

3. 封建迷信类词语

直播违禁词中的封建迷信类词语主要包括算命、保佑、带来好运气、增强第六感、护身、逢凶化吉、时来运转、万事亨通、旺人、旺财、助吉避凶、转富招福等。

培训项目 2 直播销售

培训单元 1 控制、管理个人情绪

培训重点

1. 直播销售员情绪对用户的影响。
2. 直播销售员情绪的控制方法。

知识要求

一、直播销售员情绪对用户的影响

直播销售员的精神状态很重要，直播间的用户很容易被直播销售员的情绪调动和影响。直播销售员与用户建立良好的沟通关系，能够带动直播间的气氛，提升用户的观看体验，激发购物热情。

超强的个人表现力能够有效地吸引用户的目光，使用户对直播销售员更加有好感，从而愿意购买直播销售员推销的产品；亲和力能够拉近直播销售员与用户的距离，增强用户对直播销售员的黏性。因此，直播销售员在与用户进行沟通的过程中，需要展现自己的表现力与亲和力，这对于引导用户下单、提高产品销量都是十分有益的。

1. 表情、动作丰富

为了调动直播间的气氛，直播销售员在直播时需要做出丰富的表情和动作。

例如，在试穿衣服时，如果衣服的上身效果非常好，直播销售员可以通过一些适度夸张的描述动作，表现自己对衣服非常满意。适度夸张的表情或动作能够让用户感受到直播销售员的积极与热情，带给他们一定的感官刺激，从而使其对产品产生好感和购买欲。

2. 直播风格幽默

在直播中，直播销售员难免遇到一些棘手的问题，所以要学会运用幽默的语言，巧妙地化解尴尬。幽默的语言不仅能化解尴尬，还能表现直播销售员的智慧，形成自己特有的直播风格，彰显自身魅力，从而吸引更多的用户，拉动产品销售。

3. 良好的沟通能力

在直播中，语言是直播销售员与用户沟通的主要方式，沟通时一定要让用户知道自己在表达什么，同时也要了解用户的需求。实现良好的沟通需要注意以下两方面。

（1）在与用户沟通的过程中，直播销售员要明确自己要表达的内容。在直播中，直播销售员需要将产品的优势和卖点介绍清楚。在开展各种优惠活动时，直播销售员也需要讲明白优惠活动的规则。为确保用户清楚地了解这些内容，直播销售员可以随时询问用户是否在某一方面存在疑惑。如果用户提出了问题，直播销售员需要针对问题进行详细的回答。

（2）直播销售员要倾听用户的想法。直播销售员要站在用户的角度去思考问题，了解用户的需求，才可以有针对性地与其进行沟通。很多直播销售员因直播间的人数太多而忽略用户的想法。直播销售员要多向用户提问，让用户自己提出问题、表达想法，才能够了解用户的需求，进而实现良好沟通。

4. 亲和力

直播销售员的亲和力让用户更愿意与其交流，提高用户的黏性，最终带动产品销量的提升。

直播销售员可以从生活小常识、用户的问题、自身经历等方面设计一些话题来表现亲和力。例如，在介绍衣服时，与用户聊一聊衣服的搭配问题，或者与用户讨论适合的妆容；用户在询问鞋的清洗方法时，直播销售员可以与其讨论不同类型鞋的清洗技巧；在销售宠物零食时，直播销售员可以向用户分享一些自己与宠物的趣事，也可以分享一些养宠物的烦恼。

相关链接

直播销售员的状态

直播销售员的状态直接影响直播效果，因此，直播销售员要时刻关注自己的状态，并从个人形象和精神面貌两个方面进行观察。

一、个人形象

个人形象是用户对直播销售员最直观的印象，主要包括妆容和服饰。

1. 妆容

不管什么样的直播风格和类型，精致的妆容都会给直播销售员带来不少的人气。恰当的妆容还能遮盖脸部的一些缺陷，如疤痕、黑眼圈等，让直播销售员看起来更加容光焕发。另外，直播软件自带的美颜特效也能提升出镜时的妆容效果。所以，直播销售员在直播前最好选择一个适合自己的妆容，再用直播软件进行润色。

2. 服装

服装是一种无声的语言，精心设计的服装能体现直播销售员的个性，并与其他的表达方式一起，成为直播销售员表情达意的载体。直播销售员应掌握服装搭配的相关知识，精心选配与直播类型相适应的服装，有助于增强直播效果。

二、精神面貌

个人形象是直播销售员给用户的第一印象，而精神面貌则直接影响直播效果。直播销售员积极、热情的精神面貌很容易感染直播间的每一个用户，能够充分调动起大家的购买欲，而懒散、无精打采的精神面貌则会让用户感到沉闷、乏味与无趣，从而失去购买兴趣。

在直播时，直播销售员要尽力抛开一切私心杂念，避免外界环境的干扰，特别是碰到被用户批评、遭用户投诉等突发事件时，要做到处变不惊、从容应对，保持积极主动的精神面貌。

二、直播销售员情绪的控制方法

一名成熟的直播销售员，除了要维护个人形象外，更重要的是能够承受直播带来的各种压力，如用户投诉、直播间人气低、销量不佳等。面对这些压力，很多直播销售员可能发生情绪变化。控制情绪，稳定心态，确保直播顺利完成，对直播销售员至关重要。以下是直播销售员控制情绪的几种方法。

1. 确定自身情绪的细微变化

如果直播销售员在直播时出现脸部表情僵硬、遗忘台词、说话生硬、与团队成员配合不默契、肢体语言僵化或停止等情况时，需要快速调整。如果发现调整不好，则应及时告知团队成员，换其他团队成员替播。

2. 利用深呼吸和其他行为平复情绪

当直播销售员发现自己情绪出现问题时，需要及时调整。深呼吸是一种有意识的情绪调节方法，让自己紧绷的情绪放松下来；也可以在直播中和团队成员以及用户聊一些轻松的话题，缓解紧张的情绪。

3. 明确情绪发生变化的原因

发生情绪变化时，直播销售员需要反思其中的原因。

（1）如果是来自直播的原因，如因为直播间人气低，对自身信心产生怀疑而情绪低落，又或是因为直播产品受到用户质疑而心态发生变化等。直播销售员要分析人气低、产品受质疑的原因，并找到解决办法。

（2）如果个人身体状态差而导致情绪不佳，则需要直播销售员及时调整生活方式，如改善睡眠、加强运动健身等。

（3）如果是遗忘台词的原因，直播销售员下播后要对产品知识点进行梳理，反复记忆达到熟练的程度。

4. 迅速调整现场表现

（1）语言出错。直播销售员可以和用户解释自己忘了事先准备好的台词，自嘲有点紧张或者劳累，寻求团队成员的帮助，甚至可以看看脚本。

（2）形象遭到嘲笑。直播销售员可以和用户说自己今天这个装束就是为了出奇制胜，得到用户的关注；也可以说对于这个装束或者形象，自己比较喜欢，一直想挑战一下，并观察用户的反应。

（3）产品质量受到质疑。直播销售员应承诺产品质量没问题，如果有问题可以退货，并重新介绍产品的特点和价格优势。

（4）用户无理取闹。直播销售员要有很好的随机应变能力以及过硬的抗压能力，既要尊重用户的意见，也要有理、有据、有节地回应用户的各种质疑。

（5）现场配合出现失误。如果团队成员配合出现明显或严重失误，不要互相指责，而应互相提醒、互相鼓励，尽快弥补或者挽回损失。

培训单元 2　调动直播间气氛

培训重点

1. 直播间气氛的调动方法。
2. 直播的互动技巧。

知识要求

一、直播间气氛的重要性

当流量导入直播间后，用户既没有评论也没有点赞，停留时长过短，也没有发生购买行为，说明该直播间没有承接住平台导入的流量。承接直播间流量最好的方法是打造直播间气氛，直播间气氛的热烈程度是留住用户、增加订单的关键因素。

良好的直播间气氛可以让用户的直播观看体验更好，让用户更有沉浸感，有助于增加用户停留时长。同时，直播间气氛可以带动直播间的节奏，引发用户的从众心理，从而促进订单成交。

当直播间气氛冷清时，直播销售员可以通过活动、抽奖、发红包、送礼物等方式迅速将直播间气氛调动起来，让直播进入良性循环。

二、直播间气氛的调动方法

直播销售员可以通过以下方法调动直播间气氛。

1. 展示幽默

直播销售员利用幽默的语言、动作和用户互动，如讲笑话、做一些夸张的动作等。在与用户互动时，直播销售员挑选平时准备好的话术与用户互动，能够有效增进与用户的感情。

2. 感谢用户

除幽默外，感谢也是一种很好的表达方式。在直播中，有的用户为了表达对直播销售员的喜欢会主动刷礼物，或者送上由衷的赞美。此时，直播销售员主动向用户表达感谢，用户就会觉得直播销售员有礼貌、懂感恩，从而加深对直播销售员的好感。好感一旦产生，信任感随之而来，直播销售员推荐的产品才能够被用户接受。尤其是那些被直播销售员点名感谢的用户，黏性和购买概率往往更高。

3. 发红包

在直播中，如果直播间的气氛比较冷清，需要一个活跃气氛、带动话题、激发用户积极参与的工具，发红包是较好的选择。直播销售员最好采用不定时发红包的策略。由于不清楚红包的发放时间，为了得到红包，用户就会一直待在直播间，有效延长用户的观看时间，提高直播的完播率。

如果给用户发红包，在直播前，直播销售员需要准备红包或者在平台充虚拟币。发红包的方式可以选择通过 ×× 口令，也可以选择在直播间发虚拟币，或者二者组合使用。

4. 抽奖

抽奖也是调动直播间气氛的有效方法。抽奖的方法有很多，目前使用最多的是截屏抽奖，即直播销售员随机抽选一位观看直播的用户，给予一定的奖励。除此之外，直播销售员也可以结合自己的实际经验、平台特性和功能等，设计一些更有效的抽奖方式。

5. 秒杀

秒杀是直播时经常使用的一种调动直播间气氛的方法。因为用户都喜欢好的产品和福利，所以秒杀的涨粉功能显著。秒杀的方式也很多，如在直播间发优惠券、限时优惠价等。

需要注意的是，不管哪种方式的秒杀，通过优惠吸引用户，直播间的优惠和让利必须是真实的。如果直播间秒杀的价格和平常的销售价格没有什么区别，秒杀也就失去了意义，甚至会让直播销售员在用户心目中的形象大打折扣。

6. 明星造势

邀请明星到直播间已经成为时下流行的一种直播形式，一般有明星加入的直播，人气都非常高。除了受到邀请外，许多明星也主动加入直播行业，成为一名直播销售员。有着高关注度和个人号召力的明星就是流量的中心，当直播销售员的流量和明星的流量结合在一起时，就会产生更大、转化率更高的流量。

7. 积极引导

为了调动直播间气氛，直播销售员还要积极引导用户。具体来说，直播销售员可以从以下 4 个方面引导用户。

（1）引导用户关注直播间。

（2）引导用户点赞。

（3）引导用户增加互动频率。

（4）引导用户评论，并主动回复用户的评论。

相比于传统的电商形式，直播最大的优势在于具有很好的互动性和娱乐性。对一场直播而言，如果直播间没有人气，产品自然销售不出去。从这个角度来说，调动直播间气氛是直播销售员的责任所在。

三、直播的互动技巧

直播互动不是简单的有问有答，直播销售员需要运用各种互动技巧，与用户不断地互动，让直播变得更加有趣，以提升关注和人气，最后促成转化。

1. 利用肢体语言互动

为了增加互动机会，提高互动效果，直播销售员在直播时要学会充分利用肢体语言。例如，收到礼物时，直播销售员可以表现出非常惊喜的表情；受到用户的赞美时，用手比爱心等。

2. 利用礼貌用语互动

直播销售员要尽量回应用户的点赞和礼物，使用礼貌用语和点名答谢。点名也需要技巧，可以带温馨甜蜜的后缀，如哥哥、姐姐等。

3. 利用幽默互动

幽默是提升互动效果最好的方式之一，可以增加直播销售员的个人魅力。直播销售员无论有无幽默的天赋，平时都需要积累一些幽默素材，如笑话、趣闻等。幽默不仅是为了逗乐用户，有时还可以用来应对直播间的一些难堪局面。

4. 利用生活经历互动

直播销售员将自己的生活经历和感悟与用户分享、讨论，可以拉近与用户的距离，一旦产生共鸣，还会进一步激发其他的互动。

5. 利用小游戏互动

小游戏也是一种很好的互动方式，因为小游戏可以让直播销售员与用户反复地进行互动，充分调动直播间气氛，自然而然地拉近了双方的距离，使用户对直播销售员产生好感，从而提高转化率。常用的直播间小游戏有猜明星、猜歌名、猜地名、成语接龙、歌词接龙、划范围说人物、记忆比拼等。

6. 利用自嘲互动

在直播间，遇到突发事件导致直播流程中断，或者直播销售员遭到一些用户不公正的对待时，直播销售员可以随机应变，展开合理的自嘲，与用户分享此刻的心情，并希望得到大家的理解。这样的自嘲式互动可以让直播销售员化被动为主动，让用户体会到直播销售员的涵养和不易。

总之，使用什么样的互动技巧是因人、因事、因情境而异的，直播销售员在互动时要审时度势，合理互动。

相关链接

维护直播间气氛的方式

一、设置直播间敏感词

设置直播间敏感词也称控评（控制评论）。有效的控评能帮助直播销售员在直播的时候消除不良信息的干扰。

1. 设置敏感词的流程（以抖音为例）

（1）打开抖音，单击下方的“+”。

（2）选择“开直播”。

（3）单击“开始视频直播”。

（4）选择“直播管理”中的关键词，点击“+”，添加屏蔽词，这些词语就会被屏蔽。

2. 设置敏感词的技巧

（1）常设敏感词和动态敏感词要针对产品和活动灵活调整。

（2）直播销售员要结合敏感词做气氛引导，从而提前了解敏感词内容。

（3）优先过滤敏感词，把控整体气氛，勿轻易拉黑粉丝。

二、引导用户加入粉丝团

在直播时，直播销售员可以针对粉丝设置一些专属的福利活动，让用户加入粉丝团，打造宠粉专享款。直播销售员引导用户加入粉丝团的常见方法如下。

1. 口播粉丝团名称进行欢迎。
2. 优先回答粉丝团成员的提问。
3. 提供针对粉丝团的产品福利。

引导用户加入粉丝团后，可以采用多种方式运营。例如，实体店可将粉丝团和线下会员体系打通；定期打造线上“粉丝团”福利专场直播；直播销售员记住并特殊照顾粉丝团高等级用户。

三、设置直播间特定回复语

粉丝提问互动环节，设置特定回复“觉得好的发送1，再想买的发送3”；直播间热场和下播告别时，设置欢迎回复语和谢场回复语“再见，爱你们哟”；秒杀上架产品前，设置营造急切的购买气氛回复语“想要，我想买它”。

培训单元3　实时调整直播策略

培训重点

1. 直播策略实时调整。
2. 直播突发状况的处理方法。

知识要求

一、直播临场应变能力

直播不可重来，在直播中，直播销售员遭遇各种突发状况在所难免，所以如何应对这些突发状况，也就成了衡量直播销售员职业素养的重要标准。对优秀的直播销售员而言，危机也能变成机会；反之，对不合格的直播销售员而言，小的意外也可能成为直播“翻车”的导火索。例如，观看直播的用户毫无征兆地提出尖锐的问题，突然断网或断电，准备好的产品出现状况等。作为直播销售员，一定要具有相应的应变能力，做到无论面临怎样的境况，都可以从容应对，只有这样，才能将因突发状况产生的负面影响降到最低。

在直播中，直播销售员应该具备以下 3 种应变能力，分别是话题掌控能力、临场反应能力和负面信息处理能力。

1. 话题掌控能力

在一场直播中，直播销售员既要扮演主持人的角色，又要扮演推销员的角色，对语言能力的要求非常高。而语言心理、语言效果以及话题掌控能力又是决定直播销售员语言能力的重要因素，必须均衡发展，缺一不可。

直播的特点之一就是直播销售员与用户进行深度的交流，意味着在直播中，直播销售员一定要抓住核心话题，深刻地理解话题，并就话题进行一定的发挥，只有这样，直播销售员才能更好地掌控直播，带动用户交流。

此外，在直播中，用户的留言往往不受控，也没有任何彩排，导致某个用户可能突然抛出一个尖锐的话题。面对这种情况，如果直播销售员没有良好的语言表达能力和话题掌控能力，直播就会受到一定的负面影响。如果直播销售员具有良好的话题掌控能力，就能做到转危为安。

2. 临场反应能力

在直播中，直播销售员可能碰到各种各样的突发状况。例如，展示的产品出现问题，直播销售员与直播团队中的其他成员配合失误，设定的环节未能按照计划顺利进行等。这时，直播销售员要能够迅速、冷静地采取应急预案或者随机应变，尽快回到事先设定的直播状态，继续直播下去。

3. 负面信息处理能力

由于职业的特殊性，直播销售员始终都是被用户甚至媒体高度关注的对象，在获得关注的同时，也会收到许多正面与负面的信息。直播销售员虽然能够成为用户的影响者，但当直播销售员的某些行为与用户的期望出现偏差时，也会受到负面信息的干扰。如果直播销售员没有处理负面信息的能力，那么一旦负面信息扩散，就会对其直播工作产生很大的影响。当然，许多时候直播销售员无法控制负面信息发布的源头，却可以提升自己处理负面信息的能力。对此，可以参照以下两点建议。

（1）一个人在遭受指责、吐槽、非议时，都会产生强烈的心理波动。控制情绪，减少心理波动，有助于直播销售员舒解压力。直播销售员不要把注意力长时间放在负面信息上，多想想愉快的事情。

（2）既然负面信息出现的事实无法改变，那么采用正确的处理方式将影响降到最低才是正确的选择。关于如何处理负面信息，需要直播销售员根据自己的具体情况进行选择。

二、直播策略实时调整

直播销售员可借助官方的数据看板，查看近期热门直播间数据，掌握直播风向，及时调整直播间策略。同时，一些第三方数据分析平台，如飞瓜数据、蝉妈妈等也可以达到同样的目的。

下面以抖音为例，说明利用数据看板实时监控直播间数据的方法。抖音的电商罗盘旨在帮助直播销售员实时监控“人货场”数据变化，及时识别异常数据，快速调整直播策略。

1. 电商罗盘

抖音电商罗盘主要包含直播大屏内容和人群画像两部分，提供场记功能、流量预警和违规预警。

（1）直播大屏内容。直播大屏旨在帮助直播销售员实时了解核心指标累计表现、变化趋势等，支持场记和预警，便于及时调整直播策略。直播大屏包含核心指标、整体趋势、实时评论、近 5 min 数据和正在讲解产品五大模块。

1）核心指标。核心指标包含直播间成交金额、点击进入率、人均看播时长、分钟评论次数、千次观看转化率、成交转化率、点击转化率、广告 ROI（投入产出比）、广告消耗、广告支付转化率、广告引流占比、新增粉丝数、新加粉丝团人数、成交人数、粉丝购买占比、退款金额、违规次数、实时在线人数。

2）整体趋势。整体趋势包含综合趋势、流量趋势、违规预警三大模块。

① 综合趋势。综合趋势可选七大指标趋势，具体包含成交金额、在线人数、进入人数、UV 价值、新增粉丝数、新增评论数、新加粉丝团人数，提供场记、福袋发放、产品讲解时间记录功能。

② 流量趋势。流量趋势包含付费和自然两类。付费包含千川 PC 版、小店随心推、品牌广告、历史广告等；自然包含短视频引流直播间、直播推荐池、关注、

搜索、个人主页、抖音商城、活动页、其他等，并展示各细分渠道的成交金额占比和千次观看成交金额。

③ 违规预警。违规预警是指提醒违规行为，展示违规原因、处罚结果和整改建议。

3）实时评论。实时评论可查看全部直播评论或只看老客的评论。

4）近 5 min 数据。近 5 min 数据包含在线人数、进入人数、净增人数、成交金额、评论次数、UV 价值、新增粉丝数、新加粉丝团人数，可选择展示看播和购买用户的差异画像或设置预警播报。

5）正在讲解产品。正在讲解产品包含近 5 min 点击数、近 5 min 成交金额、累积成交金额、累计曝光成交转化率、单分钟最高 GMV、累计成交件数、累计讲解次数、未支付订单数，可切换产品整场成交、点击趋势图。

（2）人群画像。人群画像帮助直播团队实时监测直播间看播、购买用户画像变化及差异点，及时调整选品及互动策略。

（1）用户画像。用户画像支持按照近 5 min（或全场）用户，查看看播（或购买）用户的性别、年龄、地域、手机价格带和策略人群分布状况。

（2）画像总结。画像总结展示看播、购买用户标签和前三名差异点，帮助直播销售员定位看播未购买用户的人群画像。

2. 用直播大屏掌控直播节奏

（1）场控记录突发状况，调整产品讲解节奏，灵活记录直播亮点。

1）运用场记功能随时记录直播中的突发状况和直播销售员的营销话术，便于在直播后复盘，了解流量高峰与产品的联系。

2）关注成交和用户人数趋势变化，了解成交或流量高峰是在哪些产品的讲解中发生的，挖掘爆品。

3）观察福袋最佳发放时间。观察福袋发放后直播间的流量和销售表现，找到能够让福袋发挥最大作用的时间点，总结投放策略。

（2）了解各渠道流量变化，调整投流策略。

1）了解销量高的渠道。了解细分渠道流量占比和各渠道的千次观看转化率，同时可以看到各渠道的成交金额占比，直观看到哪个渠道带来更多销量，调整投流策略。

2）设置直播间流量低（高）预警，细分渠道流量过低预警。自主设置流量预警：当实时在线人数小于某个值时，预警场控，可点击直播大屏上方“千川投放”

直接跳转投流页面；当实时在线人数大于某个值时，预警直播销售员，上架引流或秒杀品，留住用户，提高直播间转化效率。直播大屏提醒细分渠道流量高低，帮助直播团队实时调整流量策略。

3）查看引流短视频表现，调整投流策略。方便查看每条引流短视频的曝光或引流数据，给曝光进入率高的短视频增加投流，为直播间吸引流量。

（3）第一时间接收直播间的违规情况预警，及时整改直播营销话术，避免频繁违规影响直播间的销售和流量。

（4）及时掌握产品库存，一键发现压单产品。

1）及时方便了解产品库存。若产品库存告急，可在看板上点击“添加产品”，跳转到添加产品库存页面；若发现部分产品库存较低，可及时调整产品讲解顺序，让直播销售员重点讲解库存充足的产品。

2）压单产品列表帮助快速了解已经创建了订单，但用户迟迟没有下单或未支付。直播销售员用话术引导用户支付，打消用户顾虑。

三、直播突发状况的处理方法

不可否认，直播已经成为一种趋势和潮流，而直播的一大特点便是永远没有重来的机会。但在直播中总会有各种各样的突发状况，即便是一些知名度颇高的直播销售员，也会在直播中面临突发状况。直播中容易出现的突发状况主要有以下 3 类。

1. 技术故障

直播中最常出现的突发状况就是技术故障，如中断、卡顿、闪退、黑屏等。当遇到技术故障时，直播销售员应该具体问题具体分析，并通过排查故障或是更换设备等操作恢复直播。一般情况下，技术故障主要有以下 4 种。

（1）中断。中断的原因：一是网络问题，二是违规被平台处罚。网络问题很好解决，直播销售员切换到稳定的网络环境，继续直播即可。当然，在条件允许的情况下，最好保证直播设备单独使用网络。如果因为违规被平台处罚，直播销售员可以登录平台，查看处罚原因和时长，再具体问题具体解决。

（2）卡顿。卡顿的原因：一是网络环境较差，二是设备配置问题。如果是网络问题，解决方法同上；如果是设备配置问题，直播销售员及时更换设备便可以解决问题。

（3）闪退。闪退的原因：一是设备内存可能被其他软件占用，二是设备本身内存不足。解决闪退问题，最好的方法是重启直播软件后，再次登录。

（4）黑屏。黑屏的原因：一是直播开始的时候，没有点击“推流”，处理方法是点击电脑端的“推流”；二是手机直播时，摄像头被其他程序占用，导致无法使用，解决方法是退出直播软件，关闭后台其他软件，然后重启直播软件，恢复直播即可。

当然，除了以上提到的4种主要技术故障外，直播可能遭遇的技术故障还有很多，如音画不同步、声音卡顿或是无声音等。对重要的直播，前期一定要做好工作标准化管理，准备好应急方案，降低直播风险。直播销售员要做好心理准备，灵活应对直播中的一切突发状况。

直播前，应对各设备进行测试，有问题及时解决，不能修复的直接换新，务必保持设备稳定。准备备用设备，一旦出现问题及时更换。

2. 直播间气氛问题

除了技术故障，直播常遭遇的第二类突发状况便是因意外出现紧张气氛。直播间并不大，团队人员的构成和工种却相对复杂，涉及直播销售员与用户、直播销售员与直播助理、直播助理与用户、直播销售员与商家等多条关系链，其中任何一条关系链出现问题，或者直播现场出现消极互动，都可能引发直播间气氛的波动。

一旦产生问题，直播销售员必须及时做出反应，化解尴尬，防止负面影响的进一步扩大。例如，遇到用户无法加群或者看不到互动，直播销售员可以对情况做出解释，安抚用户情绪，再以专业的态度迅速投入产品介绍，或者用红包、抽奖等形式转移用户的注意力等。

总之，相较于技术故障，直播间气氛的突发状况更考验直播销售员的控场能力。

3. 产品问题

作为“人货场”中核心的一环，产品在直播中的重要性不言而喻。因此，产品问题导致的突发状况也是非常棘手，稍有不慎，就可能导致直播失败。归纳起来，产品问题可以分为质量问题、价格问题、链接问题。

（1）质量问题。质量问题是指产品本身的质量或性能在直播中出现问题。根据实际经验，通常服装、首饰类等不涉及具体功能的产品，在直播中较少发生意外状况，但可能出现用户在收到货后因为质量进行投诉的问题。为了避免因售后问题对直播造成负面影响，要求直播团队在选品环节多下功夫，并且提高售后能力。

（2）价格问题。物美价廉是直播产品最重要的特征之一。直播销售员，尤其是有一定流量的直播销售员，通常能够以“全网最低价”拿到产品，有的直播销售员甚至与商家签订报价协议，以确保在数月内该产品不会以更低的价格出售。然而，在实际操作中，并不是每个品牌方或商家都能够遵守最低价的约定，导致直播产品有可能并不是真正的最低价。一旦用户发现自己购买的产品并非最低价，就会直接导致用户和直播销售员之间的冲突。

（3）链接问题。除了以上提到的质量问题和价格问题，容易出现的产品问题还有链接问题，如链接错误、链接失效、价格错误、优惠券失效等。在出现链接问题后，常规的处理方式是直播销售员先将产品下架，或者告知用户不要购买，并对已经拍下产品的用户道歉、退款。与此同时，直播销售员应第一时间与商家交涉，解决问题。若问题得到及时解决，直播销售员可以告知用户处理进展并号召用户继续购买；若问题无法得到及时解决，直播销售员可以直接下架该产品，继续后面产品的直播。

当然，在直播中可能出现的突发状况还远远不止这些。为了更好地应对突发状况，直播销售员在日常工作中应努力提高应变能力，同时在直播前做好充足的准备。

技能操作

技能　实时调整直播策略

一、操作准备

1. 查看直播大屏，筛选需要的直播数据。
2. 整理前后的直播数据，对比后查找问题。

二、操作要求

1. 通过记录的数据，分析问题，找出相应的解决办法。
2. 执行新的方案，并跟进查看效果。

三、操作流程

1. 基本流程

查看数据→分析情况、查找问题→找出解决办法→落地执行。

2. 具体步骤（以直播间数据粉丝占比率高为例）

步骤 1　查看数据（见图 8–6）

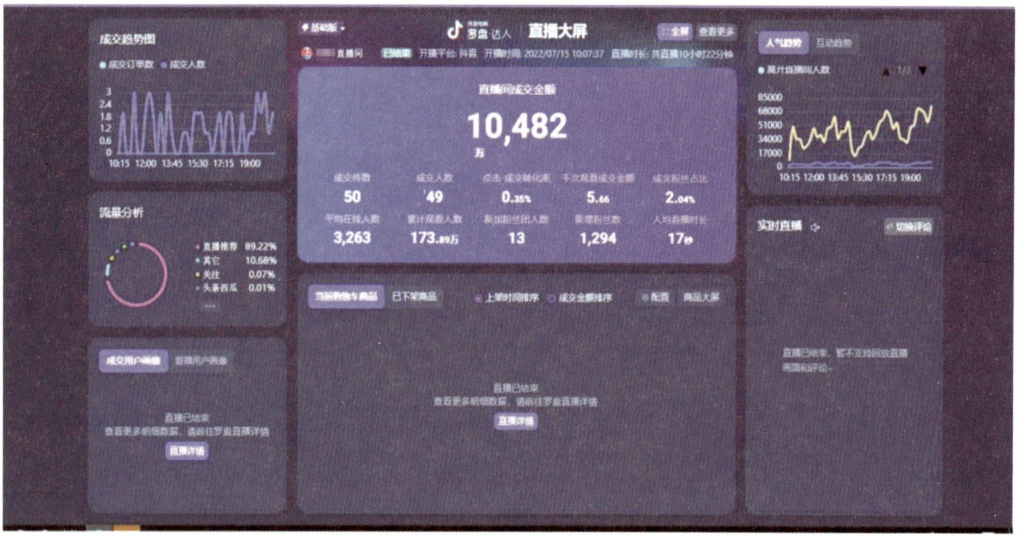

图 8–6　查看数据

步骤 2　分析情况、查找问题

成交粉丝占比过高，说明粉丝黏性很高，都是粉丝购买。虽然忠诚度很高，但是新用户少。

步骤 3　找出解决办法

（1）换个时段开播，避开粉丝的活跃时间，尽量引进新用户，提高新用户的转化率。

（2）换脚本、换话术、换方法。不能一直使用原先的话术、方法，因为系统一般主要考核直播间对新用户、新流量的转化能力。

步骤 4　落地执行

根据解决方案进行阶段性测试，1 周后复盘，分析数据。

职业模块 九
售后与复盘

培训项目 1 售后

培训单元 1 使用智能交互系统回复用户信息

培训重点

智能交互系统的使用方法。

知识要求

一、智能交互系统概述

智能交互系统是指基于自然语言处理、知识图谱、深度学习等先进的人工智能技术，其具备语言理解能力，可以模拟优秀客服的回复逻辑，进行用户咨询接待、业务问题处理、智能推荐、客情维系等工作。智能交互系统在降低人工客服团队营运开支的同时，大幅提升了客服人均接待效率与营销转化率，创造了更多利润。

二、智能交互系统的基本功能

1. 智能问答

智能交互系统利用自然语言理解技术，搭建以数据驱动为核心的人工智能算法模型，通过积累的海量真实语料，进行机器学习与深度训练，反哺算法模型，模拟优秀客服的回复逻辑，提高智能客服机器人（以下简称智能客服）的语义理解与问题回复能力。

2. 智能跟单

（1）当咨询用户沉默时，能够识别用户咨询意图，进行询单，提升转化率。

（2）用户下单未付款时，可以向用户自动发送付款提醒话术，提升付款转化率。

（3）用户付定金后，提醒用户及时支付尾款。

（4）用户付款后，向用户推送一条营销信息，可以是客情关怀或是继续的营销，体现无微不至的服务。

（5）物流发货后，通过聊天窗口向用户发送一条主动营销话术，提醒用户注意关注物流情况，显示贴心的服务态度。

（6）物流开始派送时，提醒用户及时签收，适合生鲜、鲜花、贵重产品等。

（7）物流显示签收产品后，提醒买家检查产品或推送产品的安装方法等。

（8）用户产品显示签收后，可以设置向用户发送好评邀请，促进好评数的提升。

3. 智能推荐

（1）智能推荐场景包括询单后及时推荐、询单挽回推荐、尺码推荐、付款后推荐等。

（2）可以像优秀客服一样对对话内容、历史订单数据、用户行为、产品数据以及用户洞察进行判断。

（3）可以根据不同的用户、场景，选择合适的产品，进行智能化推荐；还可以根据数据反馈，实时调整推荐产品。

（4）自动过滤已下架、不应季、性别不符、转化不好的产品。

三、智能交互系统的使用方法

1. 使用账号启动软件，进入聊天界面。

2. 一旦用户咨询，系统默认启动智能客服，并时刻留意页面右侧的智能客服标签。

3. 点击进入智能客服的页面，可以搜索到自动回复的用户问题，对于需要修改的回复，可以点击“引用”，并在输入框直接修改。如果是不需要修改的回复，直接点击“发送”即可完成回复。

4. 设置自动回复时，可以进入配置页面，里面已有大量的精选问题及回复。选用默认配置状态，则不需要设置问题，只需要根据场景，设置适合直播风格的回复即可，也可以直接选用系统的默认回复。智能客服会根据实际情况分析并推荐最佳的回复，大大减轻人工客服的工作量。

5. 如需进行个性化的回复，可以进入配置的回复页面。已有的回复需要修改的，可以点击“编辑”进行修改，修改后点击“保存”即可。对于子账号的问题，修改回复时，在“子账号可自定义回复”处勾选“是”即可。

商家可以设置智能客服功能，将此功能设置好，能够帮助商家提升客服效率，从而有效降低运营成本。

培训单元2　撰写售后工作报告

培训重点

1. 售后工作报告的内容。
2. 售后工作报告撰写。

知识要求

一、售后工作报告概述

售后工作报告可以对过去一段时间内的直播营销工作进行系统的回顾、分析总结，并从中概括出规律性认识，用以指导今后直播营销工作。通过总结，可以找出具体的经验或教训，分析问题产生的根本原因，明确今后的努力方向，推动今后直播营销工作的开展。

二、售后工作报告的内容

1.“人货场”复盘总结

（1）人员复盘。直播销售员复盘直播营销话术、产品讲解、控场情况等；场控复盘实时目标调整、突发事件预警能力等；直播助理复盘产品上下架调控，直播间设备调控、与直播销售员配合等；运营复盘预热视频的准备和发布，流量投放操盘问题等；客服复盘活动福利说明以及可能存在的售后问题、回答用户的提问等。

（2）产品复盘。产品复盘主要是复盘选品逻辑是否合理，引流款、利润款、主推款的分配是否合理，流程安排是否合理等，以及产品的核心卖点提炼是否到位，产品展示是否清晰美观等。

（3）场景复盘。场景复盘相较于人和货的复盘比较简单，主要是复盘场地布置、直播背景、灯光、直播设备、产品陈列等。

2. 移动端直播间复盘总结

（1）直播基础数据。直播基础数据包括收获音浪、观众总数、新增粉丝、付费人数、评论人数 5 个部分。

1）收获音浪。收获音浪是指直播间收获的音浪总数。直播销售不同于娱乐直播，一般音浪收入普遍不高，不做参考。

2）观众总数。观众总数决定了直播间所在流量池的等级，是决定直播间流量的关键指标。

3）新增粉丝。在直播推荐打开的情况下，新增粉丝比例达到 5%，是比较好的数据，代表对新进直播间用户的吸引程度。单场直播转化新粉比例低于 3% 时，说明用户没有被直播内容吸引。

4）付费人数。付费人数是指送出粉丝团灯牌以及其他礼物的用户数。付费人数反映了用户的黏性，直接影响转化率与复购率。

5）评论人数。评论人数是指直播间的用户互动情况，是影响直播间人气的关键因素。一般互动比例达到 10% 是不错的数据；低于 5%，就要考虑对直播间的人货场进行优化了。

（2）直播用户来源。直播用户来源包括直播推荐、其他、关注、同城、视频推荐 5 个部分。

1）直播推荐。直播推荐包括直播广场、直播推荐流等免费推荐流量。

2）其他。其他包括巨量千川等付费流量，也包括小时榜、PK 连麦等免费流量。

3）关注。关注是指用户通过粉丝推荐和关注页面进入直播间。

4）同城。同城是指用户通过同城推荐进入直播间。

5）视频推荐。视频推荐是指用户通过直播销售员或者他人的视频引流进入直播间。

其中，直播推荐和视频推荐的占比最高，而且大部分都是免费的。

3. 电脑端直播间复盘总结

电脑端复盘一般利用抖音店铺后台进行复盘，一般包含以下 3 类数据。

（1）实时概览。从实时概览可以直观了解当日整场直播成交金额、产品总访客数、产品总点击人数、成交人数、成交订单数等重点数据指标。重点对高峰成交的时段做记录，观察直播的高峰期一般出现在开播后多长时间。目的有 2 个：一是方便后期开播时，在这个时段卖利润款产品；二是当要投付费流量时，也需要在峰值前 10 min 开始投放。

（2）核心指标。从核心指标可以以不同时间维度查看各项数据的变化趋势，重点在于对比 2 个指标的变化趋势，分析前后两天数据产生明显差异的原因。

（3）直播间数据分析。直播间数据分析包括分钟级趋势、流量分析、产品分析、用户画像 4 个部分。

1）分钟级趋势。分钟级趋势包括用户行为数据和直播间后台行为数据，通过对比两组数据，可以分析出直播间具体是因为什么动作促使用户在直播间产生购买行为。

2）流量分析。从流量分析可以看到流量来源和流量转化。流量来源分为两种：自然流量和付费流量。流量分析的复盘重点是关注自然推荐的自然流量是否打开，是直播间形成高人气的关键。

流量转化是将一个直播间流量转化成漏斗模型，如图 9-1 所示。通过流量转化漏斗可以看到用户在直播间的行为动作，然后有针对性地提出优化措施，提高直播综合转化率。漏斗从上往下分为 4 个层级，不同层级转化数据低的主要原因如下。

第 1 层：低于 80% 主要是选品问题，要优化选品。

第 2 层：低于 12% 主要是图片问题，要优化产品主图。

第 3 层：低于 15% 主要是价格或者卖点问题，要降低价格或者优化卖点。

第 4 层：低于 80% 主要是收货地址、付款方式开通、犹豫等原因，导致订单超时。

3）产品分析。交易指标可以筛选出销售最好的产品，在下场直播中增加库存或类似款；流量指标可以筛选出用户最喜欢的产品，在下场直播中适当做福利款活动，增加直播间人气；售后指标可以筛选出退货率最高的产品，在下场直播中移除该产品。

图 9-1 漏斗模型

4）用户画像。用户画像分为看播用户和成交用户，可以通过性别、年龄、区域、是否粉丝4个维度对2组用户画像进行对比分析，为下一场直播投放找到目标人群。

三、售后工作报告的撰写方法

1. 售后工作报告的撰写原则

（1）要坚持实事求是。一切从实际出发，这是售后工作报告写作的基本原则，杜绝在售后工作报告中夸大成绩，隐瞒缺点，报喜不报忧。

（2）要注意共性、把握个性。售后工作报告无须刻意追求个性特色，但要有独到的发现和体会。

（3）要详略得当，突出重点。售后工作报告不能求全贪多、主次不分，要根据实际情况和总结目的，重点撰写体现直播特点的内容，而一般性的问题则要略写或舍弃。

（4）要以数据说话，有理有据。售后工作报告切勿堆砌空话、套话、大话，务必要基于直播间的真实数据来撰写，要能够挖掘出数据背后的规律和问题。

2. 售后工作报告的内容组成

（1）基本情况。基本情况主要是简单描述一下本次直播的完成情况，重点阐述直播核心数据，说明本次直播是否达到了预期目标。

（2）成绩和做法。本次直播取得了哪些主要成绩，如整场直播成交金额、商品访客量、产品点击率、成交人数、成交订单数等重点数据指标。为此，采取了哪些办法和措施，收到了什么效果等。这一部分是售后工作报告的主要内容，要围绕此次直播的复盘总结进行撰写。

（3）经验和教训。在充分复盘直播间数据后，找出本次直播存在的问题，分析原因，为下一场直播总结经验教训。

（4）未来工作计划。基于本次直播取得的成绩和获得的经验教训，规划下一步将如何发扬优点、纠正错误、达到什么样的新目标等。

培训项目 2 复盘

培训单元 1 制定数据维度和分析标准

培训重点

1. 数据维度的制定方法。
2. 数据分析标准的制定方法。

知识要求

一、数据维度的制定方法

数据维度包括用户画像数据指标、流量数据指标、互动数据指标和转化数据指标。

1. 用户画像数据指标

用户画像数据指标包括性别分布、年龄分布、地域分布和粉丝数据来源等。图 9–2 为某场直播的用户性别分布与年龄分布数据。在性别分布上，女性占多数；在年龄分布上，24 ~ 30 岁和 31 ~ 40 岁的用户占比较高，是直播消费的主力。图 9–2 为用户的地域分布数据，可看出广东占比最高。

图 9–4 为某场直播的用户数据来源。“同城”指通过同城推荐进入直播间，“粉丝”指通过粉丝推荐和关注页面进入直播间，“视频推荐”指通过直播销售员的短视频推荐、他人短视频推荐进入直播间，“其他”指通过直播广场推荐、品牌

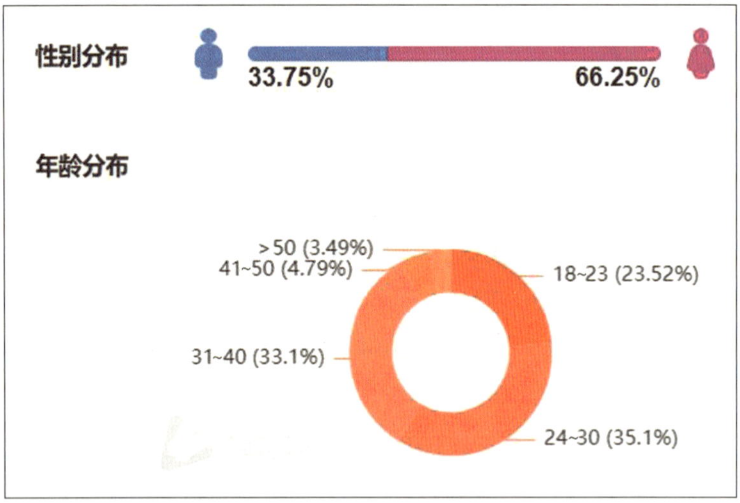

图 9-2　某场直播的用户性别分布与年龄分布数据

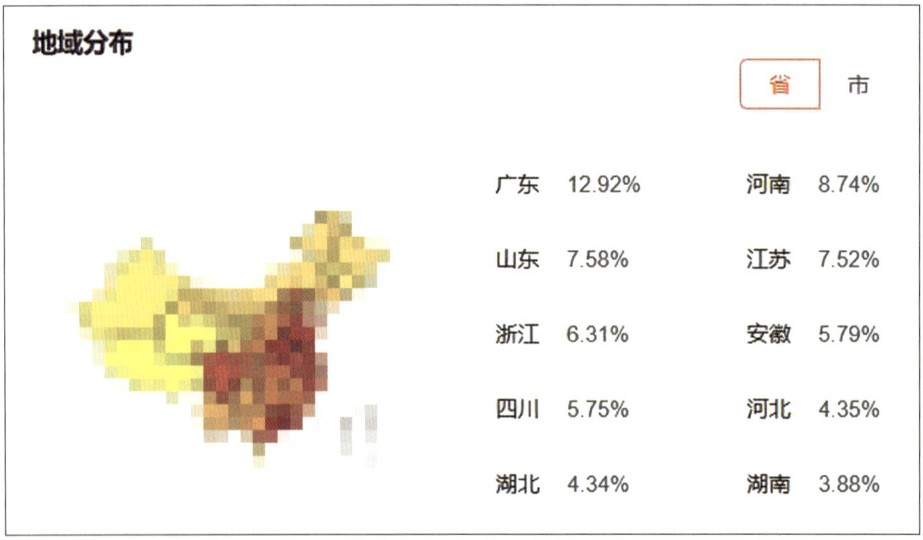

图 9-3　某场直播的用户地域分布数据

广告投放、外部引流等多种方式进入直播间。由图 9-4 所示数据可知，“视频推荐”是该直播间主要的流量来源，其次是“同城”，而“粉丝”占比较低，所以直播销售员可在后续直播中提高粉丝活跃度，引导粉丝推荐和分享直播。

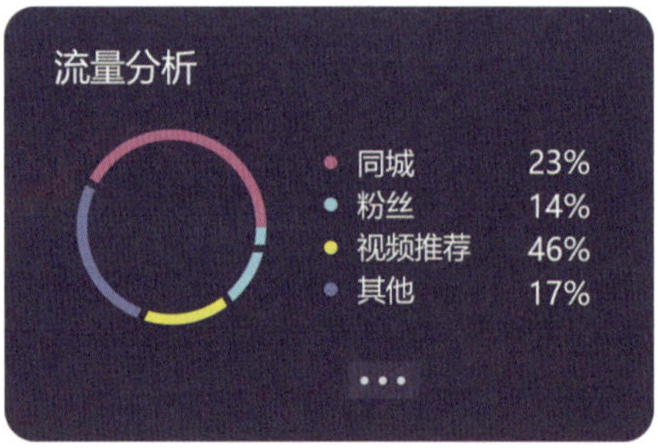

图 9-4　某场直播的顾客数据来源

2. 流量数据指标

（1）粉丝团数据。粉丝团数据包括“本

场新增粉丝团”“粉丝团增量峰值”“峰值时间”及增量趋势图等，如图 9–5 所示。其中，“本场新增粉丝团”指本场直播粉丝团新增粉丝总数；“粉丝团增量峰值”指本场直播某时间点的粉丝团最高新增粉丝人数；“峰值时间”指粉丝团最高新增粉丝人数出现的时间；增量趋势图则是显示粉丝团粉丝增量的走势。由图 9–5 数据可知，本场直播新增粉丝 68.6 万人，粉丝团增量峰值为 2.7 万人，时间出现在 12:18。

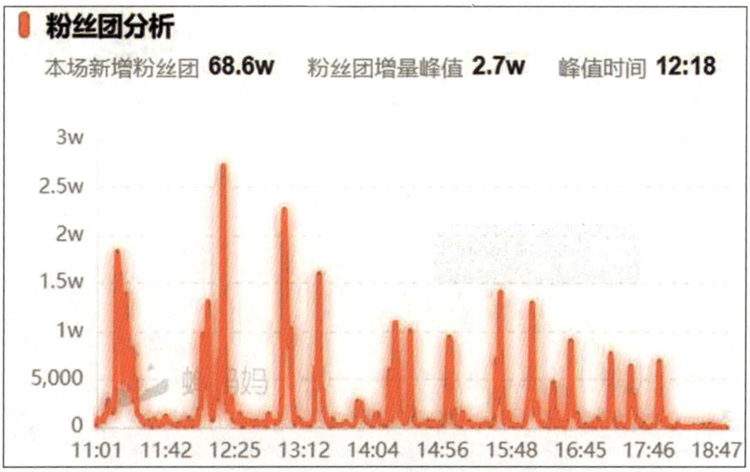

图 9–5 粉丝团数据

（2）涨粉数据。涨粉数据包括本场涨粉和新增粉丝人数走势图，如图 9–6 所示。由图 9–6 数据可知，本场直播从开播到结束都不断有新增粉丝进入直播间。

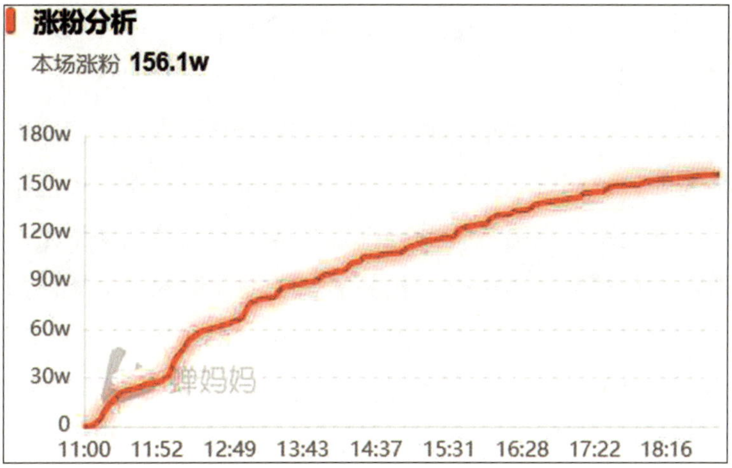

图 9–6 涨粉数据

（3）在线流量数据。在线流量数据主要包括累计观看人次、人气峰值、平均停留时长、在线人数、进场人数等，如图 9–7 所示。由图 9–7 数据可知，本场直播的人气峰值出现在 12:13，在线人数达到 66.1 万人；开播半小时内，直播间人数增长比较快，说明直播开场暖场的效果比较好；几乎每次发放福袋时在线人数都会上涨，说明发放福袋的互动方式可以吸引用户进入直播间、延长用户的在线时间。

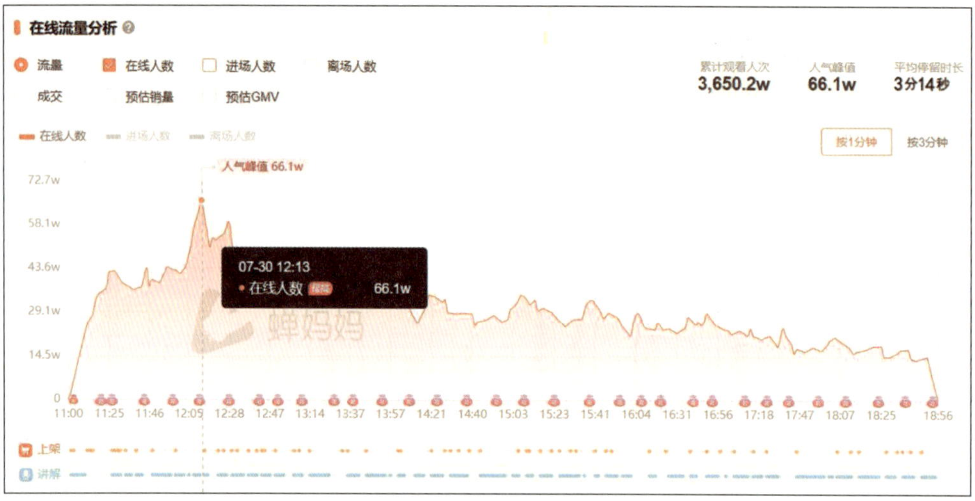

图 9–7　在线流量数据

3. 互动数据指标

（1）互动情况。互动情况包括累计点赞数、累计评论数、点赞数和评论数等指标。图 9–8 为按累计统计的点赞数和评论数，整场直播的点赞数和评论数都在持续增长，说明该直播间的氛围比较活跃。图 9–9 为按增量统计的点赞数和评论数，大约在 11:20 和 12:20，点赞数增量达到两个峰值，而评论数增量在 14:00—17:00 出现了多个峰值。

（2）弹幕热词。弹幕热词是指通过形成关键词云层或关键词渲染，对本场直播出现频率较高的关键词进行的汇总。在直播过程中，直播间评论中出现次数最多的关键词会突出显示，直播销售员可以直观地看到直播互动中出现频率较高的关键词，并据此在后续的直播中引入相关话题、设计话术或上架商品。弹幕热词包括弹幕总数、弹幕人数和互动率等指标。其中，互动率 =（弹幕人数 ÷ 累计观看人次）× 100%。图 9–10 为本场直播的弹幕热词。

4. 转化数据指标

转化数据指标主要包括引导转化数据和直播带货数据。

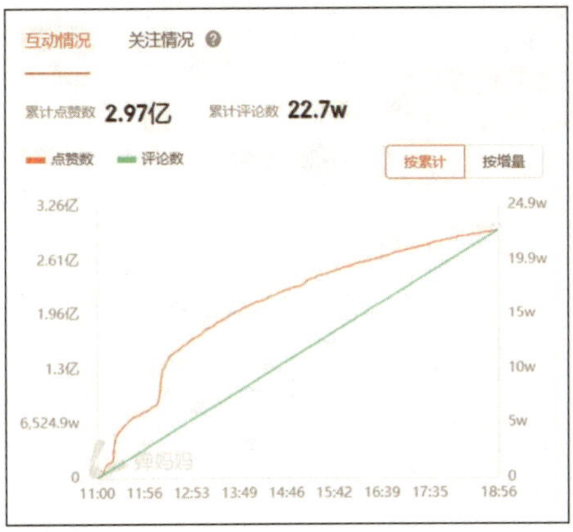

图 9-8　按累计统计的点赞数和评论数

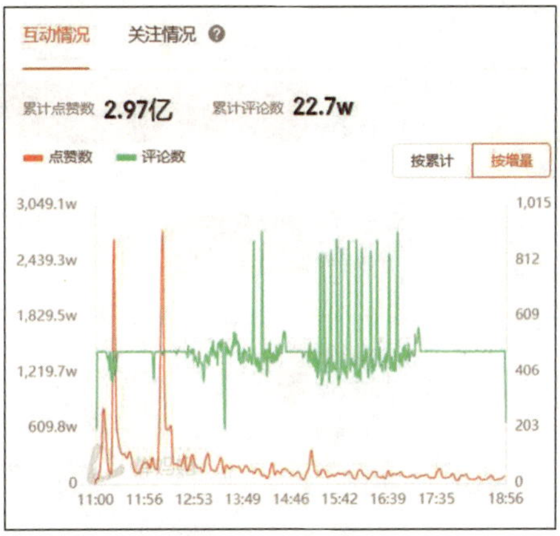

图 9-9　按增量统计的点赞数和评论数

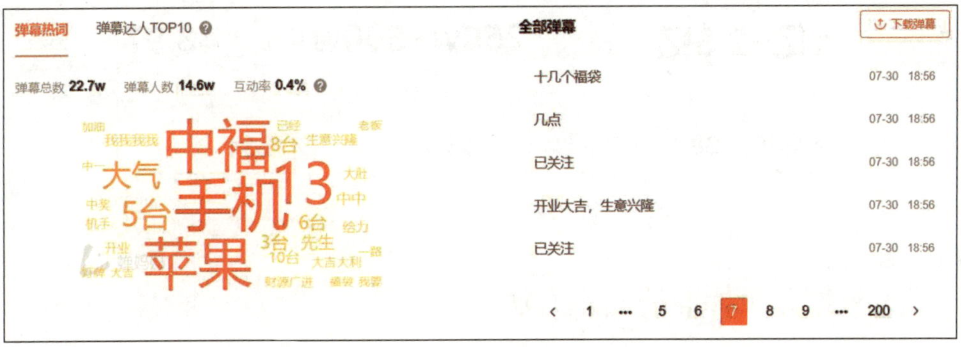

图 9-10　直播的弹幕热词

（1）引导转化数据。引导转化数据包括商品点击转化率和商品购买转化率。商品点击转化率 =（商品点击次数 ÷ 累计观看人次）× 100%，商品购买转化率 =（商品销量 ÷ 商品点击次数）× 100%。其中，商品点击次数指顾客实际点击商品并进入商品详情页的次数。如图 9-11 所示，该场直播的商品购买转化率高达 32.58%，可见较多用户点击商品后有购买意向。

（2）直播带货数据。直播带货数据包括本场销售额、销量、客单价、上架商品、带货转化率和 UV 价值。其中，带货转化率指直播间的整体转化率，其计算公式为：带货转化率 = 商品点击转化率 × 商品购买转化率。如图 9-12 所示，该场直播的带货转化率为 7.53%。

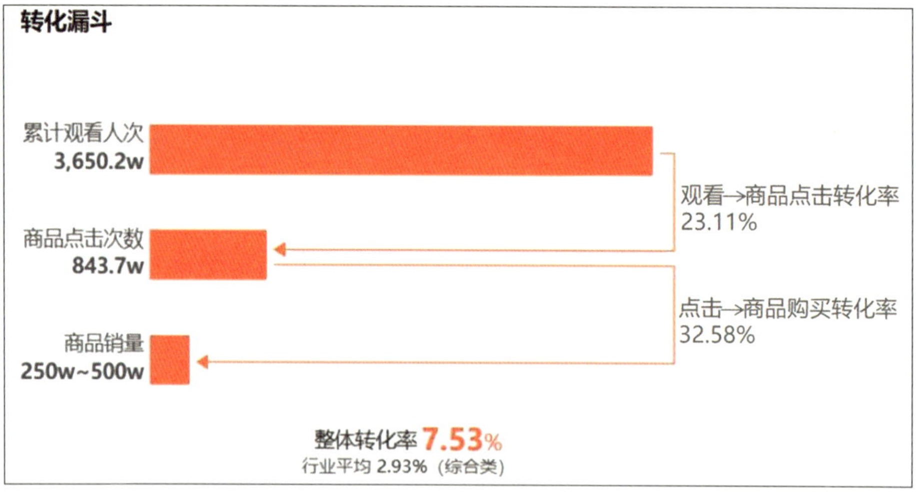

图 9–11　转化漏斗

图 9–12　直播带货数据

二、数据分析标准的制定方法

1. 明确数据分析目标

首先，只有带着明确的目标，数据分析才有的放矢，才能为直播销售员提供有意义的指导建议。明确数据分析目标是确保数据分析过程有序进行的前提条件，同时也为后续的数据采集、处理、分析，提供清晰的方向。

其次，梳理分析思路并搭建分析框架，把数据分析目标分解成若干个子目标，针对每个子目标具体分析。

2. 数据采集

数据采集是基于数据分析目标，按照分析框架收集相关数据。数据采集的第一步是确定数据采集渠道。数据采集渠道主要分为 2 类，即直播后台和第三方数据分析平台。常见的第三方数据分析平台有蝉妈妈、新抖、飞瓜数据等。

3. 数据处理

数据处理是数据分析前必不可少的阶段。数据处理是指对采集到的数据进行加工整理，即从大量的、散乱的、难以理解的数据中抽取对直播间有价值的部分，并确保数据的一致性和有效性。数据处理主要包括以下内容。

（1）数据清洗。数据清洗即对数据进行重新审查和校验，删除重复数据，纠正错误数据，保持数据一致性。

（2）数据转化。数据转化即将原始数据转化为适合分析的数据形式。

（3）数据提取。数据提取即从数据源中提取数据。

（4）数据计算。数据计算即对数据表中的数据有目的地进行加、减、乘、除等运算，从而得到便于分析的有用信息。

4. 数据分析

数据分析是指用适当的分析方法和分析工具，对处理过的数据进行分析，得到有价值的信息，形成有价值的结论。

5. 数据展现

数据展现是指通过可视化的方法展示分析结果。一般采用图表的方式，更直观地展示分析结果。

培训单元 2　制定数据采集操作流程

培训重点

数据采集操作流程制定。

知识要求

一、数据采集计划的制订方法

1. 明确数据分析目标

采集数据之前，首先要明确计划采集什么数据，而采集什么数据取决于分析目标，只有明确了分析目标，才能有目的地制订相应的数据采集计划。

2. 确定数据分析指标

分析一场直播数据，首先，需要知道整场直播的基础数据，如直播时长、用户数、销售口碑、人气数据以及销售数据等，初步判断直播的控场人气和销售效果；其次，根据分析对象，如流量、人气、互动等，分门别类地分析各类指标；最后，为了与同行业直播比较，还需要从其他平台采集一些衍生指标来分析。流量、转化和成交是分析直播数据时，要重点关注的 3 个指标。

3. 选择数据采集渠道

直播数据采集渠道可以选择直播后台，也可以选择第三方数据分析平台。区别在于直播后台只能采集自己的数据，第三方数据分析平台可以同时采集同行业数据，数据更全面，有利于从行业角度分析直播表现。常见的第三方数据分析平台有飞瓜数据、蝉妈妈、壁虎看看、新抖等。

飞瓜数据有抖音、快手、哔哩哔哩、小红书、视频号、飞瓜智投、米选和微博等 8 个直播平台；蝉妈妈和壁虎看看都是以抖音和快手 2 个直播平台为主；新抖则是抖音专门的数据分析平台。

以飞瓜数据为例，数据采集人员可以从飞瓜数据平台首页的图标处选择相应的直播平台，然后进入平台直播间采集直播数据，如图 9–13 所示。

图 9–13　飞瓜数据采集直播数据

二、数据采集操作流程的制定方法

直播数据采集的目标是在直播后台采集特定时段的直播数据以及在第三方数据分析平台采集同行业数据，通过分析以上 2 类来源的数据，对直播表现进行评估，并和同行业直播进行比较，找出自身的问题和与同行业的差距，为今后的直播改进提供数据支持。因此，直播数据采集包括直播后台数据采集和第三方数据分析平台数据采集等 2 个环节。

1. 直播后台数据采集

以抖音店铺为例，数据采集可以通过“电商罗盘”下载直播间明细数据，如图 9–14 所示。

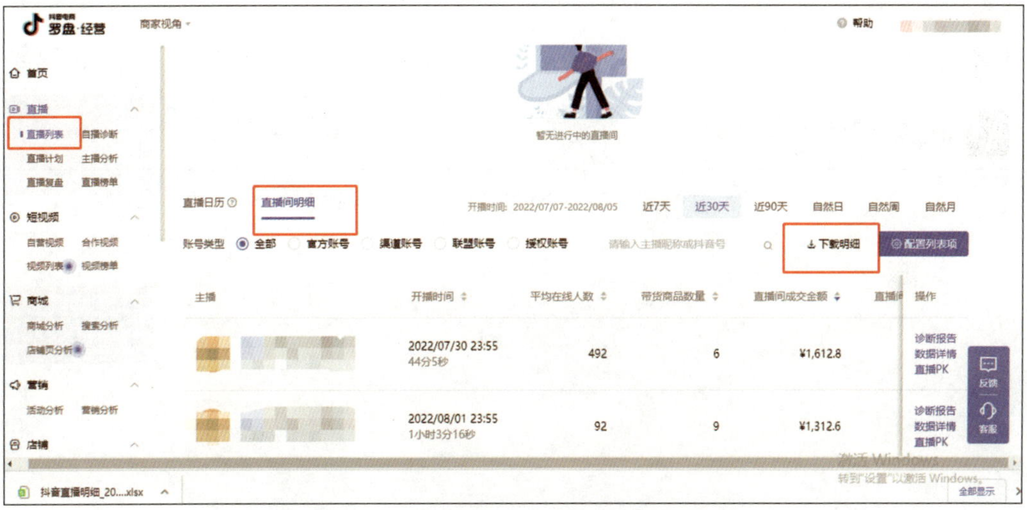

图 9–14 “电商罗盘”下载直播间明细数据

2. 第三方数据分析平台数据采集

以蝉妈妈为例，采集同类产品直播数据，如剃须刀，可以在蝉妈妈主页搜索框内输入“剃须刀”（见图 9–15），可得到同类产品的直播间列表（见图 9–16），选择其中一个直播间进入，便可以查看数据。

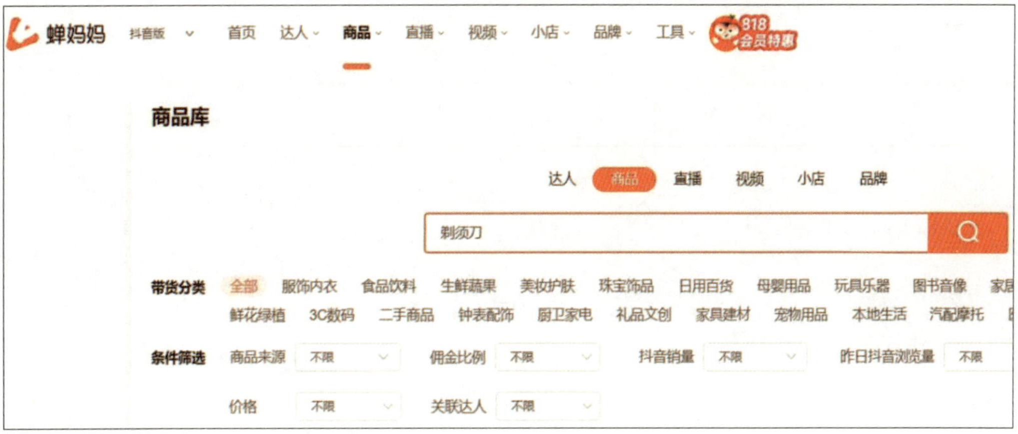

图 9–15 采集同类产品直播数据

综合排序　总销量　佣金比例　浏览量　直播销量(件)　视频销量(件)　转化率

商品	价格	佣金比例	总销量	直播销量	视频销量	关联达人	关联直播	关联视频	浏览量	转化率	操作
水洗剃…	¥599.00 规格	5.00%	4.9w	4.9w	0	1	2	0	67.5w	7.26%	
电动剃须刀充电式便携佛头剃须刀	¥39.90 规格	46.00%	1.4w	1.1w	2,750	443	159	387	9.5w	14.71%	
男士电动剃须…	¥59.90 规格	0.00%	1.3w	1.3w	0	1	2	0	15.6w	8.18%	
防水数显电动剃须刀	¥149.00	1.00%	1.1w	1.1w	0	1	1	0	17.9w	6.11%	
电动剃须刀数显电量IPX7级全身…	¥79.90 规格 ~~¥199.00~~	1.00%	1w	1w	0	1	8	0	0	0%	
电动剃须刀充电式便携式佛头剃须刀	¥39.90 规格	40.00%	1w	7,222	2,818	616	389	565	8w	12.59%	

图 9–16　第三方数据分析平台数据采集